Master of Business Admini

JN020902

MBA
ENGLISH

経営学の基礎知識と
英語を身につける

〈マネジメント・会計・マーケティング〉

石井竜馬

ベレ出版

はじめに

　この本は、一般的な世界標準（北米のトップスクール）の経営大学院のMBA（経営学修士）のカリキュラムを基本に書きました。MBA：Master of Business Administrationは修士号の学位の名称ですが、世界では「資本主義の士官学校」の修了証とも言われるものです。世界の大企業の経営陣では取得が当たり前のこの修士号も、日本ではそれほど重要視されていません。多くの日本の企業経営者は、大学院に進学せず、実際のビジネスで実践的に学んでいるのが現状です。従って、世界標準の経営学の基礎知識を体系的に過不足なく学べる内容は、若いビジネスマンをはじめ、教養レベルでの基礎知識不足を感じている多くの社会人にも喜ばれるであろう、との思いを込めました。奇をてらわず、ビジネスの定石をできる限り読みやすく、わかりやすく記述していくことを目標にしました。

　また、現在に至るまでビジネス本と呼ばれる書籍は大変多く出版されておりますが、ビジネスが世界共通概念であるにもかかわらず、その基盤をなすビジネス英語の基礎も同時に学べるように書かれた本はそれほど多くありません。従来のビジネス本との違いとして、英語の基本語彙を中心にビジネスを学べるように、本文中に基本重要語彙にこだわって英単語を盛り込んでいきました。これによって、読者の皆さんが読み込んでいくにつれ、日本語と英語の語彙が相互に記憶されるよう工夫をしました。実際のビジネスでも、ノンネイティブの日本人には、それほどの高度な英語表現は求められません。それよりも、言いたい内容を正確に伝えるための適切なビジネス語彙の使用が求められます。

ゆえに「英語を学ぶ」ためのビジネスでよく使うダイアローグに焦点を当てた教材ではなく「ビジネスを英語で学ぶ」という点についてこだわりました。最終的には、英語を上手に操ることよりも、英語をツールとして活用し、ビジネスができるようになることを目標にしました。主に北米のトップビジネススクールで学ぶ経営学の基本知識を、無理なく学んでいけるように構成されています。

　その目的は、世界の共通言語であるビジネスと英語を同時に学ぶことによって、多くの皆様に自由で民主的な資本主義における繁栄を謳歌していただくことです。また、敗者が決して固定されることのない形で、健全な競争社会を生き残り、活躍できるようになるための知識・スキルを提供することも本書の目的です。

　背景には21世紀に入り20余年が経過していながら、世界情勢は極めて不安定で、将来にわたる不安感が台頭し、現在の経済的繁栄も脆弱なものであると言わざるを得ない状況が挙げられます。今こそ、自分を信じ、たった一度きりの人生を思い切り楽しめるような一流の知識・スキルを身に着け、自信をもって生きていきませんか？

　より多くの皆さんが、正しい経済的、経営的知識とビジネス・スキルを手にすることで、大衆扇動的なプロパガンダやポピュリズム政治、交錯するフェイク・ニュース、情報不足による非合理的な誤解に基づく経済的判断などによって生じる、21世紀型の社会分断構造、対立や紛争を回避することが可能であると考えています。

2023年12月　石井 竜馬

この本の特徴

「実務家出身の現役大学教員による執筆」

1、 世界の標準的なMBAのテキストに準拠し、最新のビジネスに基づく構成

2、 正しい知識やスキルを身に着けるためのビジネスの定石
（フレームワーク・基礎用語）を網羅

3、 現役のビジネスマンの学びなおしと知識の整理が可能なレベルの維持

4、 評価が定着しない難解な理論を省略、
陳腐化しない定番のビジネスストーリーのみ収録

「実学とアカデミアとの融合」

（a）総合商社12年の実務経験を生かした実践的で現場に応用可能な構成

（b）大学・大学院における15年以上の教職経験に基づく客観的で
理解しやすい内容

（c）民間企業、行政機関、非営利組織など、地域・時代・組織の規模を問わず、
すべての人的戦略・組織に応用可能な定番理論に基づいた内容

「リーダーの武器になるツール」

　この本は、組織のリーダーになるための実践マニュアルとして、マネージャー育成のためのノウハウにこだわりました。言葉としてのマネージャーは、日本では軽い印象もありますが、世界標準では、マネージャーになることがビジネスマンの第一目標と言っても過言ではありません。どんなに小さな組織であってもマネジメント経験を保有することが、リーダーとしてその後のビジネスを経営していくための登竜門なのです。

読者の皆様に、今後、起こりうる想像もつかないようなイノベーションや地政学的リスク、そして不確実な政治経済・社会構造の変化にも耐えうる「知識」「スキル」を身に着けていただくために、細部にもこだわって執筆いたしました。それらを武器にどのような局面でもリーダーとしてふるまうことのできる「態度」を身に着けていただきたいと思います。

　この本をきっかけに、変化を恐れず挑戦し続ける勇気を持ったマネージャーになることを目指す、たくさんの仲間ができたらと考えています。それは、自分で判断できる能力を身に着けることが自由に生きるためのヒントになると考えているからです。

この本の使い方

　語学教材としても、ビジネスマンや学生が、成長に必要な知識を体系的に習得できるコンテンツを最優先し、世界の共通言語としてのビジネス用語を英語のまま学ぶ機会を提供できるよう心掛けました。ビジネス用語の英語表記については、カタカナ語が日本語として定着しているものは読みやすさを重視し、英語表記を省略しています。例えば、「マネージャー」は、マネジメントする管理者としてmanagerと英語も表記しているところや、何度も重複しているところでは英語表記を省略しているところもあります。アカデミアとしての経営学に限定せず、取り扱う領域をビジネス全般に広げながら、内容のレベルや深さも維持しつつ、学びやすい内容として工夫しました。

Table of Contents

Chapter 7 オペレーション (生産管理) と グローバル・マネジメント P. 262
Operational Management and Global Management

Chapter 8 エシックス・コーポレートガバナンス P. 284
Ethics and Corporate Governance

1 | Business Administration and Management
経営学とマネジメント

　経営学とは、**corporation**（株式会社）はもちろん、**NPO：Non-Profit Organization**（非営利組織）や**NGO：Non-Governmental Organization**（非政府組織）など、**organization**（組織）が持つ**resources**（経営資源：ヒト・モノ・カネ・情報・ブランド）を効果的に**distribute**（配分し）、**manage**（運営する）ための実践的学問です。経営学には、大学の学部学位（学士、**BBA：Bachelor of Business Administration**）と経営大学院の修士（**MBA：Master of Business Administration**）、博士（**DBA：Doctor of Business Administration**や**Ph.D.：Doctor of Philosophy**）などがあります。

MBA（経営学修士）

　MBA（経営学修士）は、経営のスペシャリストとして、多くの人材が世界で活躍しています。

　MBAは**Master of Business Administration**の略で、経営学の修士号の学位のことです。**Business Administration**（経営管理、経営学）には**accounting**（アカウンティング、会計）論/**finance**（金融）論/**marketing**（マーケティング）論などの専門領域があり、**strategic management**（経営戦略）論と**organization management**（組織管理）論という2つの柱に大別できます。これらは、それぞれ独立しているものではなく表裏一体の関係です。実際の企業の問題を取り扱った**case study**（ケーススタディー）や、**knowledge**（知恵）を結集した**framework**（フレームワーク）などで学んでいきます。

経営戦略論と組織管理論

　strategy（戦略）、**strategic management**（経営戦略）論とは、経営学の中心的課題の一つです。**The Art of War by Sun Tzu**（孫子の兵法）や**Clausewitz**（クラウゼヴィッツ）の**Von Kriege**（戦争論）に起源があると言われています。もとは、戦争

で勝つために生まれた理論です。それらを企業や組織が、**weapon**（武器）を**management resources**（経営資源：ヒト・モノ・カネ・情報・ブランド）に置き換えて、ライバル企業に勝つ方法を立案していく方法論を経営戦略論と言います。

　その立案方法には大きく分けて**positioning-school**（ポジショニング学派）：**M.Porter**（ポーター）と**resource-based-view-school**（リソース・ベースト・ビュー学派）：**J. Barney**（バーニー）の2つの考え方があります。ポジショニング学派は、企業組織における**competitive advantage**（競争優位性）を**external context**（外的要因）と**position**（ポジション）に求めています。リソース・ベースト・ビュー学派は、競争優位性を企業の**internal resources**（内部資源リソース）と組織能力に求めています。

　経営戦略論に対し、もう一つの柱である**organizational management**（組織管理）論は、**Max Weber**（マックス・ヴェーバー）の官僚制組織論などの組織研究を組織管理論の始まりの一つとしています。組織管理論とは、企業活動を円滑に行い、企業組織の成長のために、「ヒト・モノ・カネ・情報・ブランド」などの**management resources**（経営資源）を効率的に配分し、適切に組み合わせる活動のことです。

　20世紀中ごろから、組織管理論を経営に応用し、組織構造とビジネスの関係について分析する理論が唱えられました。これらの研究は、意思決定論に繋がり、経営環境に応じて最適な組織形態・管理法を提唱する**contingency theory**（コンティンジェンシー理論）も登場し、現代の「リーダーシップ論」、「モチベーション論」、「組織文化論」、「企業間関係論」などの基礎になっています。

経営戦略論

　経営戦略論と組織管理論のうち、まずは経営戦略論について見ていきましょう（組織管理論は第6部で詳しく取りあげます）。**strategic management**（経営戦略）論とは、「企業・組織を取り巻く**market environment**（市場環境）を**analyze**（分析）し、**company and organization**（企業・組織）の**management resources**（経営資源）の**strengths and weaknesses**（強み・弱み）を**changes in the background**（環境の変化）に**adapt**（対応）させ、**sustainable**（持続可能な）**competitive advantage**（競争優位性）を構築すること」です。

経営戦略とは単に目の前にある競争相手に**beat**（打ち勝つ）ということではありません。この点において、**strategy**（戦略）は短期的な勝敗を競うための**tactics**（戦術）とは大きく異なります。

戦略の最も重要な基軸は、それが**logic**（ロジック、論理性）を持った**philosophy**（哲学）で構成されているという点です。戦略のもう一つの基軸は**sustainability**（持続可能性）です。**corporate organization**（企業組織）は、限りある人生とは異なり、**going concern**（ゴーイング・コンサーン、永続）する前提に立ちます。

競争優位性とは

経営戦略論の**2**つの基軸である**logic**（ロジック、論理性）と**sustainability**（持続可能性）は、経営戦略の根幹である**competitive advantage**（競争優位性）に基づいています。**competitive advantage**（競争優位性）は、企業組織の**growth**（成長）に寄与し、経営戦略の**planning**（立案）・**implementation**（実行）による成果をもたらします。組織に属する社員や職員の**motivation**（モチベーション）や**incentive**

Competitive Advanatage
競争優位性

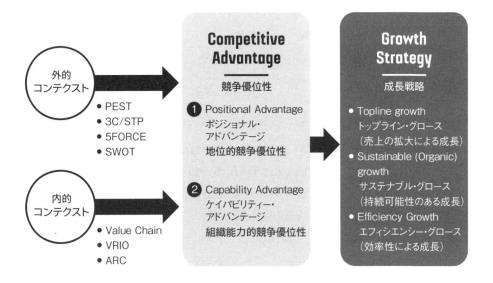

（インセンティブ）なくして組織は動きません。その根底には経営戦略の**logic**（ロジック、論理性）と**sustainability**（持続可能性）が必要になるのです。

　競争優位性は、その存在を企業組織が自ら主張するというよりも、企業組織を取り巻く外的要因と、その企業組織の持って生まれた強みや組織能力からなる内的要因から、**logic**（ロジック、論理性）と**sustainability**（持続可能性）を伴い、あぶり出されるものです。

マネージャーの役割

　日本での**manager**（マネージャー）という役職は、中間管理職的なイメージがあります。世界では、どのような組織の規模であっても、**manager**（マネージャー）は経営管理の第一人者であり、最も重要な役割です。

　第一のマネージャーの役割は、経営戦略の**logic**（ロジック、論理性）と**sustainability**（持続可能性）における、**efficiency**（効率性）の確保が挙げられます。**capitalism**（資本主義）では、**management resources**（経営資源：ヒト・モノ・カネ・情報・ブランド）は限られており、経営資源の効率的な運用が大切だからです。将来性のある分野に投資を集中させる**selection and concentration**（選択と集中）や、ヒト・モノ・カネ・情報・ブランドなどの経営資源を**changes in the environment**（環境の変化）に対応させながら配分する戦略は、**asset allocation**（アセット・アロケーション：適切な経営資源配分）と言われます。

　第二のマネージャーの役割は、**low cost**（低コスト）化の仕組みづくりです。たとえ高級品を**highly-added value**（高付加価値）で販売するビジネスでも、総合的な低コスト化なくして**sustainability**（持続可能性）はありません。一見、無駄な包装や、高給な職人の雇用、生産ラインの冗長性を伴うバックアップ投資などであっても、それが**customer value**（顧客価値）や**brand equity**（ブランド・エクイティー、ブランド資産）に結び付く限り、総合的には低コスト化に貢献する要因となります。

　日本を代表する**operational strategy**（オペレーション戦略）である**Toyota Production System**（TPS：トヨタ生産方式）は、単にモノを安く作るための戦略ではありません。モノづくりの効率化を通じ、**high-mix small-lot production**（多品種・小ロット）の自動車を短納期で生産することで、結果としてトヨタの**customer value**（顧客価値）の構築に貢献しています。他方、**takt time**（タクト・タイム）と呼ばれ

るdisciplined（規律ある）生産活動、充実した従業員のbenefits（福利厚生）や
Kaizen；continuous improvement（カイゼン活動）などは、従業員の
engagement（エンゲージメント：組織的一体感の創出）をもたらしているのです。

　第三のマネージャーの役割としては、cash flow（キャッシュ・フロー）重視型の経営
を行うことです。企業の成長の方向性を決めるinvestment judgment（投資判
断）やhuman resource strategy（人事戦略）は、潤沢なoperating income（営
業利益）を基にした収入の存在が不可欠です。production equipment（生産設備）
へキャッシュ・フロー（投資）や、高付化価値を生み出すemployee training（人
材育成）ができれば、潤沢なcash flow（キャッシュ・フロー）創出や適切なasset
allocation（アセット・アロケーション）が実現し、結果的に効率の良い、低コストを体
現する経営ロジックの好循環が現れるのです。

ミッション・ビジョン・バリュー

　戦略の実行には、企業組織を貫く強い意志が必要です。この意思を具体的な行
動規範として表したものが、Mission/Vision/Value（ミッション・ビジョン・バリュー）
です。Mission（ミッション）とはpublic mission/social mission（社会的な使命）で
す。その使命に基づき実現される理想がVison（ビジョン）、そしてそれらを貫く
organizational values（組織的価値観）がValue（バリュー）となります。自分の天分
は何か、それを生かして社会に役立つ要素とは何かということがMission（ミッショ
ン）です。理想はそのMission（ミッション）が、自分の持つ強みや集中して取り組め
る事柄につながっていることです。

　Mission（ミッション）を生かし、実現されうる理想が、Vision（ビジョン）となります。
Vision（ビジョン）は、単なる夢であってはいけません。feasibility（実現可能性）が下
がり、sustainability（持続可能性）につながらないからです。Mission（ミッション）と
Vision（ビジョン）は互いにpersistence（永続性）を持ちます。

　時代とともに商品・サービスのquality（質）やneeds（ニーズ）も変化しますが、
それらの変化にも対応し、いつの時代にも同じミッションやビジョンを貫けるよ
うなfoundation（土台）が必要です。その土台となるものがValue（バリュー）です。
Value（バリュー）は時代の変化はもちろん、business domain（ビジネスの領域）の変
化にも対応する不動のものであるべきです。

例として日本を代表する企業の一つである**Toyota Motor Company**（トヨタ自動車）の**Mission/Vision/Value**（ミッション・ビジョン・バリュー）を見ていきましょう。

●**Mission**（ミッション）

わたしたちは、幸せを量産する。

●**Vision**（ビジョン）

可動性（モビリティ mobility）を社会の可能性に変える。

●**Value**（バリュー）

トヨタウェイ：**software**（ソフト）と**hardware**（ハード）を融合し、**partner**（パートナー）とともに**Toyota Way**（トヨタウェイ）という唯一無二の価値を生み出す。

ミッション・ビジョン・バリューの策定の方法

社会的な影響の大きな企業ほど、**Mission**（ミッション）/**Vision**（ビジョン）/**Value**（バリュー）のカバーする**business domain**（ビジネスの領域）は拡大します。ゆえにその**frame**（骨格）が分かりにくく、**equivocal**（玉虫色）なものになりがちです。

business scale（規模）が大きくなろうとも、時代が変化しようとも、**Mission**（ミッション）/**Vision**（ビジョン）/**Value**（バリュー）が**obsolescence**（陳腐化）しないように、考え抜かれたものであるべきです。

トヨタ自動車の**Mission**（ミッション）/**Vision**（ビジョン）/**Value**（バリュー）は、抽象的な物言いの奥に、**solid**（強固）で**clear**（明確）なメッセージとして**Toyota Way**（トヨタウェイ、トヨタの作法）という言葉に集約されています。**Toyota Way**（トヨタウェイ、トヨタの作法）は、**1935**年発表の「豊田綱領」が基になってトヨタの経営の**core**（核）として貫かれてきました。いわばトヨタの**DNA**：**Deoxyribonucleic acid**とも言われています。

フレームワークを使った経営戦略分析

competitive advantage（競争優位性）の確立には、具体的に何をすれば良いでしょうか。まず、corporation（株式会社）は日本だけでも数百万社（各省庁の統計で数は異なります）存在するといわれています。industry（業界）・business type（業態）・scale（規模）によりbusiness strategy（経営戦略）も千差万別です。多種多様な株式会社でも、case study（ケーススタディー：事例研究）を行うことで、business strategy（経営戦略）の成功事例の分析が可能です。それらを俯瞰的に整理するためにはframework（フレームワーク）を使うと便利です。

ビジネスの研究のためのcase study（ケーススタディー：事例研究）は、個別の案件ごとに成り立っているように見えますが、一般化したframework（フレームワーク）が当てはまることが多々あるのです。

Framework（フレームワーク）を、なるべく多く理解しておくことで、たくさんのcase（事例）をtypology（類型化）していくことが可能になります。ただし、すべてのcase（事例）において、無理やりgeneralization（一般化）することはanalysis of corporate strategy（企業戦略の分析）に深みがなくなってしまうことがあります。

analysis of corporate strategy（企業戦略の分析）には、case study（ケーススタディー）とframework（フレームワーク）を組み合わせ、その企業のcompetitive advantage（競争優位性）について深く理解するべきです。

企業のcompetitive advantage（競争優位性）の分析には、業界や企業を取り巻くexternal context（外的要因）を分析し、次にその企業のinternal context（内的要因）やorganization（組織）に注目します。企業のorganization（組織）はchange in external context（外的要因の変化）に反応して様々なcharacter（特徴）を持ちます。in the short run（短期的には）組織のstructure（構造）が変化し、in the long run（長期的には）その企業独自のculture（組織文化）がfoster（醸成される）、というように、まず企業組織はchange in external context（外的要因の変化）に応じてtransformation（変容）していくのです。

外的要因の分析①～ PEST分析

　具体的に、企業の競争優位性の分析方法についてみていきましょう。まずは業界やその企業を取り巻く**external context**（外的要因）に注目します。**external context**（外的要因）を分析するには**PEST**分析を使うと便利です。**PEST**とは、**Political**（政治の）、**Economic**（経済の）、**Social**（社会の）、**Technological**（技術的な）それぞれの頭文字をとったものです。**P→E→S→T**の順番で、現在の**business environment**（経営要因）について分析していく手法です。

　これを最初の**analysis for external context**（外的要因分析）に用いる理由は、**PEST**分析は優れた**framework**（フレームワーク）でありながら、ごく**general**（一般的な）ストーリーの組み立ての**methodology**（手法）でもあるからです。例えば**PEST**分析を知らなくても、多くのリーダーの話は大まかに**PEST**分析に基づいていることが多いのです。

　●**PEST**分析とは、**Political**（政治の）、**Economic**（経済の）、**Social**（社会の）、**Technological**（技術的な）のそれぞれの頭文字を取ったもので、**P→E→S→T**の順番で、現在の**business environment**（経営環境）について分析していく手法です。
- **Political**（政治情勢）　　例：不確実性、地政学的リスク
- **Economic**（経済状況）　　例：税制、財政、金融政策
- **Social**（社会構造）　　例：少子高齢化、晩婚化、移民政策
- **Technological**（技術革新）　　例：イノベーション

外的要因の分析②～ 3CとSTP分析

　analysis for external context（外的要因分析）の次のステップは、**marketing strategy**（マーケティング戦略）の**framework**（フレームワーク）として有名な、**3C**分析と**STP**分析を併用していくことです。**3C**分析と**STP**分析のマーケティング戦略は、マーケティングの章で詳しく取り上げます。

●3C分析とは、

- **Customer**（カスタマー）⇒ **market / domain** 市場（どこで売るのか→事業ドメイン）/ **customer** 顧客（誰に売るのか）、
- **Competitor**（コンペティター）⇒ 競合他社があるとしたらどんな会社か、ベンチマークとして挙げられる先行事例はあるのか、
- **Company**（カンパニー）⇒ 自社の強みを生かせるのか、それは**sustainable**（持続可能）か、**inimitability**（模倣困難性）はあるか、

　という**principal**（要素）について**analyze**（分析する）ことが求められます。これらの**analysis**（分析）で、マーケティングの**fundamental issue**（基本動作）でもあるSTP分析も同時に実行することになるのです。

●STP分析とは、

- **Segmentation**（セグメンテーション、属性）⇒**business domain**（市場、事業ドメイン）や**customer**（顧客）の**attribute**（属性）を**segmentation**（セグメンテーション、属性）し、**entry target**（参入ターゲット）を決定すること、
- **Targeting**（ターゲティング）⇒ **entry target**（参入ターゲット）として決定した**segmented customer**（顧客層）を**define**（定義する）こと、
- **Positioning**（ポジショニング）⇒ **brand equity**（ブランド・エクイティー、ブランド資産）、**ability of innovation**（商品開発力）、**competitiveness in price reduction**（価格競争力）などの自社の業界における**position**（地位）を分析すること、

　S→T→Pの順番でビジネスについて分析をしていくことは、そのままマーケティング戦略の基礎ともなります。

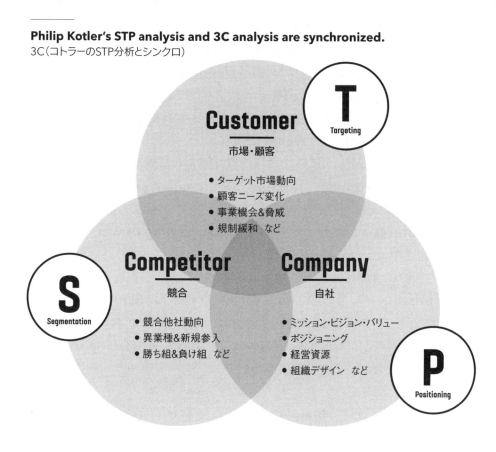

Philip Kotler's STP analysis and 3C analysis are synchronized.
3C（コトラーのSTP分析とシンクロ）

Customer
市場・顧客

T Targeting

- ターゲット市場動向
- 顧客ニーズ変化
- 事業機会&脅威
- 規制緩和　など

Competitor
競合

Company
自社

S Segmentation

P Positioning

- 競合他社動向
- 異業種&新規参入
- 勝ち組&負け組　など

- ミッション・ビジョン・バリュー
- ポジショニング
- 経営資源
- 組織デザイン　など

ポーターのファイブ・フォース〜業界そのものの競争環境分析

analysis for external context（外的要因分析）の**3**番目の手法は、**M. E.Porter**（マイケル・E・ポーター）の開発した**five force**（ファイブ・フォース）分析です。このフレームワークは、**1980**年代からの提唱にもかかわらず、現代の**consulting**（コンサルティング）の現場でも使われています。

　企業の**externality**（外部性）に注目しながら、その企業が所属する**industry**（業界）の**environment of competition**（競争環境）や**propensity**（業界の傾向）を分析するのに役立ちます。企業そのものの競争環境（儲かるか、成長していくか）という分析にも使えなくはないですが、**independent**（単体の企業）よりも**consolidated/ industrial propensity**（企業グループや業界の特性）を分析する手法としての使われ

方のほうが、本来のポーターの意図を組んだ形となっています。

　Five force（ファイブ・フォース）という名称からもわかるように、業界そのもの、そして業界を取り巻く交渉相手と5つのbargaining power（力関係）をイメージします。まずはsupplier（仕入先）、customer（売り先）とのnegotiation（交渉）の場面を想像してください。所属する業界のビジネス全体のValue Chain（バリューチェーン）に注目するのです。ここでのValue Chain（バリューチェーン）は、企業のinternal activity（内部の活動）というよりも、業界単位で検討します。すなわち川上であるmaterial（原料）のsupplier（調達先）に対するbargaining power（交渉力）は強いでしょうか、弱いでしょうか、という考え方です。同様に川下であるcustomer（顧客）やgeneral consumer（消費者）に対してのbargaining power（価格交渉力）はどうでしょうか、という形で分析を進めるのです。

　また、vertical（垂直方向での）relationship（関係性）も重要です。foreign enterprise（外国企業）から見て、国内業界が実力不足でundervalued（過小評価）に映ったときに、外国からのnew entrants（新規参入業者）が現れます。業界がgrowing（成長途上）にあるときは特に、new entrants（新規参入者）とのrival（競合）やentrants from foreign countries（外国からの参入）をthreat（脅威）として警戒しなければなりません。

　新規参入業者に対するthreat（脅威）に加えて、既存の業界そのものが新しいinnovation（イノベーション）によってobsolete（陳腐化）してしまうthreat of substitutes（代替品の脅威）にも気を配らないといけません。イノベーションは、産業技術のcumulative（蓄積的）でgradual development（段階的発展）から、disruptive innovation（ディスラプティブ・イノベーション：破壊的な技術革新）と呼ばれる、一夜にしてのdisruptive（破壊的な）technology（技術）の登場にも気を配る必要があるのです。

　さらに、Five force（ファイブ・フォース）分析では、中心に位置する業界内での競争環境も重要です。ファイブ・フォースにおける業界のcharacteristic（特性）を分析することで、その企業のstrategic transformation（戦略転換）がどの程度のコストで可能になるのかというmobility barrier（移動障壁）をanalogical inference（類推）することが可能になります。

　ある企業が、間違った方向で投資を進めた結果、それを修正するためにそれまでかけてきたコストを損切りする場合、どの程度までならsunk cost（サンクコスト、

損切り)が許されるのか、**strategic transformation**（戦略転換）が可能になるのか、計算することが可能です。**new entrants**（新規参入）を図るための**risk and return**（リスク・リターン）は、**barriers to entry**（参入障壁）によって計算することも可能です。

***

Porter's Five Forces
ポーターのファイブ・フォース

②
新規参入業者

新規参入者（New Entrants）：業界に新たに参入する企業との競争。新規参入が容易なほど、収益性は低下する。

Threat of new entrants
新規参入の脅威

④
売り手

仕入先（Suppliers）：自社に必要な原材料や部品などを供給する企業との交渉力。仕入先が強いほど、コストや条件などに影響されて、収益性は低下する。

Bargaining power of sellers
売り手の交渉力

①
競合企業

既存競争者（Existing Competitors）：業界内の既存競合企業との競争。競争が激しいほど、収益性は低下する。

Bargaining power of buyers
買い手の交渉力

⑤
買い手

顧客（Buyers）：自社の製品やサービスを購入する企業との交渉力。顧客が強いほど、価格や条件などに影響されて、収益性は低下する。

Bargaining power of substitutes　代替品の交渉力

③
代替品

業界内外からの置き代え可能な商品との競争。代替品が多く存在するほど、収益性は低下する。

***

●ファイブフォースの分析枠組み

①競合企業（**competitor**）・・・競合企業間のライバル関係
②新規参入者（**new entrants**）・・・新規参入の脅威

③代替品（substitute）・・・代替品の脅威
④売り手（buyer）・・・売り手の交渉力
⑤買い手（seller）・・・買い手の交渉力

ファイブフォース分析はあらゆる業界・企業における分析ツールです。

業界が企業の収益性に与える影響度

Five force（ファイブ・フォース）分析で、profitable industry（儲かる業界）かunprofitable industry（儲からない業界）が理論上はわかります。実際の企業のprofitability（収益性）は、本当に所属する業界で決まってしまうのでしょうか。Porter（ポーター）のFive force（ファーブフォース）が世に出て以来、多くの研究者の検証の結果、企業の収益性について、所属する業界が企業業績に与えるimpact（影響度）は約2割程度に過ぎないと言われています。

Five force（ファイブ・フォース）分析は企業のexternal context（外的要因）の分析に重きを置いたフレームワークですが、実際の企業の収益性とのcorrelation analysis（相関分析）では、internal context（内的要因）の分析も重要だという示唆がなされています。

内的要因の分析〜 VRIO分析

企業活動のinternal context（内的要因）の分析方法は、external context（外的要因）の分析のframework（フレームワーク）に比べて地味です。企業の内部を知るためには、実際にそのorganization（組織）に入り込むことが理想的な方法ですが、実際には不可能です。そこで一般に広報されている情報に基づき、ある程度のinternal context（内的要因）の特徴をまとめていくことが重要です。

そこで最も重宝するのが、resource based view（リソース・ベースト・ビュー）という企業のinternal resource（内部資源）に注目した理論です。中でもVRIO分析は、intangible（目には見ることのできない）企業のorganizational culture（組織文化）のあぶり出しに使われます。

企業の経営資源は、manpower, goods and capital + information,

brand（ヒト・モノ・カネ・情報・ブランド）ですが、ヒトは組織を作り、その組織に共通するvalue（経済価値）に基づいて行動する、ということが大前提となります。VRIO分析は、ヒトと組織、intangible（目には見えない）経営資源に着目しvalue（経済価値）、rarity（希少価値）、inimitability（模倣困難性）、organization（組織の独自性、組織文化）というproposition（構成要素）を分析します。組織のcompetitive advantage（競争優位性）の根源となるorganizational culture（組織の独自性、組織文化）を見出そうとするものです。

　企業のperformance（業績）から、その企業のprofitability（収益性）が何に依拠するものであるのか検討することが重要です。収益性の根源が、brand equity（ブランド・エクイティー、ブランド資産）、expense ratio（経費率）の低さ、operational ability（オペレーション能力）、商品のfunctionality（機能性）、customer satisfaction（顧客満足）、などのどれに依拠するものなのかを分析できます。その収益構造を作り出す要素として、その企業が持っているvalue（経済価値）が存在します。ここでのvalue（経済価値）はミッション・ビジョン・バリューのところで取り上げたvalueと同じものです。

VRIO Analysis
VRIO分析

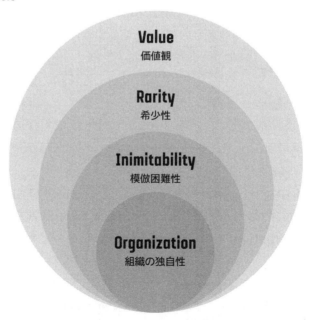

Value
価値観

Rarity
希少性

Inimitability
模倣困難性

Organization
組織の独自性

企業の収益性は、sustainability（持続可能性）にも左右されます。sustainability（持続可能性）は、VRIO分析ではrarity（希少価値）とinimitability（模倣困難性）で規定されます。rarity（希少価値）は、経営資源として永続的な競争優位性となりえますが、patent（特許）などで独占が許されない限り、substitution（代替品）によってその持続可能性は有限となります。

また、inimitability（模倣困難性）もpreemptive advantage（先行者利益）が継続する間は、時限的に競争優位性として機能します。rarityもinimitability（模倣困難性）も、organization（組織）の独自性や文化で支えられます。このorganizational culture（組織の独自性、組織文化）こそがVRIOの要なのです。

organizational culture（組織の独自性、組織文化）を構築するためには、組織のstructure（構造）問題を解決する必要があります。組織のstructure（構造）問題は、

① right person to the right job（コーディネーション：適材適所）
② incentive（インセンティブ：成功報酬）

というポイントに絞ることができます。

また、strategic objectives（戦略目標）を達成するための組織作りには、上記の組織のstructure問題を解決することに加えて、さらにヒトの能力や役割がexternal context（外的要因）の変化に対応するために、組織のorchestration（オーケストレーション、再構成）も必要です。external context（外的要因）の変化に対して、internal context（内的要因）として対応できる能力をcapability（組織的能力）と呼びます。

企業の強み、弱み〜 SWOT分析

SWOT分析はStrength（強み）、Weakness（弱み）、Opportunity（機会）、Threat（脅威）の4要素で成り立っています。実際のビジネスでは、最もよく使われるframework（フレームワーク）の一つです。初心者でも企業組織の強みや弱みの分析からスタートし、戦略の立案が簡単にできます。しかし、SWOT分析の結果がそのまま実際にeffective（有効な）strategic planning（戦略立案）に直結しない場合もあります。

それは、SWOT分析のessence（本質）を理解しないで取り組んでしまうことで起こります。つまりSWOT分析は単なる企業組織のstrength（強み）、weakness

（弱み）の把握ではなく、あくまでも**external context**（外的要因）と**internal context**（内的要因）との関係において**logically**（論理的に）導き出されなければ意味をなさないからです。

SWOT Analysis
SWOT分析

Internal context（内部環境）	**Strength**（強み）	**Weakness**（弱み）
	Resource Based View リソース・ベスト・ビューでの強み Ⓢ ・ブランド力 ・組織の柔軟性 ・社歴 ・先見性	**Resource Based View** リソース・ベスト・ビューでの弱み Ⓦ ・工場の老朽化 ・コスト高 ・マーケティング力の欠如
External context（外部環境）	**Opportunity**（機会）	**Threat**（脅威）
	Positioning Five Force分析でのチャンス Ⓞ ・世の中のトレンド ・税制 ・為替 ・ライバルの弱体化 ・自社に有利な技術革新	**Positioning** Five Force分析での脅威 Ⓣ ・世の中のトレンド ・税制 ・為替 ・ライバルの強大化 ・自社に不利な技術革新

　戦略の**planning process**（立案プロセス）に沿った**competitive advantage**（競争優位性）をあぶりだす過程（**PEST**分析→**3C/STP**→ファイブ・フォース→**VRIO**分析）なくして、**SWOT**分析はあり得ません。**strength**（強み）、**weakness**（弱み）の分析のためには、特に**VRIO**分析が重要です。

　一方で、**opportunity**（機会）と**threat**（脅威）は、**PEST**分析→**3C/STP**→ファイブ・フォースの**external context**（外的要因）分析のみからでも導き出すことが可能です。**strength**（強み）を、**opportunity**（機会）に乗じて最大化する一方、**weakness**（弱み）については、**threat**（脅威）を的確に分析することで、変化に対応していく（ピンチをチャンスに変える）ことが可能になるのです。

An example of SWOT analysis (Toyota Motor Corporation)
SWOT分析の一例(トヨタ自動車)

ポジティブな戦略立案	ピンチをチャンスに変えるための戦略立案
Strength 強み、内的環境 生産販売台数で世界最大、北米・アジア・欧州・その他の各海外市場にマッチした製品企画(EV・PHV・HV・FCV・ガソリン車)と全方位型・現地現物型の生産体制が構築されている。強固な財務基盤とサプライチェーン。	**Weakness** 弱み、内的環境 完全電動化に遅れ(官民歩調を合わせた充電インフラなど日本国内整備体制の遅れ)。
Opportunity 機会 ● 新興国市場の成長 ● ガソリン価格の高騰により低燃費車の需要が増加 ● 5Gなど通信環境の進化	**Threat** 脅威 ● 新興国での小型EV開発競争の激化 ● 欧州や米国での極端な環境規制法制(ハイブリッド車の禁止含む) ● レアアース・レアメタルなどの資源の確保リスク

内部環境 / 外部環境

戦略立案の順序

戦略立案の順序は、

① 外的要因の分析(analysis of external context)

② 内的要因の分析(analysis of internal context)

③ 競争優位性のあぶり出し(competitive advantage)

という流れになります。

analysis of external context（外的要因分析）については、**PEST**分析→**3C/STP**分析→ファイブ・フォース分析という順序で紹介してきました。外的要因分析を先に行う理由は、企業が政治・経済状況、業界の構造や法制度の変更で影響を受けることが多いからです。**analysis of internal context**（内的要因分析）は、**VRIO**分析を取り上げましたが、ほかにも様々なフレームワークがあります。そのうえで競争優位性をあぶりだし戦略立案をするために**SWOT**分析をするという段取りです。

The positioning of each framework for establishing competitive advantage
競争優位性確立のための各枠組みの位置づけ

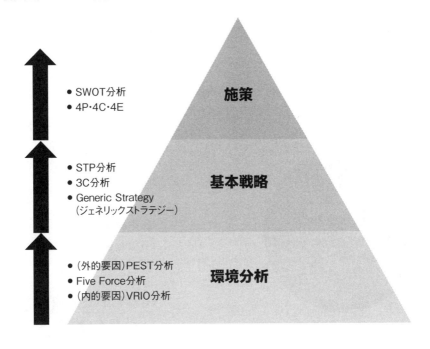

- SWOT分析
- 4P・4C・4E

施策

- STP分析
- 3C分析
- Generic Strategy
  （ジェネリックストラテジー）

基本戦略

- （外的要因）PEST分析
- Five Force分析
- （内的要因）VRIO分析

環境分析

企業組織の階層とフレームワーク

corporate organization（企業組織）には、

① 現場（現業）レベル（**on-site（operational）level**）

② 中間管理レベル（**intermediate management level**）

③ 意思決定レベル（**decision making level**）

の**3**つの層があります。各階層の**manager**（マネージャー）は、企業組織における**planning strategy**（戦略策定）を、自らの**competitive advantage**（競争優位性）の確立とともに実行していきます。

　戦略を立案する時には、**successful case study**（成功事例）をそのまま**imitate**（模倣する）のではなく、成功への導く原動力を過去の事例から学び、自ら新しく組み換え、創出していくべきです。何がその成功をけん引しているのか、その企業の**competitive advantage**（競争優位性）をあぶりだしているのか、その強みはどこから来ているのか、なぜ組成されるに至ったかを検討することで、その**structure**（仕組み）が明確になります。

経営戦略の3つの階層

The three levels of strategic management
経営戦略の3つの階層

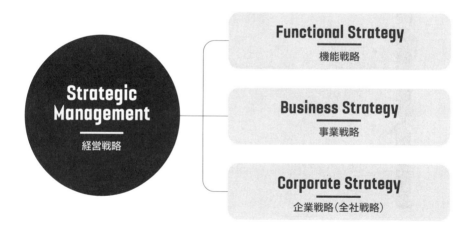

　corporate organization（企業組織）の**strategy**（戦略）には、**3**つの**level**（階層レベル）があります。**general employee**（一般社員）レベルの**functional strategy**（機能戦略）、**middle management**（中間管理職、係長、課長、部長など）の**business strategy**（事業戦略）、**CEO**や役員レベルに求められる**corporate strategy**（全社戦略、企業戦略）です。

　これら**3**つの戦略は、企業組織の階層ごとにさらに細分化されています。例え

ば、一般社員の階層にも**leader**（リーダー、主査、主任など）が存在し、事業戦略的・企業戦略的な**skill**（スキル）が求められることもあります。また、**director**（経営陣）となっても、**functional strategy**（機能戦略）や**business strategy**（事業戦略）に精通していないと、**corporate strategy**（全社戦略）を実践することは困難です。企業組織内においては、これら**3**つの戦略が**multilayered**（重層的に）絡み合って**plan**（策定し）、**execute**（実践する）ことになります。

　一般的に、企業組織では役職が異なることで、やるべき仕事が役割として整理されています。実際のオペレーションでは、日々の仕事で自分の役割以外にも目を配る必要があります。**3**つの階層それぞれにおいても、現場レベルで必要とされる**skill**（技術、スキル）、**operation**（オペレーション、生産管理）に必要な**knowledge**（知識、ナレッジ）、そして組織の**leader**（リーダー）として周囲から認められるための**attitude**（態度、アティテュード）が求められます。

　欧米の**global company**（グローバルカンパニー）では**job description**（ジョブ・ディスクリプション）と言われる**title**（職位）、**position**（職種、ポジション）、**duty**（負荷）に応じて細かく役割が決められています。**Reward**（報酬、サラリー）は、その役割で決められるのです。あくまでも、組織全体の行動様式に基づいた**group activities**（グループワーク）が求められます。組織内では、きめ細やかに全体の仕事の**progress**（進捗具合）を確認する必要が生じるのです。

　近年の日本市場では**maturity, low rate of growth**（成熟化）が進んだことから、さらにきめ細かい経営戦略が求められていると言われます。組織内における経営資源の最適な配置である**orchestrations**（オーケストレーション）が重要になってきました。複雑な企業内の**organizational structure**（組織構造）でも、戦略が**3**つの階層から成り立っていることを理解することで、その構造を見極めることが可能となるでしょう。

機能戦略（ファンクショナル・ストラテジー）

　functional strategy（機能戦略）の目的は、**operation**（オペレーション、生産管理）の**efficiency**（効率性）による**profitability**（収益性）の追求です。これには営業人員の能力や、企業組織の**efficiency**（効率性）にも大きく関与します。結果として、**sales**（売上）や**cost of goods sold**（売上原価）は、**gross profit**（売上高総利益）に影

響します。

　gross profit（売上高総利益）には売上高、cost of goods sold（売上原価）を構成するヒト（人的能力）、モノ（在庫）やカネ（資金コスト）が関与しており、これらにはbusiness strategy（事業戦略）やcorporate strategy（全社戦略、企業戦略）にも大きな影響を与えます。さらにnet income（当期利益、最終利益）まで突き詰めていくと、様々なexpense（費用項目）に応じて金額は大きく変化します。機能戦略は、あらゆる費用項目にimpact（影響）を与え、corporate activity（企業活動）のfoundation（基本）を担っているのです。

　機能戦略は、ビジネス行動のminimum unit（最小単位）です。ビジネスには企業のすべてのstakeholder（関係者、ステークホルダー）を満足させなければならないという前提があります。その内容はValue Chain（バリューチェーン）に網羅されているのです。

　機能戦略はtactics（戦術）と混同されることもあります。tactics（戦術）は、strategy（戦略）の一環を担うもので、対戦相手や状況の変化に応じて一時的で臨機応変なものにすぎません。自社のstrength（強み：例えば低コスト体質やブランド力）は、長期的な戦略としてのefficiency（効能性）の原資にしていくべきです。例えば、low cost（低コスト）のメリットを生かしてnew products（新商品）開発やnew customer（新規顧客）を開拓することは、elaborated advertisement（緻密な広告）、pricing（プライシング）などのマーケティング面での地道なtactics（戦術）の蓄積との統合で効果が出るのです。

　さらに、機能戦略は事業戦略や企業戦略（全社戦略）と軌を一にしたものでなければなりません。各階層のマネージャーは、全社で一致する行動様式（ミッション・ビジョン・バリュー）を取る必要があります。これは組織に対するengagement（エンゲージメント）といわれるものです。

　多くの日本企業ではengagement（エンゲージメント）の中に、budget（予算）達成へのcommitment（コミットメント、意思確認）があります。

　機能戦略は古くから経験的に企業内に蓄積され、幅広い組織活動をカバーするintangible knowledge（暗黙知）として企業組織の資産となってきました。それらをmanualize（マニュアル化）することは困難なのですが、そのsolution（解決策）としてframeworks（フレームワーク）があるのです。フレームワークは、明文化の難しいintangible knowledge（暗黙知）を実際のビジネスに合わせてcustomize

（カスタマイズ）可能にしていきます。まず、古典的なフレームワークの定番である**M.E.Porter**（ポーター）の**Value Chain**（バリューチェーン）を参考に、企業組織における機能戦略を検討していくことにしましょう。

ポーターのバリューチェーン

ポーター（**M.E.Porter**）は『競争優位の戦略（**Competitive Advantage**）』（**1985**年）で、**Value Chain**（バリューチェーン、価値連鎖）を提唱しました。**Value Chain**（バリューチェーン、価値連鎖）とは、企業が生み出す**product**（商品）や**service**（サービス）の価値が、様々な企業活動の結果、どのように生み出されているかを**systematically**（体系的に）分析する手法です。

商品やサービスは、企業で価値が統合された形で提供されます。それらの価値が生み出されることになった**process**（過程）としてのバリューチェーンを分析することで、商品やサービスの**origin of the competitive advantage**（競争力の源泉）を知ることができるのです。

バリューチェーンはよく**supply chain**（サプライチェーン）と対比して語られることが多いですが、同列に対比できるものではありません。サプライチェーンは完成品に対する部材の供給網であり、**production**（モノづくり）のモジュール化（**DX**、デジタル化に基づく**module**）が進展することで重要性が増しています。バリューチェーンには、**DX**をも包摂して、従来の**analogue type**（擦り合わせ型）のモノ作りやサービスの**solution**（ソリューション）が生み出す**customer value**（顧客価値）を創出するものです。

従来の商品やサービスの価値は、**material**（原材料）のコストと**added value**（付加価値）で構成されますが、ポーターは商品やサービスの価値そのものを**willingness to pay**（支払意思額、顧客の購入価値）と定義しました。さらに、その企業活動は**primary activities**（主活動）と**support activities**（支援活動）とに分けました。主活動は一般に**profit center**（営業ライン）と表現されています。原材料が、加工されつつ目に見える形で**added value**（付加価値）を付けながら顧客に提供される構造です。主活動は、**inbound logistics**（材料や部品の購買物流、仕入れ）、**operation**（オペレーション、生産管理）、**outbound logistics**（出荷物流）、**marketing & sales**（販売・マーケティング）、**service**（サービス）に分けられます。

support activities（支援活動）とは、主活動をサポートするための職能のことで、目には見ることのできないprocurement（調達活動）、R&D：Research and Development（調査研究開発）、human resource management（人的資源管理）、firm infrastructure（企業の骨組み、全般管理）などを含みます。支援活動はバリューチェーンのすべてをカバーし、バリューチェーン全体が生み出す付加価値をmargin（収益マージン）と呼びます。

　margin（収益マージン）とは、結果として市場で取引されるmarket price（市場価格）とcost（商品コスト）のspread（スプレッド）という考え方が一般的です。一方で、バリューチェーンを分析すると、顧客に辿り着くまでのvalue proposition（バリュープロポジション、価値構成要素）が、それぞれの活動によって累積されることで、顧客のwillingness to pay（支払意思額）に帰結されるとも考えます。

　バリューチェーンという概念は主活動、支援活動に関係なく、個々の価値構成要素を作り出すための機能戦略によって成立するとみることもできるのです。

　ここでは、バリューチェーンを機能戦略の一環として取り上げていますが、ポー

Value Chain
バリューチェーン：価値連鎖

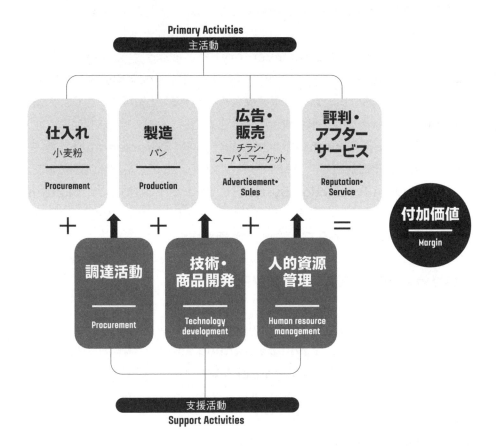

An example of Porter's Value Chain Framework
ポーターのバリューチェーン（価値連鎖）の例：食パン

ターはバリューチェーン分析というフレームワークを、自身が提唱した**generic strategy**（ジェネリック・ストラテジー、基本戦略）における差別化戦略、コスト戦略、集中戦略に適用し、競争優位性の確立への理論的な基礎としました。

基礎戦略としての機能戦略

functional strategy（機能戦略）の**objective**（目的）は、**operation**（オペレーション、生産管理）の**efficiency**（効率性）による**profitability**（収益性）の追求です。これに

は販売にかかわる営業人員の能力や、企業組織の効率性も大きく関係します。**functional strategy**（機能戦略）は、単独では効果を生みません。**in the short run**（短期的には）オペレーションの効率性と**accuracy**（正確性）を両立させることが必要です。また、**change in the market**（市場の変化）に対応する**agility**（機敏さ）も必要です。

例えば、現場で発生した**extra inventory**（余剰在庫）などは、販売機会を逸してしまうと**deadstock**（不良在庫）となってしまいます。ここで**flexible**（臨機応変）に販売する営業能力があれば、新たな販売機会を創出することも可能になります。**in the long run**（長期的には）、製品開発段階からコスト・品質・市場対応能力などを考慮に入れた**profit center**（営業ライン）設計や原料の**procurement**（調達）を行い、市場の変化に対応できる体制づくりが求められるのです。機能戦略の例としては、**Toyota Production System**（トヨタ生産方式）における**kaizen activities**（カイゼン活動）などが挙げられます。トヨタ生産方式については、機能戦略はもちろん、**3**つの戦略全てに実践的に応用されています。

事業戦略（ビジネスス・トラテジー）

business strategy（事業戦略）の**objective**（目的）は、営業活動による**cash flow**（キャッシュフロー）の拡大と**non-performing asset**（不稼働資産）の縮減です。つまり、経営資源の**efficient operation**（効率的な運用）を行うことで、限られた資源を何度も収益を生み出すために回転させることでもあります。**business strategy**（事業戦略）は、この意味で最も広範な戦略として適用可能です。**economies of scope**（範囲の経済、一つの強みを多方面のビジネスに展開する）にもつながる考え方です。

事業戦略は、管理職から組織内におけるあらゆる階層の**manager**（マネージャー）に至るまで、**ROA：Return on Assets**（総資産利益率）をはじめとする業績に直接的にかかわります。もちろん、階層上位の**corporate strategy**（企業戦略）によって事業戦略の方向性は左右されます。重要なことは**logic**（論理性、ロジック）を欠いていないかということです。戦略の論理性について、企業経営者は特に注意を払う必要があります。

事業戦略の成果を測定するには、資産活用の効率性である**total asset**

turnover ratio（総資産回転率）を挙げることができます。sales section（営業課）を単位として、課長、係長や主査などで束ねられる数人規模の組織からなるsales unit（営業ユニット）が想定されます。

　それらの目的は、profitability in functional strategy（機能戦略の収益性、利益率の高い商品やサービスの提供）の拡大です。つぎに、cash flows from operating activities（営業活動によるキャッシュフロー）の最大化となります（キャッシュフローについてはアカウンティングの章で詳しくとりあげます）。

　例えば、工場ラインの効率的な使用、他部門との適切な fixed cost（固定費）の按分、的確なoperational management（生産管理マネジメント）によるcost control（原価コントロール）など、多くの項目に配慮した戦略が求められます。

　human resources（人的資源）についても、right person in right place（コーディネーション、適材適所）とincentive（インセンティブ、各組織構成員のモチベーション）向上という2つの点で細かな配慮が必要です。人的組織の効用を最大化しつつも、aggregate salary cost（総人件費）の圧縮やoperation cost（オペレーションコスト）の削減も実現しなければならないからです。

　事業戦略の目的は、営業活動によるcash flow（キャッシュフロー）の拡大とnon-performing asset（不稼働資産）の縮減、経営資源の効率的な運用であることは述べました。キャッシュフロー資金の流れは、operating activities（営業活動）、investing activities（投資活動）、financing activities（財務活動）の3つに分けて分析します。cash flow from operating activities（営業活動によるキャッシュフロー）の最大化が事業戦略の原則です。

　投資活動によるキャッシュフローは、資産に投資されていればマイナスとなります。営業キャッシュフローと投資キャッシュフローの差（絶対値）がfree cash flow（フリーキャッシュフロー）と言われるものです。これが配当や自社株買いなどのshareholder return（株主還元）の原資となります。

　財務活動によるキャッシュフローは、配当支払いや、負債によるキャッシュの調達を表します。成熟企業では通常マイナスとなりますが、大型投資や成長企業では活発な資金調達がなされるためプラスとなることが多くなります。

　事業戦略は、キャッシュフロー経営を主眼に、企業活動において最も広範な戦略として適用可能です。管理職から小規模組織のマネージャーにいたるまで、ヒト（人的組織）、モノ（組織内の資産）あるいは、カネ（資金）を管理する戦略としては最も重要

なものとなります。

　business strategy（事業戦略）では、functional strategy（機能戦略）との連携も重要です。例えば、自社の商品・サービスのcompetitive advantage（競争優位性）の確保です。機能戦略の一環でもあるmarketing strategy（マーケティング戦略）を駆使し、商品のbrand equity（ブランド・エクイティー、ブランド資産）やdifferentiation（差別化）をアピールしていくべきです。事業戦略では、市場の動向へのagility（俊敏性）と、自社の経営資源の状況を詳細に把握する緻密さを兼ね備えたマネージャーのcapability（胆力）が求められるのです。事業戦略は、経営戦略のコアであるとともに、マーケティング・ファイナンス・アカウンティング・オペレーション・HR（人事戦略）を統括するマネジメントへのinterface（インターフェース、入口）としての役割もあります。

全社戦略（企業戦略：コーポレート・ストラテジー）

　corporate strategy（全社戦略、企業戦略）の目的は、leverage（レバレッジ、てこの原理）の活用です。レバレッジとは、限られたshareholders' equity（株主資本、株主のお金）でより多くのgood asset（優良資産）に投資することを意味します。確実に利益を生む優良資産に投資するためには、主に低コストのdebt（負債）を活用します。負債はあくまでlower interest rate（低金利）でprocure（調達する）ことが重要です。そのためにも会社のcredit standing（財務状況）を良くし高い格付けを維持すること、そもそもその裏付けとなる資産をuncertainty（不確実性）の少ない優良なものにしておく必要があります。

　投資先の選定や事業のconcentration in core competence（コア・コンピタンス、競争優位性に集中投資）にこそ、経営者としての能力が必要とされるのです。結果、レバレッジを有利な借り入れで確保できれば、cost of capital（資本コスト）の縮減につながります。資本コストとは、負債と株主資本の合計にかかる経費のことでWACC（加重平均資本コスト）として表されます（WACCについてはファイナンスの章で詳しくとりあげます）。

　株主への還元は、配当はもちろん、自社株買いや株主優待などを含みます。これは市場と対話することで、株主からの将来的な株価の値上がりと配当の増加へのexpectation（期待）を醸成しながら、corporate value（企業価値）を上昇させ

ていくことです。それは経営者の全社戦略への能力にほかなりません。

　日本では、財務体質の強い企業や**retained earnings**（内部留保）の多い無借金経営などが評価されることが多いです。調達している資金が有利子負債であっても株主資本（内部留保の蓄積）であっても、結果として株主資本をどれほど効率的に使用し、企業価値増加に結びつけられているかが大切です。

　corporate strategy（全社戦略、企業戦略）は、経営陣がリスクとリターンを計算しながら優良資産の構築を目指す戦略です。ここでも経営戦略の**logic**（論理性、ロジック）が必要になってきます。仮に、リスクやリターンが適切に評価されていない経営の場合、株価は低迷するでしょう。この意味で、企業は常に株主に対する**disclosure of information**（情報の開示）と**investors relationship**（IR活動：企業戦略への理解の周知）に取り組んでいかなければならないのです。これらの活動が市場との対話と呼ばれるものです。

　特に上場企業では、一般株主からの経営戦略全般への支持は必須です。また、投資に対する**risk**（リスク）と**return**（リターン）は常に**uncertainty**（不確実性）が伴うことからも、**robust infrastructure of the strategy**（企業戦略の堅牢性）が問われます。さらに、企業の調達する資金について、負債はもちろん内部留保においても株主のものであるという認識が経営者には必要です。

　株主から見て、**fund**（拠出資金）に対する**expectation**（期待）は**capital gain**（キャピタルゲイン、株価上昇）と**income gain**（インカムゲイン、配当）です。両者の**stock yield**益回り（PERの逆数）と**dividend yield**（利回り）によって経営者の評価がなされるのです。経営者から見た場合、**capital policy**（資本政策）によって、株主の期待に応えていくことが重要でしょう。そのためにかかるコストが**cost of capital**（資本コスト）であり、**WACC：Weighted Average Cost of Capital**（加重平均資本コスト）という手法で計算することが世界標準となっています。

　WACCでは、負債に対する金利や株主資本に対する株主からの期待、および経営側からの資金調達のコストが表裏一体の関係となっています。負債の金利を、投資から得られる利益に対して極小化することが最も大切です。株主からの期待は、**CAPM：Capital Asset Prising Model**（キャピタル・アセット・プライシング・モデル：資本資産評価モデル理論）を使って計算します。株主からの**expected rate of return**（期待リターン）をコントロールしながら、自社株買いなどの**capital policy**（資本政策）を実施していくのです。

企業戦略の目的は、資本コストの縮減と優良資産への投資を適切なレバレッジを活用し、市場との対話を行いながら、企業価値を上昇させていくことに尽きます。IR：Investor relations（投資家への広報活動）は、企業ブランドを構築するうえでも大変重要なものです。

●WACC（加重平均資本コスト）とは

　WACC：Weighted Average Cost of Capitalの略。企業のバランスシートの右側の総コストでもある。収益がWACCを上回ると利益となるので、「ハードル・レート」とも呼ばれる。

- ・WACC=D/（D＋E）× rD ×（1 － T）＋ E/（D＋E）× rE
- ・D：負債
- ・E：株主資本

　負債にかかる金利は税控除されるので、rD（1-税率T）とする必要がある。株主資本コストが著しく負債コストを上回っている場合は、負債によって自社株買いを行うことも重要である。逆にcost of debt（負債コスト）がCDS：Credit Default Swapの上昇により急激に上昇する局面では、増資による株主資本の補強を行うことで財務の安定化が可能になる。

3つの経営戦略レベルとROE、デュポンシステム

　ROE：Return on Equity（株主資本利益率）を、企業活動で表現したもの、それがDupont system（デュポンシステム）です。ROEを分解することで、企業戦略とのかかわりが判明します。米化学大手のDupont（デュポン）がmarket cap（時価総額）をmaximize（最大化する）ことを念頭に開発しました。ROEをnet profit margin on sales（売上高利益率）、total asset turnover（総資産回転率）、financial leverage（財務レバレッジ）に分割し、分析することが可能です。
　デュポンシステムは、ROEを単に、売上高利益率、総資産回転率、財務レバレッジに分解するにとどまりません。経営戦略論における組織の階層別の3つの戦略

DuPont Analysis
デュポン分析・ROEの分析と3つの経営戦略

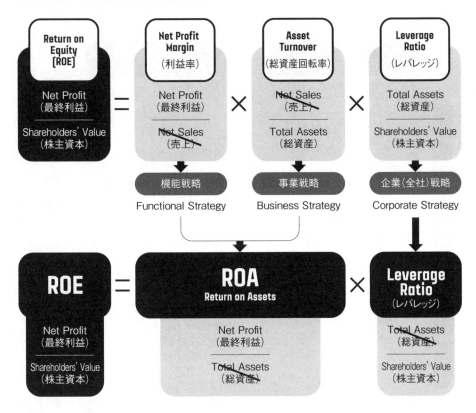

（機能戦略、事業戦略、企業戦略）ともリンクし、適切な戦略立案が求められることを示します。

ROEを分解すると、「売上高利益率」×「総資産回転率」×「財務レバレッジ」であることを述べました。

net profit margin on sales（売上高利益率）は、staff（平社員）が機能戦略を駆使して、生産や販売などで効率性を求めることから始まります。大企業の生産管理ではTPS：Toyota Production System（トヨタ生産方式）をはじめとしたノウハウを活用します。販売では、営業マンが自社製品やサービスを顧客との関係を構築し、高いprofitability（利益率）を実現します。営業とは、高収益の追及に他なりませんが、単なるinformation asymmetry（情報の非対称性）を利益の源泉にすることは、情報化が進んだ現代では不可能です。戦略を駆使したsolution（ソリュー

The concepts of management strategy, ROE/ROA, corporate value, and balance sheet

経営戦略とROE/ROA・企業価値と賃借対照表の概念

総資産:
収益を生むための資産

負債と株主資本:
調達資金

貸借対照表

ASSET
総資産

現金に近い方から記述される。資産は収益を生むためのものである前提で、最終利益であるRETURNは総資産が生み出す。ROAは総資産に対する利益率。

DEBT
負債

資金調達のコストは金利:格付けによって金利は上下する。高い格付けで安いコスト(金利)でなるべく長期の借り入れを行えるように経営戦略を実行する。

EQUITY
株主資本

資金調達のコストは株主からの配当や株価上昇の期待。業績への期待が高いほど投資へのハードルが下がり、株が買われやすくなる(リスクプレミアムの低下)。ROEは株主資本(純資産)に対する利益率。

負債

企業価値

株主資本

時価総額

プレミアム

公開企業であれば、株価が時価で決定される。株主資本を上回る部分はプレミアム。プレミアムを多く確保することで格付けは上昇し、資金調達が低コストで容易になる、上場することの一番のメリット。
株価×発行株式数=時価総額=プレミアム+株主資本となり、この関係は一株あたりに引き直すと、株価=PBR(Price Book Value Ratio)×BPS(Book Value per Share)=株価純資産倍率×一株当たり株主資本。

経営戦略の目的は企業価値を上げること。企業価値=時価総額+負債=貸借対照表(総資産)+プレミアム=株主資本×PBR+負債　企業価値を上げるためにはまず、PBRを上昇させること。PBR=ROE×PERなので、実績としてのROEと市場からの成長の期待が企業価値を決定することになる。

ション)の顧客への提供によって、顧客との良好な長期的関係性を構築することが重要でしょう。(機能戦略)

total asset turnover（総資産回転率）の向上には、事業戦略における**manager**（マネージャー）の能力が試されます。機能戦略レベルの**sales/business unit**（営業ユニット）を束ね、**limited assets**（限られた資産）で利益率の高い売上高と作ることを試されるからです。限られた会社の**corporate resource**（経営資源）であるヒト・モノ・カネ・情報・ブランドが、どのように効率的に使用されているかが問われるのです（従業員一人当たり、売り場面積当たり、営業倉庫の総コスト対比、総資産の維持管理にかかるコスト対比など）。売上（トップライン）を劇的に増加させる**blockbuster**（ヒット商品）の開発なども、結果としての総資産回転率の上昇につながる、マネージャーの力量と言えるでしょう。（事業戦略）

最後に、全社戦略としての**financial leverage**（財務レバレッジ）ですが、これは分数で総資産/株主資本となり、株主資本が少なければ少ないほど、負債を増やせば増やすほど、財務レバレッジは上昇します。株主資本は、企業活動で長年蓄積されてきた**retained earnings**（内部留保）と、株主が拠出した**capital**（出資金）で成り立ちます。一概に、これが少ないほど良いというのは語弊があります。分厚い株主資本は倒産のリスクを減らすからです。負債も、増やせば増やすほど財務レバレッジは高まりますが、負債にかかる**interest**（金利）も上昇します。もし、投資対象資産に過大なリスクがあれば、**financial rating**（会社の格付け）を落とすことになります。負債の貸し手の銀行は、貸出利率の上昇、融資額の削減、貸付期間の短縮、**collateral assets**（担保）の増額、などを求めてくるでしょう。これらは、企業にとって資金調達のためのコストになります。財務レバレッジは、機能戦略・事業戦略・企業戦略全てを俯瞰的に実行できる経営者によって活用されるべきです。

戦略の定義

日本を代表する経営学者である野中郁次郎氏は、**strategy**（戦略）についてこう述べています。
「戦略の構想力とその実行力は、日常の**intellectual performance**（知的パフォーマンス）としての**accumulation of wisdom**（賢慮の蓄積）とその**sustainable development**（持続的錬磨）に依拠するのである。戦略は、すべて分析的な言語で語れて結論ができるような静的でメカニカルなものではない。究極にあるのは、

事象の細部と全体、**high-context**（コンテクスト依存）と**low-context**（コンテクスト自由）、**subjective and objective**（主観と客観）を善に向ってダイナミックに綜合する**practical wisdom**（実践的知恵）である。」

この言葉には、社会的な構造の変化はもちろん、事象（コンテクストcontext）に対する姿勢の重要性が問いかけられています。

context（コンテクスト）は様々な概念を示し、状況、文脈などと訳されることが多いです。経営戦略論では、企業を取り巻く外的な経営環境と内的な企業文化などをそれぞれ**external context**（外的要因）、**internal context**（内的要因）と表現します。コミュニケーションの基盤となる文化の共有度合いといった意味で使われこともあります。

high context（ハイコンテクスト）文化とは、コンテクストの共有性が高く、一つひとつ言葉で説明しなくても察し合うコンテクスト依存型文化であることを示します。（日本、空気を読む文化）

対して**low context**（ローコンテクスト）文化は、コンテクストに依拠しない自由があり、明確な言葉での説明が常に求められるコンテクスト自由文化のことを示します。（主に欧米文化）

国際的なビジネスマンは、自身の考えをいつでも明確に説明することを心掛けるべきでしょう。そのためにもコンテクストではなく、コンテンツが必要です。

経営学には**economics**（経済学）、**psychology**（心理学）、**sociology**（社会学）など学際性があり、豊富なコンテンツで形成されているという特徴があります。企業経営やビジネスには様々な英知が必要であることも理由と考えられますが、戦略のもととなった戦争における様々な**leadership management**（リーダーシップ論）も、幅広いコンテンツを扱うこととなった理由として考えられます。

Chapter 2
Development of Business Administration
経営学の発展

business administration（経営管理、経営学）は、business management（事業管理）を中心的テーマとします。external context（外的要因）やinternal context（内的環境）の変化に対応し、strategy（戦略）を立案することで、organization（組織）を効率的に運営するためのscientific methodology（科学的方法論）をanalyze（解明）する学問です。economics（経済学）との違いは、経済学が社会の経済活動を対象としたtheological（理論中心）の学問であることに対して、business administration（経営管理、経営学）は企業や組織の活動を対象にし、book smart（理論家）とstreet smart（実務家）を組み合わせた学問なのです。

経営学のあらまし

経営学の歴史は経済学よりも新しく、その始まりはF.テイラーが、『科学的管理法の原理（*The Principles of Scientific Management*）』（1911年）を出版した時期と言われています。

経営学の根幹の一つであるstrategic management（経営戦略）論は、そのルーツをmilitary history（軍事史）に持っています。戦略を組織が何らかの目的を達成するためのsolution（ソリューション）と考えると、歴史はAncient Greece（古代ギリシャ時代）にまでさかのぼるとされています。B.C.（有史以前）の戦略論から、現代の経営学の理論に至るまで、歴史を俯瞰しながら、経営学のstructure（構造）を理解できるようにしましょう。

戦略論の歴史的変遷

戦略論のはじまりは紀元前500年ごろのギリシャ、または同じく紀元前500年ごろの中国のThe Art of War（孫子の兵法）であるといわれています。

古代ギリシャでは軍事的指導を行うstratēgos（ストラテゴス）という役職が置か

れていました。ストラテゴスは、『ストラテゲーマートン(*Strategematon*)』を指南書として使っていました。これが現代の**strategy**(ストラテジー；戦略)の語源と言われています。

　古代中国の孫武によって著された**Sun Tzu's The art of war**(「孫子の兵法」、孫子は尊称)は、戦争のプロセスについて研究した戦略書でした。戦争を分析・研究し**Victory is sometimes just a matter of luck.**(勝負は時の運)であることを否定、**artificiality**(人為)によることを示したのです。

　根本思想としては、

①　非好戦的：「百戦百勝は、善の善なる者に非ざるなり。(**To flight and conquer in all your battles is not supreme excellence.**)戦わずして人の兵を屈するは、善の善なる者なり。(**Supreme excellence consists in breaking the enemy's resistance without fighting.**)」

　戦闘による国力消耗を戒める。

②　現実主義：緻密な分析、状況に応じた観察。「彼を知り己を知れば百戦して殆うからず。(**If you know the enemy and know yourself, you need not fear the result of a hundred battles.**)」

③　主導権の重視「善く戦う者は、人に致して人に致されず。(**The clever combatant imposes his will on the enemy, but does not allow the enemy's will to be imposed on him.**)」

の**3**つの柱からなる思想書でもありました。

　その後の戦争は、諸侯の領土争いを経て、王室や国家間の争いのための手段となりました。思想に基づいた戦略というよりも、具体的な手段としての**tactics**(戦術)が世に出されていったのです。

　近代の戦術書としては、**Napoléon Bonaparte**(ナポレオン・ボナパルト)の時代を生きた**Clausewitz, Carl von**(カール・フォン・クラウゼヴィッツ)による『*Vom Kriege*(戦争論)』(1832年)を挙げることができます。クラウゼヴィッツは、**Battle of Waterloo**(ワーテルローの戦い)に参戦、ナポレオン軍の撃破に貢献したのです。

　18世紀後半に起こった**industrial revolution**(産業革命)と**French revolution**(フランス革命)は、戦争を一変させました。**territory**(領地)やの徴税のための**domain**(ドメイン、領域、支配権)などの政治的目的を達成することから、近代

的な**WMD：Weapon of Mass Destruction**（大量殺戮の兵器）を使用する戦争に性格を変化させたのです。

ナポレオンとクラウゼヴィッツ

industrial revolution（産業革命）による銃剣の発達は、緻密な**tactical formation**（軍事的陣形）や**tactics**（戦術面）での**precision**（緻密さ）を要求するようになりました。**commander**（指揮官）は**military skill**（軍事的スキル）を分析し、**military logistics**（兵站）確保のための知恵を絞る必要に迫られたのです。

当初は、戦争の目的が**seizure of interest**（権益の収奪）にあったことから、軍事的組織の担い手は**mercenary**（傭兵）に限られていました。ところが、フランス革命によって**centralized government**（中央集権的な）**nation-state**（ネーションステート、国民国家）が形成されると、国民としての**rights**（権利）と引き換えに、**national defense**（国防）への参加が、すべての国民に**duty**（義務）として課されることとなりました。一般国民の**military mobilization**（軍事的動員）を

Napoléone Bounaparte
ナポレオン・ボナパルト
（1769－1821）

military strategy（軍事戦略）として成就させた最初の人物がナポレオン・ボナパルトでした。

Carl von Clausewitz
カール・フォン・クラウゼヴィッツ
（1780－1831）

打倒ナポレオンのために練り上げられたクラウゼヴィッツの戦争論の特徴は、国民を総動員し国家の存亡をかけた戦いに打ち勝つために、社会的なシステムの変更を伴う革新的な方法論を編み出した点にあります。

ナポレオンによって育成された欧州大陸最強のフランス軍に勝つための、**neutralize opponent's strengths**（相手の強みを無力化すること）が戦略的知恵として生まれてきました。戦略論における**neutralize pre-emptive advantage**（プ

リエンプティブ・アドバンテージ、先行者利益を無力化する）ための**imitate**（模倣する）戦略を実践した初めての事例とも言えるでしょう。

ジョミニの戦略論

Antoine-Henri Jomini
アントワーヌ＝アンリ・ジョミニ
（**1779 – 1869**）

Antoine-Henri Jomini（アントワーヌ・アンリ・ジョミニ）による『戦争概論（*Summary of the Art of War*）』（1838年）は、クラウゼヴィッツによる『戦争論』と並ぶ軍事学の古典的名著です。クラウゼヴィッツが戦略の実践を重視したのに対して、ジョミニは特に戦争における**universal principle**（普遍的な原理）を重視しました。普遍的な原理とは、戦争における**scientific methodology**（科学的方法論）でした。ジョミニの理論はその後のアメリカ海軍や現代の**standard**（標準的な）**strategic military theory**（戦略軍事理論）に大きな影響を与えました。

リデル＝ハートの軍事戦略論

Sir Basil Henry Liddell-Hart
ベイジル・リデル＝ハート
（**1895 – 1970**）

Basil Henry Liddell-Hart（バジル・ヘンリー・リデル＝ハート）は、戦争の世紀と言われた20世紀を代表するイギリスの戦略思想家です。第一次世界大戦後、軍事戦略、**nuclear strategy**（核戦略）を研究し、**surprise attack**（奇襲攻撃）など、**avoid head-on collisions by incapacitating opponents**（相手を無力化して正面衝突を避ける）戦略を提唱しました。

ランチャスター戦略

戦争の現場から生み出された戦略論としては、**F・Lanchester**（ランチャスター）

によるLanchester's laws（ランチェスターの法則、第一法則（戦闘力＝武器効率×兵力数）と、第二法則（戦闘力＝武器効率×兵力数の2乗））が有名です。戦争におけるlogistics/firepower（兵站・火力）などの消耗戦的要素を、資源の絶対量と効率という面から分析しcapitalism（資本主義）的に解き明かそうとする試みでした。戦争論を経営戦略論に近づけた功績として評価できるでしょう。

Frederick W. Lanchester
フレデリック・ウィリアム・ランチェスター（1868 − 1946）

アメリカの成長と経営学・経営戦略論の発達

2度の世界大戦で、工業化が進んでいた欧州と日本の大部分がscorched battlefield（焦土）と化したのに対して、アメリカ本土のproduction equipment（生産設備）は無傷で温存されていました。postwar rebuilding（戦後復興）の需要の多くがアメリカに集中し、アメリカに富をもたらすことになったのです。

近代の経営戦略論の発展は、このような軍事史的背景と、roaring Twenties（狂騒の20年代）と言われる1920年代のアメリカにおける基幹産業の成長を背景としています。経営戦略の二大系譜、scientific management（テイラーの科学的管理法）とhuman relationship theory（メイヨーの人間関係論）を始祖とする諸科学の発展が、相互に影響を与えながら経済成長とともに融合していったのです。

特に1950-1960年代のアメリカは、国内経済の成長とともに、盛んに事業のscale up and diversification（大規模化と多角化）とinternationalization（国際展開）に取り組んでいました。その結果、企業の組織内におけるinternal context（内部環境）の研究や整備だけではなく、external context（外的環境）にも目を向けることになったのです。外部の環境変化を適切に捉えて、自らを変化させていく必要に迫られたからです。1960年代には、現代でも企業分析やコンサルティングの現場で使用される優れたビジネス理論が世に出されました。

現代経営学への流れ

Michael・E・Porter
マイケル・E・ポーター
（**1947** - ）

Jay B. Barney
J.バーニー
（**1954** - ）

　Strategic management（経営戦略）論は**1960**年代から実際の企業における**consultation**（コンサルテーション）から始まりました。当初は、**external context**（外的環境：業界をとりまく環境）と**competitiveness**（競争力）で企業経営の状態を分析し、**strategy**（戦略）へと結びつける手法がとられました。これは、経営戦略論の**positioning school**（ポジショニング学派）と呼ばれるようになり、**1980**年代の**M・E・Porter**（ポーター）はその第一人者です。それ以降は、競争優位性の確立を**internal context**（内的環境：企業内部の環境）における**management resources**（経営資源：ヒト・モノ・カネ・情報・ブランド）に求め、様々な変化に対応するための**process**（プロセス）を重視する**resource based view**（リソース・ベースト・ビュー）が中心となりました。これは、**capability school**（ケイパビリティ学派）と呼ばれ、中心的提唱者は**Jay Barney**（ジェイ・バーニー）です。

　ポジショニング学派は、**Taylor**（テイラー）の科学的管理法に源流があるとされています。**Management strategy can be formulated by quantitative analysis.**（定量的分析で経営戦略は策定できる）という立場を取っているというのがその理由です。他方、ケイパビリティ学派は、**Mayo**（メイヨー）の人間関係論に源流があるとされています。**Management strategy can be formulated by qualitative analysis based on human nature.**（人間性に基づく定性的分析で経

The Historical Development of Management strategy theory
経営戦略論の歴史的流れ

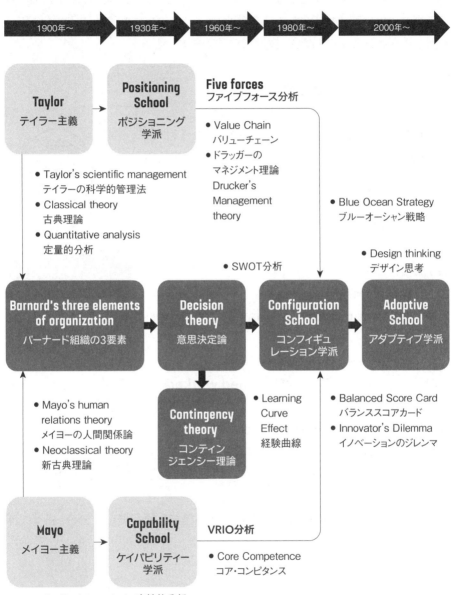

1900年〜 1930年〜 1960年〜 1980年〜 2000年〜

Taylor
テイラー主義

Positioning School
ポジショニング学派

Five forces
ファイブフォース分析

- Value Chain
  バリューチェーン
- ドラッガーの
  マネジメント理論
  Drucker's
  Management
  theory

- Blue Ocean Strategy
  ブルーオーシャン戦略

- Design thinking
  デザイン思考

- Taylor's scientific management
  テイラーの科学的管理法
- Classical theory
  古典理論
- Quantitative analysis
  定量的分析

- SWOT分析

Barnard's three elements of organization
バーナード組織の3要素

Decision theory
意思決定論

Configuration School
コンフィギュレーション学派

Adaptive School
アダプティブ学派

- Mayo's human relations theory
  メイヨーの人間関係論
- Neoclassical theory
  新古典理論

Contingency theory
コンティンジェンシー理論

- Learning Curve Effect
  経験曲線

- Balanced Score Card
  バランススコアカード
- Innovator's Dilemma
  イノベーションのジレンマ

Mayo
メイヨー主義

Capability School
ケイパビリティー学派

VRIO分析

- Core Competence
  コア・コンピタンス

- Qualitative analysis 定性的分析

営戦略は策定できる）という立場です。

　経営戦略論の二大系譜のうち、どちらの理論が優れているかという議論は無意味です。インターネットのビジネスに対する影響が大きくなっている現代では、さらに経営環境の変化への対応をより重要視し、実践的に試行錯誤する**adaptive school**（アダプティブ学派）も盛んになりつつあります。

テイラーの科学的管理法

　Frederick Taylor（フレデリック・テイラー）は、**19**世紀末の**systematic soldiering**（組織的怠業）の解決を目指し、**scientific management**（科学的管理法）を提唱、**unskilled worker**（未熟練工）の作業の**planning and standardization**（計画化と標準化）を導入しました。

F・Taylor
フレデリック・テイラー
（1856 - 1915）

科学的管理法の主な項目としては、
① 課業管理（task management）
　fair amount of work in a day（1日の公正な仕事量）を設定。
② 作業研究（work study）
　時間研究と動作研究からなり、**skilled worker**（熟練工）のムリ・ムダ・ムラの無い作業を、未熟練工に伝達。
③ 指図票制度（instruction card）　「使う道具や時間、作業」を標準化、**manualization**（マニュアル化）。
④ 段階的賃金制度（price-rate system）　**1**日の公正な仕事量を超えれば賃金が上がる制度。
⑤ 職能別組織（functinal organization）　計画機能と執行機能に分け、各々に専門部門を設置。
の**5**つです。

　①～③で作業は標準化され、未熟練の工員でも生産計画に従い作業することで、適正に管理された賃金を得られるようになりました。また、④～⑤で工員の

やる気を引き出し、経営側の**productivity**（生産性）の向上に対する管理を確実なものにしたのです。

フォード生産方式

Taylor（テイラー）の**scientific management**（科学的管理法）は、世界的ヒット車となった**Ford Model T**（T型フォード, 1908-1927）の**mass production**（大量生産）に活かされることとなりました。この**production system**（生産方式）は、**Ford production system**（フォード生産方式）と呼ばれ、①作業の時間・動作分析を行い、作業の**standardization**

T型フォード
（1908 – 1927）

（標準化）を徹底、②徹底した**specialization**（分業化）、③**assembly line**（生産ライン）の設定 - **belt conveyor system**（流れ作業：ベルトコンベヤ方式）、の**3**つを特徴とします。

また、①**skilled worker**（熟練工）の作業は単純作業に分割、②工場内の生産ラインはすべて**synchronized**（同期化）、同種の製品を**small variety mass production**（大量生産・少品種大量生産）すること、に成功しました。実用性の高い工業製品である自動車の大量生産に成功したことは、この後の**economic expansion**（景気拡大局面、1929年ウォール街の大暴落まで）であったことと軌を一にします。

ファヨールの経営管理プロセス

Taylor（テイラー）、**Mayo**（メイヨー）と並ぶ近代マネジメントの始祖の一人、**Jule Henri Fayol**（アンリ・ファヨール）は名前の呼称としてフランス語のフェイヨルとも表記されることもあります。ファヨールはテイラー

Jule Henri Fayol
アンリ・ファヨール
（1841 – 1925）

と同時期に活躍したのですが、仏語で書かれた彼の業績が英訳され世に出るようになったのは**1940**年代になってからのことです。

　Fayol（ファヨール）は、企業の経営管理について**management process theory**（経営管理過程論）の**5**つの要素に区分しました。
① 　計画（**Planning**）：将来予測に基づき活動計画を立てる。
② 　組織化（**Organizing**）：組織を作り、ヒト・モノ・カネを提供する。
③ 　指令（**Commanding**）：従業員の就業状況を理解し、生産性向上を図る。
④ 　調整（**Coordinating**）：組織内活動のバランスをとる。
⑤ 　統制（**Controlling**）：フィードバック制度を導入し計画性を重視する。

　ファヨールの**management process theory**（経営管理過程論・経営管理プロセス）は、それぞれの活動の頭文字の**POCCC**サイクルとも呼ばれています。これらは、**Value Chain**（バリューチェーン、のちにポーターが提唱したもの）とよく似た構造となっています。

Fayol's management process (POCCC)
ファヨールの経営管理プロセス（POCCC）

メイヨーの人間関係論

　Elton Mayo（エルトン・メイヨー）は、本格的な**Graduate school of business**（経営大学院）の担い手の一人として**1926**年にハーバード経営大学院に迎えられました。メイヨーは産業技術の発展が、かえって人間の**willingness to cooperate**（協働意欲）を阻害し、社会は解体の危機に瀕しているという危機感を

Elton Mayo
エルトン・メイヨー
（1880 - 1949）

持っていました。メイヨーは**Taylor**（テイラー）らによる**scientific management**（科学的管理法）を批判しました。

　メイヨーは企業組織における人間的側面の重要性を重視した**human relations approach**（人間関係論）を展開し、**productivity**（生産性）は、**work environment**（職場環境）よりも従業員の**morale**（士気、モラル）で決まり、士気は、職場の上司や同僚との**human relations**（人間関係）で決まると唱えました。

　メイヨーは、**spinning mill**（紡績工場）など単純作業を繰り返す工場における**job turnover**（離職率）の増加に危機感を持ちました。テイラーの**scientific management**（科学的管理法）では制御できない、労働者の生産性向上のための方策があるのではないか、という仮説を立てたのです。（**mule spinning mill**ミュール紡績工場における実験）。さらに**1927**年、電話機製造会社ウェスタン・エレクトリックのホーソン工場において、テイラーの科学的管理法が効果を上げていない状況について調査しました（**Hawthorne experiment**ホーソン実験）。

　これはテイラーの科学的管理法に対する批判として脚光を浴びただけではなく、人の行動の原因を探る**behavioral science**（行動科学）に発展的に引き継がれることとなります。

経営管理論の古典理論と新古典理論

　テイラーの**scientific management**（科学的管理法）、メイヨーの**human relations approach**（人間関係論）、そしてファヨールの**management process theory**（経営管理プロセス）は、いずれも生産性を上げるための方法論です。その後の経済成長、市場規模の拡大、そして生活レベルの向上で企業活動も幅広いものとなっていき、これらの理論は様々な社会科学の**domain**（ドメイン、領域）を含んでさらに発展していきました。

　management organization theory（経営組織論）や**organizational**

management（組織管理論）を含む学術的な理論の分類としては、テイラー、ファヨールの理論を**classical theory**（古典理論）と呼ぶのに対して、メイヨーの理論を**neoclassical theory**（新古典理論）と呼び、メイヨーより後の理論は**modern theory**（近代理論）と呼ばれます。

リーダーシップ理論の誕生

行動科学は、科学的管理法と人間関係論を統合する形で、**Mary Follett**（メアリー・フォレット、創意工夫による「統合」を用いた解決）、**Rickard**（リッカート、**group dynamics**グループダイナミクス、ミシガン大学学派）、**Argyris**（アージリス、**mixed model**混合モデル）、**Maslow's Hierarchy of Needs**（マズローの欲求五段階説）、**McGregor**（マグレガー）の**Theory X, Theory Y**（X理論、Y理論）、**Herzberg**（ハーズバーグ）の**Motivation-Hygiene Theory**（動機付け―衛生理論）などの**behavioral science**（行動科学理論）へ引き継がれていきました。

フォレットの統合による解決と命令の非人格化

Mary Follett（メアリー・フォレット）の**integration**（統合）による**conflict**（紛争）の解決と**depersonalizing orders**（命令の非人格化）は、その後のバーナードやドラッカーに影響を与えたと考えられます。フォレットは**conflict**（対立）を2つの異なる主体による対立ではなく、単なる相違と考えました。対立と考えてしまうと、①強制による支配（domination）、②妥協（compromise）の2つの方法しか解決策はなくなってしまい、いずれも双方の利益の犠牲を伴うものとなってしまいます。そこで、③統合（integration）という**originality and**

Mary Follett
メアリー・フォレット
（1868-1933）

ingenuity（創意工夫）を伴った方法で、双方の犠牲を伴う妥協による不満を和らげようとしました。

例として、「窓開け」による事例が有名です。一人は室内の保温のため窓を閉めておきたかった状態の時、もう一人は換気のため窓を開けたかったとします。もし、

どちらかの希望を通す形にした場合、①「強制による支配（domination）」が成立します。窓を半分だけ空ける選択肢を選んだ場合は、②「妥協（compromise）」、によって双方の利益は半分ずつ失われます。そこで、彼女が考えた創意工夫としての③「統合（integration）」は、「別の部屋の窓を開ける」ということだったのです。

この考えの発展形として、彼女は命令を人格的な作為から切り離し、状況の法則に従うべきだとしました。これを**depersonalizing orders**（命令の非人格化）といいます。この考え方は、トップダウンの組織における命令を、状況が求めている命令と解釈することで、命令されるばかりの組織の下位の構成員による不満の解消や、その後の組織と環境を考慮する**macro organizational theory**（マクロ組織論）にもつながる英知でした。

リッカートの連結ピンモデル

社会心理学者の**Rencis Likert**（レンシス・リッカート）は、ホーソン実験と同様の賃金や待遇と生産性の関連について調べる計量的な実験を行っていました。メイヨーとの違いは、職場のモラルは**motivation**（動機）によるものと解釈して、ミシガン学派（ミシガン大学の研究者の集団）と呼ばれる**leadership theory**（リーダーシップ論）を構築したことです。

Rencis Likert
レンシス・リッカート
（1903 – 1981）

リッカートの功績として、企業内における**link pin model**（連結ピンモデル）があります。これは、**formal organization**（フオーマル組織：ミッション・ビジョン・バリューに基づく正式な少人数の職場集団の集合）がそれぞれ専門化や分業化する事で、より大きな集団（会社）として運営されている状態を示します。

連結ピンモデルでは、**top down**（上位下

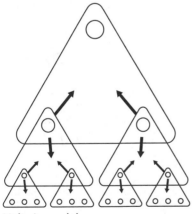

Link pin model
連結ピンモデル

達）ではなく、**bottom up**（ボトムアップ）でもない、あらゆる階層レベルでの **sharing information**（情報の共有化）をすることで、現代の柔軟な**informal organization**（インフォーマル組織：task forceタスクフォース）や、**SBU：Strategic Business Unit**（戦略的組織単位）の構築に役立ちました。

　リッカートは、組織に関する調査結果を本人にフィードバックする**survey feedback**（サーベイ・フィードバック：調査評価）という手法を用いましたが、これは後の**counseling**（カウンセリング）、**coaching**（コーチング）概念の基礎となるものでした。

アージリスの混合モデル

Chris Argyris
クリス・アージリス
（1923 – 2013）

　　　　Argyris（アージリス）は、マネジメント理論の大家です。後述するマグレガーや前述のリッカートとならび、**behavioral science**（行動科学論）を代表する研究者の一人でもあります。彼の初期の研究は、「人間の**personality**（パーソナリティー：様々な能力を持ち、意識的・無意識的な種々の欲求を持つ、人格を包括的にとらえたもの）で、組織や文化の中で**effect**（影響）を受けながら形成されていくものに基づく、組織内における個人と組織との**conflict**（葛藤）をどのように解決するか」が主題となっています。これはテイラーの科学的管理法に対抗する研究の一つでした。

マズローの欲求五段階説

Maslow（マズロー）は、心理学を代表する研究者の一人です。主体性・創造性・自己実現・成長促進といった人間の肯定的側面に注目しました。マズローは最終的な**self-actualization**（自己実現）に向けて、動物にもあるような低次の基本的欲求から、高次のヒトらしい欲求まで、欲求には次の段階があるとしました。

Abraham Maslow
アブラハム・マズロー
（1908 – 1970）

① **Physiological needs**（生理的欲求）

② **Safety needs**（安全欲求）

③ **Love and belonging needs**（愛・所属欲求）

④ **Esteem needs**（承認欲求・自尊の欲求）

⑤ **Self-actualization needs**（自己実現の欲求）

　Maslow's hierarchy of needs（マズローの欲求五段階説）は、心理学はもちろん、経営学でも組織づくりの**framework**（フレームワーク）として活用されています。例えば、経営分野では欲求五段階の最も基本的欲求である「生理的欲求」を従業員の健康維持に求めています。また、職場秩序の存在が従業員の安全欲求を満たし、風通しの良い職場は従業員の**love and belonging needs**（社会的欲求：帰属欲求）を満たします。ミッション・ビジョン・バリューに基づく個人業績の評価は従業員の**esteem needs**（承認欲求）と組織の成長を同時に満たします。これらが、より高度に実践されることで、最終的な**self-actualization needs**（自己実現、自分自身に秘めたる能力・可能性を最大限に開花させる）になるのです。

Maslow's hierarchy of needs
マズローの5段階欲求説

マグレガーのXY理論

Douglas McGregor
ダグラス・マグレガー
（1906‐1964）

マズローの欲求五段階説をベースに、**McGregor**（マグレガー）は人間には**2**つの対立的な考え方があると主張しました。一つは**bad nature theory**（性悪説、candy and whipアメとムチ）、あるいは権限行使による命令統制の**X**理論、もう一つは**good nature theory**（性善説、motivationモチベーション）、あるいは統合と自己統制の**Y**理論です。

X理論における人間は本来、怠惰・無責任なので放っておくと仕事をしなくなるという考え方である**bad nature theory**（性悪説）で、この場合、命令や強制で管理し、目標が達成できなければ懲罰といった、アメとムチによる経営手法が効果的とされました。

Y理論における人間は本来、勤勉で自己実現のために自ら仕事をするという考え方である**good nature theory**（性善説）で、この場合、労働者の**autonomy**（自主性）を尊重する経営手法となり、労働者が**high-dimensional**（高次元な）欲求を持っている場合に有効となります。

ところが、これまで見てきた**Argyris**（アージリス）、**Likert**（リッカート）、**Maslow**（マズロー）、**McGregor**（マクレガー）などによる**behavioral science**（行動科学）の理論にも限界がみえてくるようになりました。変化する社会と企業組織、個人、そして組織の生産性の関係には、**adapting to society**（社会との適応）の重要性が増してきたからです。この後、論壇では**decision theory**（意思決定論）、**contingency theory**（コンティンジェンシー理論）、そして**strategic management**（経営戦略）論、などの抬頭が待たれることになったのです。

チェスター・バーナードの組織の3要素

Chester Barnard（チェスター・バーナード）は、**The organization responds to changes in the external environment as a system.**（組織はシステムとし

Chester Barnard
チェスター・バーナード
（1886 〜 1961）

て外部環境変化に対応する）ことを唱えました。それまでのテイラーの科学的管理法に代表される **classical theory**（古典的理論）やメイヨーの **human relations approach**（人間関係論）を統合し、近代的組織論として発展させていきました。彼は、企業体を単なる**organization**（組織）ではなく、**system**（システム）として定義し、その成立条件として組織の**3**要素をまとめたのです。

① 共通の目的（**common purpose goals**）
② 協働の意識（**willingness to serve contribute**）
③ 意思の疎通（**communication**）

サイモンの限定合理性

Herbert Simon
ハーバート・サイモン
（1916 – 2001）

Herbert Simon（ハーバート・サイモン）は、**modern organizational theory**（近代組織論）の**core**（中核的な）研究者の一人です。バーナードの継承者として、*"Administrative Behavior"*（**1947**年）において限定合理性に基づく意思決定論を提唱しました。そこでは、経済学における利潤最大化を目指す合理的な経済人とは異なる、**way of making decisions as a human being with limited information**（限定合理性：人間が限定された情報の中で意思決定を行う合理性）を持つ人間の存在を考えました。そのような人間は、制約下の条件では最適な選択ではなく、自分にとって良い選択をするという**satisficing principle**（満足化原理）を提唱しました。

　サイモンは、**Carnegie Mellon University**（カーネギーメロン大学）で教鞭をとり、その研究主体は**Carnegie School**（カーネギー学派）と呼ばれました。後の**Game theory**（ゲーム理論）などの**normative decision theory**（数値的意思決定論）に間接

的につながるものでした。バーナードやサイモンの理論は企業における**decision making**（意思決定）の**process**（過程）を明らかにしていこうとするものであり、**descriptive decision theory**（記述式意思決定論）の先駆けと呼ばれています。（第6部でも取り上げます）

サイアート＝マーチの情報処理的意思決定論

コンピューターの発達は、バーナードやサイモンの**descriptive decision theory**（記述式意思決定論）と**normative decision theory**（数値的意思決定論）の融合であると後世からはみなされるようになりました。その代表的な功績が、**Cyert＝March**（サイアイート＝マーチ）による『企業の行動理論（*A Behavioral Theory of the Firm*）』（1963年）です。この中でサイアート＝マーチは情報処理的意思決定論を提唱しました。

組織における**decision-making**（意思決定）とは**available information**（利用可能な情報）に基づいて一組の**alternatives**（代替案）の中から一定の目的に照らして選択を行うことである、としました。組織そのものを**information processing system**（情報処理システム）と定義したのです。バーナードは企業の組織についての定義を協業体系とし、サイモンは意思決定の複合体系としましたが、**Cyert＝March**（サイアート＝マーチ）は情報処理システムとみなしたともいえるでしょう。

不確実性と経営学

1960年代における意思決定論の発展の背景には、当時の米国企業の成長戦略が、**going to international**（海外市場の開拓）と**diversification**（多角化）に重きを置いた**growth strategy**（成長戦略）をとったことが挙げられます。拡大する経済は、当時の**emerging countries**（新興国）を中心に、現代のような均一性を持った情報化社会ではない状態で、**complex**（複雑で）**uncertain**（不確実な）**demand**（需要）を生み出したのです。これは、現在の外的環境の**disruptive**（非連続的な）変化と複雑で不確実という点においては同様です。1960年代の数値的意思決定論には、ゲーム理論のもととなる統計学的手法が用いられました。これは現代の**real option**（リアル・オプション理論）などと同様に、不確実性を数値化（金融市場におけ

るVIX指数：Volatility Index恐怖指数など）して数値的に意思決定する戦略論の流れに、一致しているようにも見えます。

コンティンジェンシー理論

contingency theory（コンティンジェンシー理論）は、**1960**年代に生まれた理論で、組織を環境の変化に応じて変化すべきものとして考えられたものです。組織を**contingent**（異なった条件）下で検討するため、条件理論や環境適合理論と呼ばれることもあります。

Burns & Stalker（バーンズ&ストーカー）、**Woodward**（ウッドワード）、**Lawrence & Lorsch**（ローレンス&ローシュ）、**Fiedler**（フィドラー）などによって提唱され、日本では加護野忠雄などによって論じられました。**1960**年代は、米国の大企業の経営を取り巻く環境が**globalized**（国際化）、**diversified**（多角化）し、規模を拡大することで企業は成長を求めました。その結果、多様化する経営環境に対応する組織構造の研究の必要が高まったのです。

バーンズ&ストーカー

イギリスの社会学者**Burns**（バーンズ）と、心理学者**Stalker**（ストーカー）は、電機分野の企業の事業組織構造について研究しました。組織構造については官僚的な**mechanistic systems**（機械的組織）と柔軟な**organic systems**（有機的組織）という二つの組織構造に分けて検討しました。

技術の進化とともに競争環境の変化の激しい当時の電機業界では、実際に成長した企業は機械的組織から有機的組織への改革に成功した企業でした。この研究の特徴は、組織構造の優劣をつけることではなく、一定の条件における組織構造との**suitability**（適合性）を論じた点です。

ウッドワード

Woodward（ウッドワード）も、**South Essex Institute of Technology**（サウスエセックス工科大学）での研究で、古典的理論を採用している企業は、必ずしも業績

が良いわけではないということを発見しました。業績の良い企業は**organic systems**（有機的組織）を採用していることに着目しました。

ローレンス＆ローシュ

　Lawrence & Lorsch（ローレンス＆ローシュ）は、『組織の条件適応理論』（1967年）で、**contingency theory**（コンティンジェンシー理論）という言葉を定着させました。

　ローレンスとローシュは環境の異なるプラスチック産業、食品産業、容器を製造する産業分野の**3**業種を対象に、**environmental compatibility**（環境適合）への方法や内部組織における様々な**conflict**（軋轢）について比較したのです。

フィドラー

　Fiedler（フィドラー）の**situational contingency theory**（フィドラーのコンティンジェンシー理論）は、企業組織の内的要因に着目し、リーダーシップの有効性の条件を**effectiveness of leaders' behavior**（状況好意性：状況要因）で定義しました。

　フィドラーはリーダーシップ・スタイルをタスク中心・指示的なスタイルと、人間関係中心・非指示的なスタイルの**2**つに分けました。その後のハーシーとブランチャードによる「SL理論」（1977年）は、この理論がもとになっており、フィドラーの**effectiveness of leader's behavior**（状況好意性：状況要因）に「部下の成熟度」を加えて発展させたものなのです。

ハーシーとブランチャードのSL理論

　SL理論は、**P.Hersey**（ハーシー）と**K.H.Blanchard**（ブランチャード）が提唱した**Situational Leadership Theory**（リーダーシップ条件適応理論）です。**S**と**L**は、**Situational Leadership**の頭文字をとったもので、**Situational**は「状況の」、**Leadership**は「リーダーシップ」という意味です。つまり、SL理論とは「状況にあわせたリーダーシップ」のことで、状況適合の要因（S）に、部下の成熟度（M）を加えたことが特徴です。フィドラーのコンティンジェンシー・モデルの状況要因に、**followership**（フォロワーシップ：部下の成熟度）を追加したものと言えるでしょう。

図のように、縦軸を共労的行動（支援的志向かどうか）、横軸を指示的思考（ガイダンス志向）の強弱度としました。さらに**4**象限に分け、状況に応じてリーダーシップの有効性（説得的・教示的・委任的・参加的）を発揮するためにはどのタイプのリーダーシップの姿勢が有効かということを示したものです。

　SL理論において有効なリーダーシップは、部下の成熟度のレベルに応じて次のように分類されています。

Directing：教示的リーダーシップ **Low Maturity**（M1）**−Telling**（S1）
　　　　　　具体的に指示し、事細かに監督する（タスク志向が高く、人間関係志向の低いリーダーシップ）
　　　　　　→部下の成熟度が低い場合

Coaching：説得的リーダーシップ **Medium Maturity**（M2）**−Selling**（S2）
　　　　　　リーダーの考えを説明し、疑問があれば答える（タスク志向・人間関係ともに高いリーダーシップ）
　　　　　　→部下が成熟度を高めてきた場合

Supporting：参加的リーダーシップ **Medium Maturity**（M3）**−**
　　　　　　Participating（S3）
　　　　　　リーダーと部下が目線を合わせ協働する（タスク志向が低く、人間関係志向が高いリーダーシップ）
　　　　　　→更に部下の成熟度が高まった場合

Delegating：委任的リーダーシップ **High Maturity**（M4）**−Delegating**（S4）
　　　　　　仕事遂行の責任を委譲する（タスク志向・人間関係志向ともに最小限のリーダーシップ）
　　　　　　→部下が完全に自立性を高めてきた場合

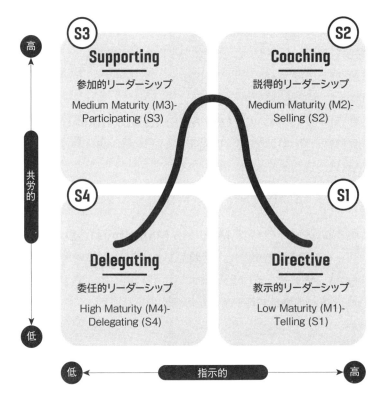

コンティンジェンシー理論の問題点

　現代の経営学では、コンティンジェンシー理論について以下の**3**つの疑問点が提示されています。

①　**organizational structure**（組織構造）と**organizational processes**（組織過程）という**visible analysis**（可視的な分析）に**overemphasis**（偏重）しているのではないか。

　→曖昧で不可視的な組織文化や見えない企業の資産が実際の経営には影響を与えている点について言及がない。

②　**organizational suitability**（組織の適応性）には企業の**case**（事例）を研究

していくにつれ、さらに異なった形式がある。

→組織と環境の関係性を一対一の事象に絞り過ぎているのではないか。

③ **environmental differences**（環境の違い）と**internal control**（内部管理）を重視し、**environmental changes**（環境変化）を**passively**（受動的に）見過ぎている。

→イノベーションによる市場創造をはじめとする、企業が自発的に外部環境に与える影響を軽視しているのではないか。

1960年代までの企業経営における内部管理の重視から、企業の国際化、多角化が進むにつれ、経営管理的な考え方（経営管理論）だけではなく、経営戦略的な考え方（経営戦略論）も取り入れられるようになっていったのです。

組織関係論

organizational relationship theory（組織関係論）は、企業の組織を**open system**（オープン・システム）としてとらえます。この点はコンティンジェンシー理論と同様ですが、以下のように異なる点もあります。

① 外部環境を**social**（社会的）に捉えるコンティンジェンシー理論に対して、組織関係論は**stakeholder**（ステークホルダー）の立場から考える。

② **transformation in external context**（外的環境の変化）との**interaction**（相互作用）を検討したものがコンティンジェンシー理論であることに対して、組織関係論は**relationship between organizations**（組織間の関係）である。

③ 組織間の関係について、その権限や市場性（価格決定メカニズムなど）にとどまらず、検討範囲が**perspective**（パースペクティブ）と呼ばれる総合的な論理的視点として設定される。

フェッファー＝サランシクの資源依存パースペクティブ

経営資源（ヒト・モノ・カネ）の獲得における企業組織間の力関係に注目した組織関係論を、**resource dependence theory**（資源依存パースペクティブ）と呼びます。**Pfeffer**＝**Salancik**（フェッファー＝サランシク）は、ある企業が経営資源を外部から得

ている場合、その資源の重要性に応じて、組織の戦略が変化するとしました。外部環境の組織間の力関係を**external control of organizations**（外部環境のコントロール）に対応させ変化させるという点が、コンティンジェンシー理論とは大きく異なります。

エヴァンの「組織セット・パースペクティブ」

Evan（エヴァン）は、企業における組織間関係を、インプット組織（ヒト・モノ・カネ・情報等の経営資源を組織に提供する）とアウトプット組織（顧客、地域社会など企業が製品・サービスなどを提供する）の**2**つの組織セットとして捉えました。次に、そのセットの間に存在する渉外担当者の行動に注目しました。このような組織関係論を**organization set perspective**（組織セット・パースペクティブ）と呼びます。

P.F.ドラッカー〜新しいマネジメント理論の登場

Peter F. Drucker
ピーター・F・ドラッカー
（**1909-2005**）

Peter F. Drucker（ピーター・F・ドラッカー）は、**Stern School of Business, New York University**（ニューヨーク大学経営大学院スターン・スクール）で教鞭を執りました。のちに移籍した**Claremont Graduate University**（クレアモント経営大学院）は、彼の名を冠して、**Drucker School**（ドラッカースクール）としました。

現代経営学の始祖としてはもちろん、ビジネス本のベストセラー作家としてのドラッカーも大変有名です。特に『マネジメント-課題・責任・実践（*Management-tasks, responsibilities, practices*）』（**1974**年）は世界的に有名なベストセラーです。経営学がアカデミアの世界だけではなく、実際の経営で実践されなければならないということを示しています。

また、『会社という概念（*The concept of corporation*）』（**1946**年）は、当時アメリカトップの自動車会社としてフォードに対抗していた**GM**について、ドラッカーが実証研究した著作です。これは、**decentralization**（分権化）の重要性や

management（マネジメント）、**manager**（マネージャー）という概念を最初に導き出したものです。その後の**business administration theory**（経営管理論）にも大きな影響を与えました。ドラッカーは企業の機能として**create a customer**（顧客の創造：企業は顧客価値を創造するために存在する）というように顧客と企業の関係性について明確化しました。

これは現代の経営学に通じる様々な示唆に富んだものとなりました。顧客という**marketing**（マーケティング）に通じ、また、現代における**network externality**（ネットワーク外部性）、**eco-system**（エコシステム、経済圏）の考え方に通じます。ドラッカーは**CSR：Corporate Social Responsibility**（企業の社会的責任）や**CSV：Creating Shared Value**（共有価値の創造）につながる考え方も提案しました。**60**年代ながら、すでに現代の経営課題を予見していたのです。**MBO：Management by Objectives**（目標による管理）と**self-control**（自己管理）の原則は、当時すでにドラッカーによって提唱されていました。

経営戦略論の登場

1960年代のアメリカでは、企業の**globalization**（グローバル化）と**diversification**（多角化）が進み、それまでの**internal control**（内部管理）を基本とする**business administration theory**（経営管理論）から、**external context**（外部環境）の変化をより重視し、企業の持つ**business resources**（経営資源）を活用し**business growth**（業績向上）を目指していく**strategic management**（経営戦略論）が抬頭しました。

中でも**Chandler**（チャンドラー）、**Ansoff**（アンゾフ）、**Andrews**（アンドリュース）、**Henderson**（ヘンダーソン）らによる**framework**（フレームワーク）の開発は、あらゆる業種の企業に経営の打ち手として**tangible**（可視化）されました。フレームワークは経営の手法として**formula**（定石）となりました。**strategic management**（経営戦略）論は、**scientific empirical research**（科学的な実証研究）や**logical thinking**（論理思考）だけではなく、経営者の**knowledge**（知識）や**sense**（直感）をも取り入れた**practical**（実践的な）**knowledge**（知識）として発展していくことになったのです。

チャンドラーの『組織は戦略に従う』

Alfred DuPont Chandler
アルフレッド・デュポン・チャンドラー
(1918 - 2007)

Chandler（チャンドラー）は、

① headquarter（本社）のstaff division（機能部門）のcentral authority（集権的権威）を製品別またはregional（地域別）business division（事業部）にdecentralization（分権化）

② 事業のdiversification（多角化）

③ 異なるビジネスを管理するためにfrom a centralized organization to a decentralized organization（集権的組織から分権的組織）への転換

を唱えました。

　チャンドラーは、**1960**年代のアメリカを代表する大企業**4**社（自動車メーカーのGM、化学品の**Dupont**デュポン、石油企業の**Standard Oil**スタンダード・オイル（現**Exxon Mobile**エクソン・モービル）、小売業の**Sears, Roebuck**シアーズ・ローバック）における**consulting**（コンサルティング）に従事します。**diversification**（多角化）を推し進めるには、**divisional system**（事業部制）に**transform**（転換）すべきであり、**"Strategy and Structure"**（組織は戦略に従う）ことを導きだしました。

　例えば、デュポンでは第一次大戦時に主力品であった**dynamite**（ダイナマイト）の**demand**（需要）が戦後**decrease**（減少していった）ことに対応するため、様々な**chemical products**（化学品）の**production line**（製造ライン）の**effective arrangement**（効率的整備）や**operation**（オペレーション）の効率化を行いました。デュポンの多角化は、**chemical fiber**（化学繊維）の**rayon**（レーヨン）から始まりました。その後、**nylon**（ナイロン）、**acrylic**（アクリル）、**polyester**（ポリエステル）などの**synthetic fibers**（合成繊維）でも成功を収めていきます。これは、新規事業を事業部として順々に立ち上げることで、多角化に対応するということを実践した好例となりました。

また、**GM**においては当時世界的ヒット商品となった**Ford model T**（T型フォード）の画一的な製品を一括に大量生産する時代から、顧客の**needs**（ニーズ）に**customize**（カスタマイズ）し、多種多様な車種を製造販売できるように努めました。

チャンドラーの主張の論点は、「組織は組織トップの**strategic objective**（戦略目的）を達成するための**tool**（手段）」であるということです。現代企業においても、トップが交代すると**organizational restructuring**（組織改編）を行うことが多いです。ところが、日本企業における組織改編の多くのケースは戦略目標の達成ではなく、人員配置の効率性を主眼に置いたものであり、明確な**logic**（ロジック）を欠くことが多いのです。チャンドラーは、**environment**（環境）に適応していくための戦略を策定し、その戦略を実践する最適な組織構造の重要性を説きました。

アンゾフのマトリクス

Igor Ansoff
イゴール・アンゾフ
（1918 – 2002）

Igor Ansoff（イゴール・アンゾフ）は、『企業戦略論（*Strategic Management*）』（1965年）で、経営学（経営戦略論として）に**Strategy**（戦略）という軍事用語を取り入れた人物です。

アンゾフは、日常のオペレーションとは別に、

① 経営資源を**maximize profitability**（収益の最大化）のために**appropriate allocation**（適正配分）する

② 企業における経営資源を組織化する

③ **product mix**（製品ミックス）など市場の外部環境に適応した**sales strategy**（販売戦略）

などを提唱しました。

アンゾフは、市場における競争という概念も経営学に持ち込みました。企業における意思決定について、**3S**というフレームワークを提示しました。

① 戦略（**strategy**）

② 組織（**structure**）

③ システム（**system**）

という**3**つの**S**として階層化したのです。

この考えは、現代企業の**internal context**（内的環境）の分析フレームワークであある**McKinsey's 7-S Model**（マッキンゼーの**7S**モデル：**T.Peters**ピーターズと**Waterman**（ウォーターマン）による企業組織の分析モデル）の原型ともなっています。

また、戦略については、**top management**（トップマネジメント）による**decision making**（意思決定）が、戦略の**make it possible**（成否を決める）ことを**clarify**（明確化）しました。現代のコンサルティングにも使われている**gap analysis**（ギャップ分析）がこれにあたります。ギャップ分析は「現状分析（**AS-IS**）→あるべき理想形（**TO-BE**）」を明確化したうえで、現状とのギャップをあぶりだす手法です。

Ansoff's 3S and gap analysis
アンゾフの3Sとギャップ分析

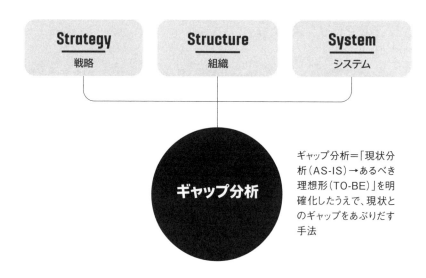

ギャップ分析＝「現状分析（AS-IS）→あるべき理想形（TO-BE）」を明確化したうえで、現状とのギャップをあぶりだす手法

さらにアンゾフは経営戦略を、

① 事業戦略**business strategy**：各事業の方針としての戦略
② 企業戦略**corporate strategy**：全体を管理・統合したいわゆる全社戦略

の**2**つに分けました。

アンゾフの戦略論には、**functional strategy**（機能戦略）は含まれていません。**1960**年代には事業戦略と企業戦略の**2**層のみで企業を見ることが主流だったのです。アンゾフは具体的に、企業戦略を企業の多角化（成長ベクトル）として**Ansoff's** matrix（アンゾフの（成長）マトリックス）にまとめ、事業の**portfolio management**（ポートフォリオ・マネジメント）の確立に成功します。

　これは後に述べる**BCG**の成長・シェア・マトリクス：**BCG**（ボストン・コンサルティング・グループ）の**PPM：Product Portfolio Management**（プロダクト・ポートフォリオ・マネジメント）（**1969**年）につながります。アンゾフは「市場における競争に勝つには**core**（コア）となる強みが無いといけない」、と現代の**competitive advantage**（競争優位性）の概念につながる論も展開しました。この理論は**1990**年代の**G・Hamel**と**C.K.Prahalad**（ハメルとプラハラード）による**Core competence**（コア・コンピタンス理論）に影響を与えました。

　アンゾフの経営戦略論における特徴は、チャンドラーが**strategic object**（戦略目標）の達成のために組織構造を**tool**（手段）として捉えたのに対して、アンゾフは**organization structure**（組織構造）の組み合わせに応じて**strategy**（戦略）を規定したことです。つまり、チャンドラーが「戦略＞組織」としたのに対してアンゾフは「組織＞戦略」として企業の成長戦略を論じることとなったのです。

　アンゾフは、組織の強みが成功する経営戦略（アンゾフの時代は多角化）となると考えました。そのために、次の**4**つの**strategic element**（戦略的要素）が必要であるとしました。

① 　製品・市場分野**domain**（ドメイン）と**own capability**（自社能力）の明確化
② 　**characteristic theory of competitive environment**（競争環境の特性理論）
③ 　**synergy**（シナジー）の追究
④ 　**determining the growth vector**（成長のベクトルの決定）

　このうち、①、②は後の**M・Porter**（ポーター）の**competitive strategy**（競争戦略論）に引き継がれ、③、④は**related diversification**（関連多角化）、**economies of scope**（範囲の経済）の概念、そして**cannibalization**（カニバリゼーション、共食い）、**synergistic effects**（シナジー効果）の理論につながりました。このように、現代の経営戦略論の基礎の一部はアンゾフの理論によって築かれたといっても過言ではありません。

　アンゾフの成長マトリクスは、現代のコンサルティングの現場でも使用されている有名なフレームワークです。アンゾフは、製品の**novelty**（新規性）、**customer** loyalty and business diversification（顧客ロイヤルティーや事業多角化）と market expansion（市場拡大）を組み合わせ、customer segmentation and internationalization（顧客セグメンテーションや国際化）に応じて戦略を規定しようとしました。当時の経営テーマは新規製品開発や多角化による成長戦略でしたので、このマトリクスは事業構造の変革と戦略の可視化を容易にしたのです。

　多角化や新規市場開拓などが有効であったアンゾフの時代と異なり、現代の市場ではmaturity（成熟化）とともにmarket penetration strategy（市場浸透戦略）こそが有効とされる局面が増えてきました。CRM：Customer Relation Managementを通じたcustomer loyalty（顧客ロイヤルティー）構築やSNS：Social Networking Serviceなどの新しいP to P：Peer-to-Peer mediaメディアを使用したmarket segmentation（マーケット・セグメンテーション）の戦略としてmarket penetration strategy（市場浸透戦略）は活用されています。

　このようにアンゾフの研究の理論展開は、

Ansoff's Matrix
アンゾフのマトリクス

① **3S**モデル
② ギャップ分析
③ 組織を中心とした企業戦略と事業ポートフォリオ
④ 競争力の源泉（コアとなる強み）

の**4**段階となっており、これらは重層的に現代の経営戦略論に生かされています。

The meaning of Ansoff's business and corporate strategy
アンゾフの経営・企業戦略の意味

3Sモデル
戦略（**S**trategy）
組織（**S**tructure）
システム（**S**ystem）

ギャップ分析
fill the gap
To-BeとAs-Isの
ギャップを埋める

企業戦略
manage the bussiness portfolio
事業ポートフォリオ
を管理する

競争優位性
core competency
コアとなる強み

アンドリュースのSWOT分析

Kenneth Andrews
ケネス・アンドリュース
（1916 – 2005）

Kenneth Andrews（ケネス・アンドリュース）は、**HBS：Harvard Business School**（ハーバード・ビジネス・スクール）で教鞭をとりながら、

① 外的環境分析　**external context analysis**
② 内的環境（組織・人）分析　**internal context analysis**
③ 戦略構築　**structure of strategy**
④ 実行　**execution**

という現代の戦略策定と行動の定石を世に出しました。これを**tangible**（可視化）したフレームワークが**SWOT**分析です。**SWOT**分析において注意すべき点は、外部環境と内的要因である自社の強みと弱みの規定の方法です。

SWOT分析は、**external context**（外部環境）から生じる**opportunity**（機会）、**threat**（脅威）、自社の持つ**internal context**（内的環境）の**strength**（強み）と**weakness**（弱み）を**matrix**（マトリクス）化することで、経営者が明確に戦略を実践できるようにしました。このマトリクスは、自社の**organization competitiveness：strength**（組織的な強み）と**weakness**（弱み）が、外部環境の**transformation**（トランスフォーメーション、変革的な組み換え変化）に従い、**value proposition**（バリュープロポジション、価値構成要素）が変化することによって、「盤石な強みでも脅威に備える」あるいは「弱みを強みに代え、ピンチをチャンスに変える」フレームワークであることもまた示しています。

S（Strength：戦略）、**W**（Weakness：弱み）、**O**（Opportunity：機会）、**T**（Threat：脅威）、という**abbreviation**（頭文字）にそれぞれ当てはまる事象を分析して記入することで、すべての業種や企業にいての分析が可能になります。また外部環境分析だけではなく、内部環境分析も総合的に行えるツールであることから、戦略策定の上では万能ともなり得ます。

SWOT Analysis
SWOT分析

Strength（強み）	Weakness（弱み）
Internal context（内部環境）	**Resource Based View** リソース・ベース・ビューでの強み Ⓢ・ブランド力　・組織の柔軟性 ・社歴　・先見性	**Resource Based View** リソース・ベース・ビューでの弱み Ⓦ・工場の老朽化 ・コスト高 ・マーケティング力の欠如

Opportunity（機会）	Threat（脅威）
External context（外部環境）	**Positioning** Five Force分析でのチャンス ・世の中のトレンド ・税制　・為替 ・ライバルの弱体化 ・自社に有利な技術革新	**Positioning** Five Force分析での脅威 ・世の中のトレンド ・税制　・為替 ・ライバルの強大化 ・自社に不利な技術革新

戦略コンサルティングファームの台頭

　世界最大の**consulting firm**（コンサルティングファーム）の一つである**McKinsey & Company, Inc.**（マッキンゼー・アンド・カンパニー）は、**Graduate School of business administration, University of Chicago**（シカゴ大学経営大学院）教授**James McKinsey**（ジェームズ・マッキンゼー）によって創業されました。マッキンゼーの没後、**A.T. Kearney**（A.T.カーニー）と分社化されました。

James McKinsey
ジェームズ・マッキンゼー
（1889 – 1937）

　1960年代のアメリカは、事業の多角化・海外進出が組織の分権化を強く要請し、マッキンゼーは**support for introduction of divisional system**（事業部制の導入支援）をコンサルティングサービスとして販売しました。

　1970年代となって、成長一辺倒であった大企業にも**Oil shock**（オイルショック）など、急激な市場の変化への対応を迫られる事態が起こりました。**fact base**（ファクトベース）の数字である**KPI：Key Performance Indicator**（活動指標）だけではなく、総合的な経営戦略論が必要とされるようになったのです。「多角化＝事業部制」に加えて、事業部制を統合的に考えた**corporate strategy**（全社戦略）、そして、事業部を構成する**SBU：Strategic Business Unit**（戦略的組織単位）における機能戦略などの開発が急がれることになりました。

BCGの台頭

　1963年、**Bruce D. Henderson**（ブルース・D・ヘンダーソン）は、戦略コンサルティングファームの**BCG：Boston Consulting Group**（ボストンコンサルティンググループ）を立ち上げました。

　1960年代の大企業の多くが、事業領域の多角化と市場の拡大による成長途上にあり、

①　**portfolio of resources**（経営資源の配分）

② **business domain**（事業領域）の算定
が経営課題となっていました。

ヘンダーソンはその**solution**（ソリューション）と
しての、
① **learning curve effect**（経験曲線）によ
るコスト競争力
② **hurdle rate**（ハードルレート適切な先行投資金
額）の選定、
③ **portfolio management**（資源配分）の
判断基準
を可視化しました。

Bruce D. Henderson
ブルース・**D**・ヘンダーソン
（**1915 - 1992**）

ヘンダーソンは生産プロセスにおける学習効果の効用について、**experience curve**（経験曲線：企業の累積生産・販売数量が増加するにつれコストが一定割合で減少していく）を取り入れました。

当時の米国企業と競合していた高度経済成長期の日本の家電メーカーは、**low cost competitiveness**（低コストの競争優位性）を**operation**（生産管理）に生かす戦略を採用し、新規参入市場である米国市場を席巻していたのです。ヘンダーソンは当時の低コスト戦略の優位性を**tangible**（可視化）して対抗しようとしました。

ヘンダーソンは、企業が事業に再投資用するための自ら稼ぎ出した資金枠として、**hurdle rate**（ハードルレート）という概念を導入しました。これは**SGR：Sustainable Growth Rate**（持続可能な成長率）といわれています。

持続可能な成長率（g*）は、

$$g^\star \quad = \quad 内部留保率（1 - 配当率）\times \quad ROE（株主資本利益率）$$

で表され、企業が持続可能な成長をしていくためのレートを示しています。再投資対象の継続事業の利回りが悪化しない条件で、ハードルレート以下の新規資金の調達ができれば持続的に利益の確保が可能になることを示しています。これは

現代ファイナンス理論の**WACC: Weighted Average Cost of Capital**（加重平均資本コスト）の考え方や、現代の事業プロジェクトにおける「**hurdle rate**（ハードルレート）＝**risk free rate**（無リスク金利）＋**risk premium**（リスクプレミアム）＋**growth rate**（成長率）」の概念にもつながりました。

PPM（プロダクト・ポートフォリオ・マネジメント）

ヘンダーソンが提唱した**PPM：Product Portfolio Management**（プロダクト・ポートフォリオ・マネジメント）は、**market growth**（市場成長率）と**market share**（市場占有率）を軸としました。そして、自社の事業を**Question Mark**（問題児）、**Star**（花形）、**Cash Cow**（金のなる木）、**Underdog**（負け犬）に分類したのです。

新規事業をスタートする場合、当然ながら市場占有率（市場シェア）はゼロあるいは低いです。一方で、新規事業として参入するからには、その業界は成長性が高く魅力あるものということが前提でしょう。当然、事業の成長は、**hurdle rate**（ハードルレート）を上回る**investment rate of return**（投資利回り）を伴った市場占有率の上昇によって実現されることになります。

diversification（多角化）に成功している大企業では、このように事業の**portfolio management**（ポートフォリオ化）を通じ、企業の**performance**（業績）と**growth rate**（成長性）の**risk**（リスク）を管理しようとします。それを**framework**（フレームワーク）として**tangible**（可視化）したものが**PPM**なのです。

PPMの出口戦略

PPMでは**Cash Cow**（金の成る木）で得た資金、あるいは新規事業のために調達に成功した資金を、**Question Mark**（問題児）に位置する事業に投資し**Star**（花形）に育てあげることが第一です。製品の競争力を上げ、**hurdle rate**（ハードルレート）をクリアし、**market share**（市場占有率）を上げていくことで**market growth**（市場の成長性）と比例して**profitability**（収益）は伸びていきます。

企業の成長性は、成長する一つ一つの事業が数多く存在することで決定されます。**Star**（花形）事業の成長が停止しても、後の**Cash Cow**（金の生る木）ステージにて、花形事象は温存されます。高いシェアによる数量効果である**economies of** scale（規模の経済）やlearning curve effect（経験曲線）を生かしたlow cost（低コスト）体質であることが絶対的なcompetitive advantage（競争優位性）として、カネの生る木として機能するからです。市場のdecline/shrink（減衰率）が低い場合、ライバルがwithdrawal（撤退する）まで、トップのquantity effect（数量効果）、economies of scale（規模の経済）やlearning curve effect（経験曲線）によるcost competitiveness（コスト競争力）によって、ライバルが撤退するまで価格競争に勝ち続けることが可能となります。市場のobsolescence（陳腐化）とともにさらに価格競争が生じた場合、業界一の生産規模があれば事業の収益がゼロになるまで値下げしても、ライバルは確実に赤字となってしまいます。Star（花形）となるステージに劣らぬほど、Cash Cow（金の生る木）のステージにおける収益の果実は

Product Portfolio Management（PPM）
プロダクト・ポートフォリオ・マネジメント

Question Marks
問題児

市場成長率が高く、市場シェアが低い事業。将来性はあるが競争が激しく、利益は少ない。投資や撤退などの判断が必要。

Stars
花形事業

スター市場成長率と市場シェアがともに高い事業。利益も多く、将来的にはCash Cow（現金を生む牛）になる可能性。市場成長率高く投資も多く必要。

Under dog
負け犬

市場成長率と市場シェアが両方低い事業。利益も少なく、投資回収も難しい。撤退や売却などの選択肢を検討する。

Cash Cow
金のなる木

キャッシュ・カウ。市場成長率は低いが、市場シェアは高い事業。利益安定し、投資も少ない。現金流入源として重要。

高

市場成長率 Growth Rate

低

低　マーケットシェア　高
Market Share

大きなものとなります。

その後、市場の陳腐化後も一定の需要がある製品サービスの場合、価格を自社が赤字になる寸前まで下げて、ライバル企業を撤退させることで、市場の **monopoly**（独占）後、価格を上昇させることで収益を再び得ることもできるのです。

BCGの革新性

1960年代の経営戦略論の発展を俯瞰すると、チャンドラーの「組織は戦略に従う」、アンドルーズの**SWOT**分析、アンゾフのマトリクス、マッキンゼーの企業戦略論を基礎に、ヘンダーソンは、

①　将来予測を可能にした**learning curve**（経験曲線）や**hurdle rate**（ハードルレート）、持続可能な成長方程式

② 経験曲線、**PPM**による競争優位性の明確化

③ **PPM**による経営資源の事業**portfolio**(ポートフォリオ)配分

という現代の標準的な戦略論に仕上げたと言えるのです。

ポジショナル学派のM・E・ポーター

M・E・Porter
マイケル・**E**・ポーター
(**1947** -)

M・E・Porterポーターは『競争の戦略』(1980年)、『競争優位の戦略』(1985年) において、次の独自の**framework** (フレームワーク) を完成形として提示しました。

① **Five Force Analysis**(ファイブ・フォース分析)

② **Generic Strategy** (ジェネリック・ストラテジー、基本戦略3類型)

③ **Value Chain**(バリューチェーン)

ポーターは、ファイブ・フォース分析において、①競争戦略を策定する際には、企業と外部環境との関係で捉えること (バーナードの影響を受ける)、②外部環境とは、その企業の業界とその構造、③業界構造は自社にかかる**pressure**(圧力) であり、それには、下記の**5種類**が**threat**(脅威)として存在するとしました。

1)既存競合(**Industry Competition**)

2)買い手(**Buyer**)

3)供給者(**Supplier**)

4)新規参入者(**Potential Entrants**)

5)代替品(**Substitutes**)

これらの**5**つの脅威と、自社の所属する業界の競争環境を分析したものがファイブ・フォース分析です。

ポーターの唱える**positioning**(ポジショニング)には**3**つの意味があります。

① 経営戦略の目的は企業が収益(利益)を上げることである

② 儲けられる市場を選ぶことが重要である

③ 競合に対して、儲かる力関係であることが重要である

新規参入業者　新規参入者（New Entrants）：業界に新たに参入する企業との競争。新規参入が容易なほど、収益性は低下する。

Threat of new entrants
新規参入の脅威

売り手

仕入先（Suppliers）：自社に必要な原材料や部品などを供給する企業との交渉力。仕入先が強いほど、コストや条件などに影響されて、収益性は低下する。

競合企業

既存競争者（Existing Competitors）：業界内の既存競合企業との競争。競争が激しいほど、収益性は低下する。

買い手

顧客（Buyers）：自社の製品やサービスを購入する企業との交渉力。顧客が強いほど、価格や条件などに影響されて、収益性は低下する。

Bargaining power of sellers
売り手の交渉力

Bargaining power of buyers
買い手の交渉力

Bargaining power of substitutes 代替品の交渉力

代替品　業界内外からの置き換え可能な商品との競争。代替品が多く存在するほど、収益性は低下する。

現代の戦略分析でも、ファイブ・フォース分析で業界の収益性を分析し、ジェネリック・ストラテジー（基本戦略3類型：コスト・リーダーシップ戦略、差別化戦略、集中戦略）で、競合他社との自社が採るべきポジショニングを分析することは定石です。

　Generic Strategy（ジェネリック・ストラテジー、基本戦略）では、ファイブ・フォース分析で収益性の高い市場を選定し、そのうえでとるべき戦略の選択肢を選定する、という思考法を取ります。手法は単純で、全体を相手に戦う**Cost leadership**（コスト・リーダーシップ）戦略、**Differentiation**（差別化）戦略、それとも自社が有利になりそうな市場で戦う**Focus Strategy**（集中戦略）、のいずれかを決定することです。

　集中戦略では、とくに顧客の**segmentation**（セグメンテーション、属性）を設定し、

勝てる顧客の**domain**（ドメイン、領域）で勝つことを目指し経営資源を集中します。そのうえで**Cost leadership**（コスト・リーダーシップ戦略）か**Differentiation**（差別化戦略）のいずれかで競争に勝つという発想です。これはナポレオンの戦い方を徹底的に研究したクラウゼヴィッツやランチェスターの法則にもつながる考え方でしょう。

Cost leadership（コスト・リーダーシップ戦略）では、低コスト体質を徹底的に活用し、低価格、**margin**（マージン：流通粗利）を確保、**channel**（チャネル：卸や小売り）を囲い込み**market share**（市場シェア）を上昇させます。

Differentiation（差別化）戦略では、顧客に対する**added value**（付加価値）の高さで、市場シェアの上昇を目指します。ポーターのファイブ・フォースによる競争市場の選定と、ジェネリック・ストラテジーによる戦略の選択はコトラーの**segmentation**（セグメンテーション、属性）、**Segmentation/Targeting/Positioning**（STP理論）や**Kotler's Competitive Positions Strategy**（市場地

位別戦略）につながるものがあり、コスト・リーダーシップ戦略は、規模の経済や範囲の経済、**BCG**の経験曲線に通じるものがあります。

　ポーターは、さらにその優位性を持続させるための方策として**Value Chain**（バリューチェーン、価値連鎖）を提唱しました。**Value Chain**（バリューチェーン）は、企業の活動を下記の**5**つの主活動と**4**つの支援活動の**9**つに分類したものです。

●Primary activities 主活動

① **Inbound logistics**（購買物流）：**receiving**（入庫受け取り）、**warehousing**（在庫荷入れ）、**inventory management**（在庫管理）、**source materials and components**（原材料と部品）

② **Operations**（製造オペレーション）：**turning raw materials and components into a finished product**（原材料と部品の完成品への加工）

③ **Outbound logistics**（出荷物流）：**distribution**（物流）、**packaging, sorting, shipping**（荷造り、ロット分け、出荷）

④ **Marketing and sales**（マーケティングと販売）：**marketing and sale**（市場調査と販売）、**promotion**（販売促進）、**advertising**（宣伝）、**pricing strategy**（価格戦略）

⑤ **After-sales services**（アフターサービス）：**installation**（商品の設置）、**training**（使い方の教育）、**quality assurance**（品質保証）、**repair**（修理）、**customer service**（顧客サービス）

●Secondary activities 支援活動

① **Procurement**（調達活動）：**raw materials**（原材料）、**components**（部品）、**equipment**（道具）

② **Technological development**（技術開発）：**research and development**（調査と開発）、**including product design**（商品デザイン）、**market research**（市場調査）、**and process development**（加工過程開発）

③ **Human resource management**（人的資源管理）：**recruitment**（人材開発）、**hiring**（採用）、**training**（研修）、**development**（人材開発）、**retention**（人

材の流出を防止）、**compensation of employees**（待遇）

④ **Infrastructure**（インフラストラクチャー、基盤）： **overhead and management**（全社人員管理）、**financing**（金融）、**planning**（財務企画）

Value Chain（バリューチェーン）は、**Fayol**（ファヨール、フェイヨル）の『産業ならびに一般の管理（*Administration industrielle et Generale*）』（**1916年**）からの影響を少なからず受けていることがうかがえます。

また、現代における**ERP：Enterprise Resources Planning**（基幹系情報システム、経営資源を適切に分配し有効活用する計画）、**BPR：Business Process Re-engineering**（ビジネスプロセス・リエンジニアリング）にも影響を与えました。また、アカウンティングのところで取り上げる管理会計の手法にも関係性が見受けられるのです。

Value Chain
バリューチェーン：価値連鎖

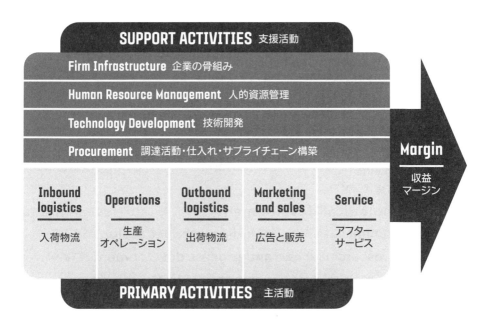

ケイパビリティ学派の内部環境分析：バーニーの資源ベース理論

Jay B. Barney
ジェイ・バーニー
（1954-）

Jay B. Barney（バーニー）は、**strategic management**（経営戦略）論について、経営学の**financial theory**（ファイナンス理論）や**organizational management**（経営組織）論に比べ**immature**（未熟）であると述べました。**Capability school**（ケイパビリティ学派）と称されるバーニーですが、彼の視点は**positional school**（ポジショナル学派）に対峙するというよりも、研究成果を統合し、**street smart**（実務家）にわかりやすく提供するという姿勢だったのです。

　バーニーの提唱した**resource based view**（リソース・ベースト・ビュー）は、企業の持つ**management resources**（経営資源）に着目して戦略を立案するものです。様々な業態・業界・規模の異なった企業の経営資源のうち、**human resources**（ヒト）と**organization**（組織）、**corporate culture**（企業文化）や**competitive advantage**（競争優位）である**inimitability**（模倣困難性）や**rarity**（希少性）に基づいた戦略的手法を創出したのです。こうして生み出された**framework**（フレームワーク）が、**VRIO**分析です。このフレームワークは、企業の**intangible**（可視化できない）資源に注目したがゆえに、フレームワークでありながら運用が簡単なものであるとは言い切れません。

　実際にバーニーは**VRIO**分析の限界点として、

① **Unpredictable changes in the external environment**（予測不可能な外的環境の変化）

② **Management ability**（経営能力）

③ **Collecting visualized data**（可視化されたデータ取集）

の**3**つを挙げています。

　Porterポーターの**five force**（ファイブ・フォース）と**Barney**（バーニー）の**VRIO**は思考における**domain**（ドメイン、領域）が**external context**（外的要因）に重きを置く

かinternal context（内的要因）を重視するかの違いのみで、competitive advantage（競争優位性）をあぶりだそうというフレームワークの目的は同一です。さらに外的要因と内的要因はSWOT分析を通じてintegrated（統合され）、make strengths sustainable（強みを持続可能にする）、turn a pinch into an opportunity（ピンチをチャンスに変える）ための戦略立案が可能となります。

ミンツバーグによる経営戦略論の分類

strategic management（経営戦略）論にはpositioning school（ポジショニング学派）とcapability school（ケイパビリティ学派）という2つの系譜が存在するといわれています。実は、ここに至る過程においても、数多くの別のschool（学派）が存在するのです。

Henry Mintzberg（ヘンリー・ミンツバーグ）はこれらの学派を『戦略サファリ（*Strategy Safari*）』（1998年）において10のまとまりに分類しました。

① デザイン・スクール（コンセプト構想プロセスとしての戦略形成）、**The Design School：strategy formation as a process of conception**
② プランニング・スクール（形式的策定プロセスとしての戦略形成）、**The Planning School：strategy formation as a formal process**
③ ポジショニング・スクール（分析プロセスとしての戦略形成）、**The Positioning School：strategy formation as an analytical process**
④ アントレプレナー・スクール（ビジョン創造プロセスとしての戦略形成）、**The Entrepreneurial School：strategy formation as a visionary process**
⑤ コグニティブ・スクール（認知プロセスとしての戦略形成）、**The Cognitive School：strategy formation as a mental process**
⑥ ラーニング・スクール（創発的学習プロセスとしての戦略形成）、**The Learning School：strategy formation as an emergent process**
⑦ パワー・スクール（交渉プロセスとしての戦略形成）、**The Power School：strategy formation as a process of negotiation**
⑧ カルチャー・スクール（集合的プロセスとしての戦略形成）、**The Cultural**

School：strategy formation as a collective process

⑨　エンバイロメント・スクール（環境への反応プロセスとしての戦略形成）、**The Environmental School**：strategy formation as a reactive process

⑩　コンフィギュレーション・スクール（変革プロセスとしての戦略形成）、**The Configuration School**：strategy formation as a process of transformation

戦略論の世代別特徴

　百花繚乱の経営戦略論ですが、研究者の間でも理論的体系が明確に明らかになっているとはいい難い状況です。あえて現代の経営戦略論を世代別に分けると以下のようになるでしょう。

- ・第一世代　業界の収益性を分析するポジショナル学派
- ・第二世代　競争優位性（コンピテンシー）を追求するケイパビリティ学派、
- ・第三世代　環境の変化を意識したリアル・オプション理論、**C**・クリステンセンのディスラプティブ（破壊的）イノベーション理論
- ・第四世代　希少性と模倣困難性から持続可能性と共創へ変貌するロングテール理論、**CSV：Creating Shared Value**などの共通価値の創出理論

　この流れからは、外的要因と地位的競争力（ポジション）→内的要因と組織能力→予測不可能な非連続性への対応→競争から共創へ、と主要理論が変化していると考えられるのです。

3 Marketing
マーケティング

marketing（マーケティング）とは、**customer satisfaction**（顧客の満足）を得るための**product development**（商品開発）、**brand recognition**（ブランド認知）、**advertising**（宣伝）、**market analysis**（市場分析）や、**competitive analysis**（競合分析）などの**corporate activities**（企業活動）の総称のことです。最近では**SNS：Social Network Service**（ソーシャルネットワーク）の発達とともに**Digital Transformation**（DX、デジタル化）が進んでいます。

Marketing（マーケティング）

現代のマーケティングで重要なことは、**conventional**（従来型の）マーケティングの手法だけではなく、**WEB**を活用し、製品・サービスの**functional strategy**（機能戦略）や**business strategy**（事業戦略）と組み合わせた新しい手法を取り入れることです。

development（開発）から**production**（生産）までの**value-added**（付加価値）の何を**customer**（顧客）に伝えるべきなのか、**competitive advantage**（競争優位性）と**customer needs**（顧客ニーズ）との**integration**（統合）、および**shared value creation**（価値観の共創）をしていく必要があります。

大切なポイントは、**potential**（潜在的な）ものを含む**customer needs**（顧客ニーズ）の把握です。顧客の**satisfaction**（満足度）の向上、市場全体における**sympathy**（共感）という**demand side**（ディマンドサイド、需要サイド）からの戦略立案など、**value chain**（バリューチェーン）全体としての**communication system**（コミュニケーション・システム、対話の仕組み）を構築することも重要です。

マーケティング・マネジメント戦略

corporate activities（企業活動）において、製品サービスの**stable**（安定的な）販

売は、工場の安定的な**operation**（オペレーション、生産管理）を促し、**learning curve effect**（経験曲線）や**economies of scale**（規模の経済）で、**cost**（原価）を低減させる効果を持ちます。そのために、主に**top line growth**（トップライングロース）と言われる、売り上げの確保を目指すマーケティングが必要となります。これは**functional strategy**（機能戦略）のところで触れた**gross profit**（売上総利益）の最大化のための戦略とも言えます。

　市場における安定的な**customer needs**（顧客ニーズ）を吸い上げる**structure**（仕組み）作りに成功すると、事業は**continuously**（継続的に）成長し、企業には**customer satisfaction**（顧客満足）に基づく収益がもたらされることになるのです。**low cost**（低コスト）の**business structure**（ビジネス構造）と、安定的で**solid**（強固な）顧客満足度の両方を構築することが、**marketing management**（マーケティング・マネジメント）戦略の目指すべき方向性です。

Marketing management（マーケティング・マネジメント）戦略が目指すことは、
① 　何を誰に対していくらで販売するのか明確化する。
② 　商品・サービスの**brand awareness**（ブランド認知度）を向上させ、**salience**（共感）を持ってより多くの顧客に受け入れさせる。
③ 　商品・サービスを安定的に供給できる**supply chain**（サプライ・チェーン、供給網）を**build**（構築）する。
以上の**3**点です。

　現在の**web**ネットを使った代表的なマーケティングの手法としては、以下の**7**点があります。

1. Search Engine Optimization（SEO）

SEO（サーチエンジン法）とは、ウェブ検索の表示のランキングを上位にするための方法論です。**SERPs：Search Engine Results Pages**（サーチエンジン法による検索表示）とも呼ばれ、**creating custom content**（WEBページの内容を検索されやすいように創作する）、**inserting keywords throughout your website**（検索されやすいキーワードを本文に織り込む）、WEBページの使い方を**enhancing your website user experience**（ユーザーフレンドリーな見やすい

サイトとする）などの方法論が挙げられます。

2. Social media marketing

SNS：Social Network Service（ソーシャルメディア）などの**platform**（プラット・フォーム）に自社の商品やサービスを**contents**（コンテンツ）として**promote**（訴求する）方法です。**Facebook, Instagram, X**（旧**Twitter**）**, LinkedIn**などがよく使われています。**advertiser**（広告主）が、それぞれの**target**（ターゲット）に対して、特定の趣味、**preference**（嗜好）を一致させ、自社が発信しようとする**contents**（コンテンツ）との**affinity**（親和性）を見出すことが可能です。これにより**advertisement**（広告）の**mismatch**（ミスマッチ）を**decrease**（減少させる）ことができるようになります。また、市場の**segmentation**（セグメンテーション, 属性）をやりやすいのも**SNS**マーケティングの特徴です。

セグメンテーションは、

- **Location**（居住地・活動エリア）
- **Age**（年齢）
- **Gender**（性別）
- **Purchase history**（購買履歴）
- **Occupation**（職業）

などであるとともに、ユーザーの**network**（ネットワーク）、掲載**contents**（コンテンツ）を分析することで、セグメンテーションの**accuracy**（精度）をさらに高めることも可能です。

3. Pay-per-click（PPC）advertising

PPC（課金型**SEO**）は広告費を支払う形で、**WEB**ブラウザでの**searcher**（検索者）の画面の上位に自社の広告を表示させる仕組みのことです。検索者の約半分は**PPC**による上位**3**社の表示サイトを**click**（クリック）するといわれています。自社のブランド**recognition**（認知）を上昇させるうえでも有効な手段です。

4. Email marketing

Eメールを**target**（ターゲット）とする顧客に送ることでブランドの

recognition（認知）や商品・サービスの販売をしていく方法です。**E-**メールによるマーケティングは、**leads**（リード、見込み客、もともとは糸口やきっかけという意味）を作り出し、それらの顧客を育て、ビジネスの**conversion**（コンバージョン：**CV**、広告をクリックしたユーザーが、広告主の最終目標に至ること）を上昇させます。

Eメールマーケティングは次の場合に特に有効です。
- **promote new products and services**（新規商品・サービスのプロモーション）
- **offer exclusive discounts and deals**（特別な顧客のための安売りセール）
- **provide business news and updates**（ニュースや最新の情報の周知）
- **share custom content**（役立つ情報の共有）

5. Content marketing

content marketing（コンテンツマーケティング）とは、**customer's concerns and problems**（顧客の抱える悩みや問題）に対して**solutions**（解決方法）を提供することで顧客の疑問に答えていくための有益な**contents**（コンテンツ：内容）を作り上げていくことです。

6. Inbound and outbound market

Inbound and outbound marketing（インバウンド・アウトバウンド・マーケティング）とは顧客を引き入れる**inbound**（インバウンド）の、いわば**leads**（リード）を引き入れる方法によるマーケティングです。**E-**メールの送付による広告はこの一種に当たります。対して**PPC：Pay-Per-Click**（課金型**SEO**）によるマーケティングは**Outbound**（アウトバウンド）マーケティングと呼ばれます。

7. B2B and B2C marketing

B2B：Business to Business marketingとは**supplier**（供給者）が、**geranial customer**（一般顧客）ではない**wholesaler**（卸会社）などに**professional characteristics**（専門的な特性）の商品を売り込むときに使う広告戦略です。**ABM：Account Based Marketing**（顧客特化型）のマーケティングとも言われます。

対して、**B2C：Business to Customer**（顧客）**marketing**とは、**SNS**の

evangelists（エバンジェリスト、伝道者）や **influencers**（インフルエンサー、影響力の強い人物）を使い、広い層の**leads**（リード）に対して影響を与えながら広告をしていく **influencer marketing**（インフルエンサー・マーケティング）とも呼ばれます。**B to C** の**C** を**consumer**（消費者）とする場合もあります。

マーケティング・マネジメント戦略の3つの階層

strategic management（経営戦略）論では、**functional　strategy**（機能戦略）/**business　strategy**（事業戦略）/**corporate strategy**（全社戦略）の3つの階層についてお話しました。マーケティング・マネジメント戦略にも同様に**product level**（製品レベル）/**business level**（事業レベル）/**corporate level**（全社レベル）の3つの階層で戦略が存在します。

経営戦略と同じように、目的は**ROE：Return on Equity**（株主資本利益率）の上昇ですが、**marketing management**（マーケティング・マネジメント）戦略では、より具体的に**top line growth**（売り上げの伸長）で**value chain**（バリューチェーン）全体を引っ張ることが重要です。「製品レベル」「事業レベル」「全社レベル」それぞれのレベルで顧客との関係構築を高度化させる必要があります。それぞれの階層においても**STP：Segmentation/Targeting/Positioning**分析が有効になってきます。

マーケティング・マネジメント戦略は**3**つの階層の戦略と**STP**分析を重層的に組み合わせることで効果が最大化されるのです。

製品レベル：バリュープロポジション

製品レベルのマーケティングでは、**value proposition**（バリュープロポジション、価値構成要素）という概念を使用します。

例えば、**willingness to pay**（支払い意思額）を決定する要因はどのように規定されるでしょうか。自動車を購入しようとする顧客に対して、**luxury car**（ラグジュアリーカー、高級車）、**sport car**（スポーツカー）、**SUV：Sport Utility Vehicle**（多目的車）、**commercial vehicle**（商用車）、**new car**（新車）、**used car**（中古車）、性能、安全性、耐久性、色、コスト、**optional equipment**（装備）などの選択肢を考えると、企

業が提供する商品やサービスには多くの**variety**（種類）があることがわかります。

　例として、**luxury car**（ラグジュアリーカー、高級車）を求める顧客の**willingness to pay**（支払い意思額）が、何に依拠しているのか考えてみます。顧客が高価な自動車を買う理由として、**brand equity**（ブランド・エクイティー、ブランド資産）、**ride comfort**（乗り心地）、**quietness**（静粛性）、**safety**（安全性）、**cost efficiency**（高価でも割安な本体価格、付随サービスや機能）など、商品やサービスのうち、顧客の購買意欲が依拠している要素が**value proposition**（バリュープロポジション、価値構成要素）なのです。

　　value proposition（バリュープロポジション、価値構成要素）の例として、
　　① **durability**（耐久性）
　　② **design**（デザイン）
　　③ **price**（価格）
　　④ **volume**（量）
　　⑤ **specification**（性能）
　　⑥ **safety**（安全性）
　　⑦ **brand equity**（ブランド・エクイティー、ブランド資産）
　　⑧ **incidental service**（その他の付随するサービス（保障、低利ローンなど））
などが挙げられます。

　マーケティング戦略の一環として、**VPC：Value Proposition Canvas**（バリュープロポジションキャンバス）を使用した商品・サービス開発がなされることがあります。このフレームワークは、顧客からの価値構成要素（顧客への提供価値）を**gain**（新しく得られるもの）と**pain**（悩みの解決）に大別し、顧客にとって**advantage**（メリット）のある商品・サービスに役立てようとするものです。

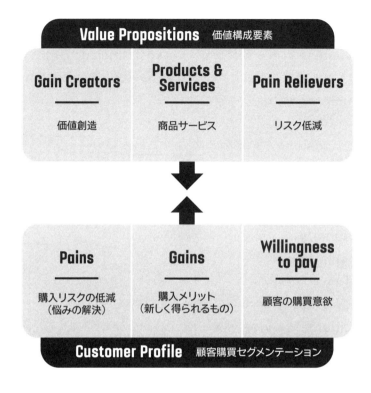

事業レベル：コトラーのマーケティング・ミックス

Philip Kotler（フィリップ・コトラー）の『マーケティング・マネジメント（*Marketing Management*）』（1967年）は、マーケティング戦略の定番として、半世紀以上にわたり世界中で読まれています。

最新版では**CRM：Customer Relation Management**（顧客との関係構築マネジメント）や**SFA：Sales Force Automation**（営業ルーチンの自動化）、**e-commerce**（電子商取引）の営業支援ツール、などの考え方も盛り込まれています。

コトラーは、マーケティングの神髄を、**3**つのポイントに絞っています。

① マーケティングは決してアウトソーシングできない。**Marketing can never be outsourced.**

② マーケティングが的確になされていれば販売活動は不要にもなる。**If marketing is done accurately, sales activities become unnecessary.**

③ 「プロダクト・アウト」から「マーケット・イン」への顧客志向が重要である。**importance of Customer Orientation from "Product Out" to "Market In"**

コトラーのマーケティング戦略は、**R：Research**（調査）、**STP：**（セグメンテーション・ターゲティング・ポジショニング）、**MM：Marketing Mix**（マーケティング・ミックス、4P）、**I：Implementation**（実施）、**C：Control**（管理）と表記されます。

その手順をまとめると以下のようになります。

① 調査（**Research**）→企業を取り巻く外的環境（外的コンテクスト）や内的環境（内的コンテクスト）について調

② **STP**戦略：セグメンテーション・ターゲティング・ポジショニング（**STP**）

③ マーケティング・ミックス（**MM：Marketing Mix**）

④ 実施（**Implementation**）

⑤ 管理（**Control**）

Kotler's Marketing Process
コトラーのマーケティングプロセス

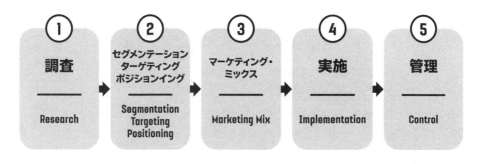

① 調査	② セグメンテーション ターゲティング ポジショニング	③ マーケティング・ミックス	④ 実施	⑤ 管理
Research	Segmentation Targeting Positioning	Marketing Mix	Implementation	Control

●STP戦略

・**segmentation**（セグメンテーション）：顧客の**attribute**（属性）を分析する。
・**targeting**（ターゲティング）：自社が勝てる事業**domain**（ドメイン、領域）や対象顧客を決める。
・**positioning**（ポジショニング）：市場全体における**brand equity**（ブランド・エクイティー、ブランド資産）や価格帯などを分析し**competitor**（競合他社）と**differentiate**（差別化）する。

●MM：マーケティング・ミックス（マーケティングの4P）

marketing mix（マーケティング・ミックス）とは、企業が商品を市場に売り込むときに使う**combination of means**（手段の組み合わせ）のことです。

Kotler's Marketing Mix : 4P
コトラーのマーケティングミックス：4P

Product
商品

Develop products that
meet the needs of
customer targets
顧客ターゲットに対応した
商品を開発する

Price
価格

Set the best price for
your target customer needs
顧客ターゲットに最適な
価格を設定する

Place
流通

Set up optimal distribution
channels to reach
your target customers
顧客ターゲットに最適な
流通チャンネルを設定する

Promotion
プロモーション

Develop promotions that
are optimal for
customer targets
顧客ターゲットに最適な
販促活動を展開する

MMで取り上げられる**4**つの単語は、その頭文字がいずれも**P**なので、コトラーのマーケティングの**4P**とも呼ばれています。

・ **Product**（製品）—**What you sell.**（何を売るか）
・ **Price**（価格）—**How much you sell it for.**（いくらで売るか）
・ **Place**（流通チャネル）—**Where you sell.**（どこで売るか）
・ **Promotion**（プロモーション、広告）—**How you get customers.**（どのようにして顧客を得るか）

コトラーの市場地位別マーケティング戦略

コトラーは、**Kotler's Competitive Position Strategy**（コトラーの競争的マーケティング戦略）において企業を市場の**market position**（マーケットポジション、業界における市場地位）で**4**つに分類し、そのポジションによって採るべき戦略を決定しています。

① **leader**（リーダー）：シェアトップ企業
② **challenger**（チャレンジャー）：リーダーに挑戦している**2**番手企業
③ **follower**（フォロワー）：リーダー企業に追随し自社の地位を守ろうとする企業
④ **nicher**（ニッチャー）：小さなニッチ市場での地位を守ろうとする企業

strategy based on the typology of market positioning（市場地位別競争戦略）では企業の**market positioning**（マーケットポジション）が決まれば、おのずと戦略は決まる、とされています。市場内におけるポジションとは、**brand equity**（ブランド・エクイティー、ブランド資産）、**market share**（マーケットシェア）や商品カテゴリー内での**growth rate**（成長性）、企業規模や新規参入か否か、などによって決定される市場的な地位のことです。

わが国の業界としては、**19**業種（総務省）、**29**業種（経済産業省）、あるいは**33**業種（東京証券取引所）など様々な業種分類法が存在しています。市場地位を中心に分析し、その地位がおおよそ上位の**3 ～ 5**社で占められている場合に有効な戦略分析・戦略立案方法が市場地位別戦略です。

市場地位別戦略の分析では、マーケティングの**4P**を活用した分析が便利です。**products**（製品）のラインナップ、商品の**sustainability**（持続可能性）、**brand equity**（ブランド・エクイティー、ブランド資産）について検討していきましょう。

　product（製品）については、顧客ターゲットやニーズに合っているかどうかを確認します。総合的に規模の大きな商圏を有する場合は、商品ラインナップが市場をくまなくカバーしているか確認します。

　pricing strategy（価格戦略）について、ポーターの**generic strategy**（ジェネリック・ストラテジー、基本戦略）を思い出してください。**cost leadership**（コスト・リーダーシップ）戦略、**differentiation**（差別化）戦略、あるいは何らかの集中戦略を組み合わせているか、戦略の違いを分析します。

　promotion（宣伝）戦略では、ブランドの**portfolio**（組み合わせ）や**balance**（バランス、どの程度、特定のブランドに偏っているか）、新製品の**lead time for sales**（上市スピード）、商品価値の市場への**penetration**（伝達力、浸透力）、消費者からの**reputation**（評判）などの分析が重要です。

　place（distribution strategy：流通戦略）では、**distribution**（流通）の仕組みの変化について検討することが重要となります。

　そのうえで**typology of market positioning**（市場地位の類型化）を行います。業界にかかわらず、市場における上位企業数社について、その地位別に**leader**（リーダー）、**challenger**（チャレンジャー）、**follower**（フォロワー）、**nicher**（ニッチャー）に分類します。業界や企業によっては、これらの枠には適用しがたい**irregular**（イレギュラー）な例もあるでしょう。あくまでも大まかな**framework**（フレームワーク）に当てはめて考えることが重要なのです。**framework**（フレームワーク）に適用できない企業については、その戦略が特異なものであるか間違っているかのどちらかと分析することもできます。

　leader（リーダー）とは**management resource**（経営資源力）にも**distinctive capability**（独自能力）にも優れた企業が当てはまります。

　challenger（チャレンジャー）とは**management resource**（経営資源力）に勝るか同等で**distinctive capability**（独自能力）に劣るものです。

　follower（フォロワー）は経営資源力にも独自能力にも劣るもの、と単純化して分析します。

　nicher（ニッチャー）の分析方法では、経営資源には劣るが独自能力で優れている

という評価に当てはまる企業を選びます。

　leader（リーダー）、**challenger**（チャレンジャー）は**gaining market share**（市場シェア獲得）を目標に置きますが、**follower**（フォロワー）は規模を追わない**profit rate**（利益率）や**efficiency**（効率性）で生き残りを図り、**nicher**（ニッチャー）は独自能力に基づく利益率や**competitive advantage**（競争優位性）で、**sustainability**（持続可能性）の獲得が目標です。

　これらの分析に基づくと、リーダーは**omnidirectional/all-round**（全方位的な）**fundamental strategy**（基本戦略）を取るべきであることがわかります。**management resource**（経営資源力）にも**distinctive capability**（独自能力）にも勝っているのならば、コスト競争力、差別化能力、集中戦略において、いずれも競争相手を凌駕してしまうからです。チャレンジャーは**differentiation strategy**（差別化戦略）、フォロワーは模倣をも厭わない**cost leadership**（コスト・リーダーシップ）、ニッチャーはコスト・リーダーシップにしても差別化戦略にしても、

Kotler's Competitive Positional Strategy
コトラーの競争地位別戦略

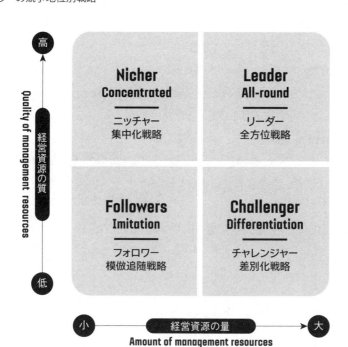

ある程度の**concentration strategy**（集中戦略）を取るべきであろうということがわかります。

●PLC：Product Life Cycle（プロダクト・ライフサイクル）戦略

　コトラーは**PLC：Product Life Cycle**（プロダクト・ライフサイクル、製品の生活環）のステージさえ決まれば、戦略は決まる、としています。**PLC**は、もともとイギリスの数学者である**Benjamin Gompertz**（ベンジャミン・ゴンペルツ）が提唱した**Gompertz Curve**（ゴンペルツ曲線：成長曲線の法則）をベースにしていると言われています。

●Rogers' Diffusion of Innovations Theory（ロジャースのユーザー 5分類）

① **Innovator**（イノベーター：革新者）：
新しいものを進んで採用する顧客層。市場全体の**2.5**％と言われる。

② **Early Adopters**（アーリーアダプター：初期層）：
流行を追い、情報収集を自ら行い、判断する顧客層。**Evangelist**（エバンジェリスト）とも呼ばれる。市場全体の**13.5**％。

③ **Early Majority**（アーリーマジョリティ：前期追随層）：
より早くに新しいものを取り入れる顧客層。**Bridge people**（ブリッジピープル）とも呼ばれる。市場全体の**34.0**％。

④ **Late Majority**（レイトマジョリティ：後期追随層）：
すでに市場にあふれている流行と同じ選択をする顧客層。**Followers**（フォロワーズ）とも呼ばれる。市場全体の**34.0**％。

⑤ **Laggards**（ラガード：遅滞層）：
保守的で流行に関心が薄い顧客層。市場全体の**16.0**％。

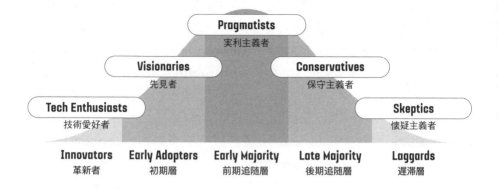

Rogers' Diffusion of Innovations Theory
ロジャーズのユーザー5分類

| Tech Enthusiasts 技術愛好者 | Visionaries 先見者 | Pragmatists 実利主義者 | Conservatives 保守主義者 | Skeptics 懐疑主義者 |

| Innovators 革新者 | Early Adopters 初期層 | Early Majority 前期追随層 | Late Majority 後期追随層 | Laggards 遅滞層 |

Preemptive advantage（先行者利益）

preemptive advantage（プリエンプティブ・アドバンテージ、先行者利益）は、**monopoly**（独占）による利益獲得のために、最も重要な戦略の一つであるとされてきました。

ネットの普及とともに、**brand equity**（ブランド・エクイティー、ブランド資産）の構築や製品サービスの、**information asymmetry**（情報の非対称性）による**differentiation**（差別化）はできなくなってきています。ヒットした製品サービスはすぐに**imitate**（模倣され）、**new entrants**（新規参入者）で溢れかえる**red ocean**（レッドオーシャン、競争の厳しい市場）となってしまうのが現実です。

事業の新規性を生かして利益を享受できるのは**innovator**（イノベーター）と**early adapters**（アーリーアダプター）に限定されます。特に**SNS**の発達で、これらの**segment**（セグメント）比率は下がっています。

むしろ、**evangelist**（エバンジェリスト）として、**market penetration**（市場浸透）を**acceleration**（加速化）させる役割の方が重要です。この結果、多くの製品サービスの**life cycle**（ライフサイクル）は短命化しています。

一方で、実際に戦略を立案する段階では、依然として過去の**success story**（成功事例）を研究することが**classics**（定石：常套手段）となります。すでに、**rival**（ライバル）が成功を収めている場合は、素早く模倣し**preemptive advantage**（プリエンプ

ティブ・アドバンテージ、先行者利益)の一部を自社にも移植させることが肝要です。

1980年代のソニーと松下電器産業 (現パナソニック) の**rival** (ライバル) 関係 (ビデオデッキのベータとVHSの規格競争) において、ソニーの新製品を松下電器が**latecomer** (後発) で発売し、市場シェアで勝利する、というケースはあまりにも有名でした。

imitate (模倣) することは、競争相手の**differentiation** (差別化) の**advantage** (メリット) を消し、競争相手の市場における**competitive advantage** (競争優位性) を崩す方法なのです。クラウゼヴィッツの戦争論、現代ではポーターの基本戦略によって、後発であっても**Cost leadership** (コスト・リーダーシップ) あるいは**differentiation** (差別化)、あるいは顧客層を絞り込んだ**concentration strategy** (集中戦略) で**gaining profit** (利潤の確保) は可能とされています。

あるいは、先行者やライバルの存在しない**blue ocean strategy** (ブルーオーシャン戦略) に打って出るという**option** (選択肢) もあります。**Maturity** (成熟化) の進んだ現代の市場では、**innovation** (イノベーション) はもちろん**existing** (既存の) 技術、商品、サービスの**transformation** (トランスフォーメーション、変革的な組み換え) が有効です。事業の**domain** (ドメイン、領域) と**value proposition** (バリュープロポジション、価値構成要素) を変更することで、**rival** (ライバル) と戦わない**niche strategy** (ニッチ戦略) が成り立つ可能性があります。

先行者利益と経済圏プラットフォーミング

preemptive advantage (プリエンプティブ・アドバンテージ、先行者利益) の構築に成功したとしても、長期的には会社の武器になる**distinctive** (絶対的な) **competitive advantage** (競争優位性) が必要です。現実では、市場の**maturity** (成熟化) とともに、製品間の**differentiation** (差別化) を**quality** (品質) や**specification** (性能) で行うことが困難になっています。先行者利益は、**inimitable** (模倣されにくい) 差別化だけでは、その持続性が保証されません。

先行者利益は、市場におけるイノベーターとアーリーアダプターが反応することで生まれます。これが大多数の顧客に**penetrate** (浸透する) ことで収益は**maximize** (最大化します) が、**latecomer** (後発者) との競争で収益性は**disappear** (散逸) します。先行者による**develop** (開発) と後発者による**imitate** (模倣) は、市場の成長性が限られている場合は、**scramble for a small slice of the pie** (パ

イの奪い合い）に終始してしまいます。さらに、先行者利益は、変化のスピードが大きい市場環境においては、絶対的な収益基盤とはなりにくい面もあります。

そこで、**platform**（プラット・フォーム）、**eco-system**（エコシステム、経済圏）、**subscription**（サブスクリプション）を構築し、**customer value**（顧客価値）や**innovation**（イノベーション）を強く意識した**variable business domain**（可変的な事業ドメイン）を確立することが企業戦略の大前提となっています。

マーケティング（ミックス）の4P、顧客価値の4C、WEB時代の4E

marketing mix（マーケティング・ミックス、4P）とは、マーケティングの**4P**と言われる**Product**（製品）、**Price**（価格）、**Place**（流通）、**Promotion**（広告）の4つの**tactics**（戦術）をかけ合わせることでマーケティングの**execution strategy**（実行戦略）とする考え方です。

実際のマーケティング・ミックスでは、まず**customer**（顧客：誰に売りたいか）、**competitor**（競合：誰がライバルか）、**company**（自社の**value chain**バリューチェーンの強みとは何か：我々は何者か）という**3C**分析の考え方を基本にします。

顧客の**segmentation**（セグメンテーション、属性）や自社の商品・サービスの**mapping**（マッピング）を行うと、マーケティング・ミックスの**4P**は、より**customers' perspective**（顧客視点）からの検討が必要になることがわかります。これをマーケティングの**4C**（顧客価値の4C）と言います。また、**SNS**の発達とともに進化している**WEB**マーケティングにおけるマーケティング・ミックスのことを**WEB**時代の**4E**と表現します。

●顧客価値の4C、WEB時代の4E

マーケティングの**4C**（顧客価値の4C）
- **Customer Solution** 顧客ソリューション（**Product**）
- **Customer Cost** 顧客コスト（**Price**）
- **Convenience** 利便性（**Place**）
- **Communication** コミュニケーション（**Promotion**）

マーケティングの**4E**（WEB時代の4E）

- **Experience** 体験（Product）
- **Exchange** 交換、共有（Price）
- **Everywhere** どこでも（Place）
- **Evangelism** 伝播（Promotion）

Marketing Mix : 4P/4C/4E
マーケティングミックス：4P/4C/4E

4P（製品視点）	**4C**（顧客視点）	**4E**（WEB視点）
Product 製品	**Customer Solution** 顧客ソリューション	**Experience** 体験
Price 価格	**Customer Cost** 顧客コスト	**Exchange** 交換、共有
Place 流通	**Convenience** 利便性	**Everywhere** どこでも
Promotion プロモーション	**Communication** コミュニケーション	**Evangelism** 伝播

マーケティング（ミックス）の**4P**が、**product out**（プロダクト・アウト：製品主義・企業収益主義）なのに対して**4C**は**market in**（マーケット・イン：市場主義・顧客価値主義）、**4E**は**WEB**時代の価値観に基づく新しい**4P**とも言えるのです。

　マーケティング・ミックスの問題点は、プロダクト・アウトの**paradox**（パラドックス：良いものを作っていれば必ず売れるはずなのに実際は売れないこともある）です。**market mature**（市場の成熟化）が進めば進むほど、セグメンテーションは**fragmented**（細分化）され、顧客の製品やサービスに求める**value proposition**（バリュープロポジション）は**complex**（複雑化）していきます。

　経営資源は限られているゆえに、ビジネスでは最初から**infinite satisfaction**（無限大の顧客満足）を兼ね備えた商品やサービスの開発を行うことはできません。ゆえに明確な**segmentation**（セグメンテーション）や**brand mapping**（ブランド・マッピング）が大前提で、なおかつ顧客の心に響く共感を作り上げ（**4C**）、貴重な体験を伝

播させていくこと（**4E**）が重要となってくるのです。

　segmentation（セグメンテーション、属性）とは、顧客を同じニーズや性質を持つ**segment**（セグメント、固まり）に分けることであり、**market segmentation**（市場属性）分析とも言います。自社の競争優位性を顧客のニーズに**matching**（マッチングさせる：FITさせる）ことが目的です。

　brand mapping（ブランド・マッピング）とは、競合の顧客年齢層や販売価格帯をセグメントに基づき**visualize**（ビジュアル化）したもので、**brand marketing**（ブランド・マーケティング）でよく使われます。これはマーケティングの全社戦略である**brand equity strategy**（ブランド・エクイティー戦略）と併せて検討していくべきです。

マーケティングの外的環境分析～ 3C分析

　マーケティングを行う上でも**competitive advantage**（競争優位性）の分析の**framework**（フレームワーク）は有効です。まずは企業を取り巻く**external context**（外的環境）からみていきましょう。

　新規商品やサービスの立ち上げのためには、**promotional strategy**（販売戦略）から自社の資源の適切な**allocation**（配分）を具体的にイメージする必要があります。設定価格が十分な利益を生むのか、**repeat order**（リピートオーダー）発生時の**production system**（生産体制）は確保できるのか、物流や営業倉庫の安定的なシステム構築は可能か、などがこれにあたります。

　まずは**3C**分析で**company**（自社とは何なのか）の分析をします。**value chain**（バリューチェーン）における**production**（製造）、**procurement**（調達）、**logistics**（物流）面での**functional**（機能別の）検討が重要です。自社の各工程の何が**strength**（強み）で何が**bottleneck**（ボトルネック：弱みweakness）になのかを検証します。

　また、**competitor**（自社以外の競合）や**customer**（顧客との関係）について、3C分析を使って可視化することで、バリューチェーンにおける**customer value creation**（顧客価値創造）のポイントがわかります。自社が強みを持つ、どの**function**機能（調達・製造・販売・マーケティングなどのいずれか）に経営資源を**concentrate**（集約させる）か判断することも可能となるのです。

Philip Kotler's STP analysis and 3C analysis are synchronized.
3C（コトラーのSTP分析とシンクロ）

Customer
市場・顧客

- ターゲット市場動向
- 顧客ニーズ変化
- 事業機会&脅威
- 規制緩和　など

Competitor
競合

- 競合他社動向
- 異業種&新規参入
- 勝ち組&負け組　など

Company
自社

- ミッション・ビジョン・バリュー
- ポジショニング
- 経営資源
- 組織デザイン　など

┃ マーケティングの外的環境分析〜 STP分析

　さらに、**3C**分析との**strategic fit**（戦略的整合性）を持ち、よりマーケティングの**business strategy**（事業戦略）として具体性を持った**flamework**（フレームワーク）として**STP**分析があります。**STP**分析は、対象とする**segmentation**（セグメンテーション：顧客層、年齢・性別などの属性）、**targeting**（ターゲット：販売するべき顧客）、そして結果としての**positioning**（ポジショニング：自社の市場における立ち位置）を測るものです。

　STP分析は、マーケティングの基本動作である**segmentation**（セグメンテーション、属性）、**targeting**（ターゲッティング：顧客層絞り込み）、**positioning**（ポジショニング：自社の立ち位置決定）から成り立っています。

　segmentation（セグメンテーション）では、自分たちの**customer**（顧客）が誰であ

るのか、**competitor**（競合他社）にはどのような企業があるのか勘案して、細分化していく必要があります。

一般的な要因としては、

① デモグラフィー（人口統計変数）**demography**
年齢・性別・家族構成など、基本情報。**basic information such as age, gender, and family structure**

② ジオグラフィー（地理的変数）**geography**
国・市町村・気候など、地理的要因。**geographic factors such as country, municipality, climate, etc.**

③ サイコグラフィー（心理的変数）**phytography**
価値観・ライフスタイルなど、アンケート調査やヒアリングなどを行った結果。**results of questionnaire surveys and interviews on values, lifestyles, etc.**

④ ビヘイビア（行動変数）**behavior**
買い物履歴、行動履歴などの個人の行動に焦点を当てた情報。**personal behavior-focused information such as shopping history, activity history, etc.**

などがあります。

この他にも、セグメンテーションに用いられる分析方法には、**6R**があります。**6R**とは、**Realistic scale**（有効な規模）、**Rank**（優先順位）、**Rate of growth**（成長率）、**Rival**（競合）、**Reach**（到達可能性）、**Response**（測定可能性）の頭文字で表されるものです。

次に、**targeting**（ターゲティング）として市場の中から狙うターゲット層を絞ります。セグメンテーションとターゲティングの違いは、セグメンテーションが市場を「細分化して分ける」ことに対して、ターゲティングは分割された市場の中から狙うべき市場を「絞る」ことです。ターゲティングには次の**3**つのパターンがあります。

① 無差別型ターゲティング **non-differentiation targeting**

セグメンテーションせずに大衆化された商品を市場に供給する手法。**method of supplying popularized products to the market without segmentation**

② 差別型マーケティング **differentiated targeting**

セグメンテーションされた市場からいくつかを選び、マッチした商品を提供する手法。**method of selecting a few from a segmented market and offering matching products** 各セグメントのニーズに従い適宜 **diffusion**（ディフュージョン：派生商品）をあてがう場合もある。大企業に一般的な手法。

③ 集中型マーケティング **concentration targeting**

ごく限られたセグメントに集中してマーケティングを行う手法。**method of concentrating marketing on a very limited segment** **high brand**（高級ブランド）や**nitch**（ニッチな）商材、**item known to special people**（知る人ぞ知るアイテム）を**core fan**（コアなファン）に販売する。

　最後に、セグメント内の競合の商品やサービスを自社の**position**（ポジション：立ち位置）と比較検討、確認していきます。ポジショニングで重要なことは、**4**象限からなる**brand positioning infographics /positioning map**（ポジショニングマップ）を適切に作成することです。そこでは、競合と比較する軸を縦軸と横軸で比較します。価格、品質、デザイン性、ターゲット顧客層など、設定する軸を自社の**value proposition**（バリュープロポジション、価値構成要素）と合わせることが肝要です。

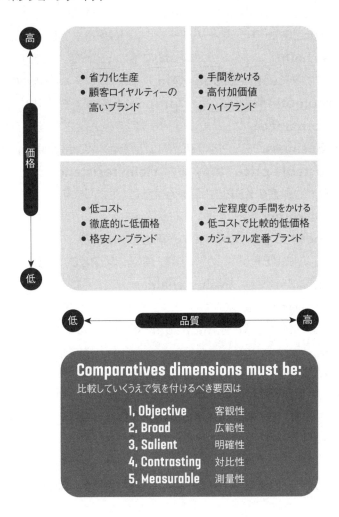

マーケティングの内的環境分析～ KBF分析

マーケティングの**internal context**（内的環境）の分析についてみていきましょう。

顧客が、何を基準に商品の選択をするのか分析する手法に**KBF**分析がありま

す。**KBF**とは、購買決定要因、**Key Buying Factor**と表記され、ターゲットとなる顧客の**willingness to pay**（支払い意思額）を決定する要素のことです。その商品やサービスが、どのような**value proposition**（バリュープロポジション、価値構成要素）を持つのか**measure**（測定）するフレームワークです。**KBF**はもともと製品を上市するときの**value chain**（バリューチェーン：価値連鎖）に基づいて設定されます。

　KBFは商品における**value proposition**（バリュープロポジション、価値構成要素）だけにとどまらず、**promotion**（プロモーション）、**proposal**（商品提案）の方法や、**price**（価格）、**cost performance**（コストパフォーマンス）などで決定されます。**B to B：Business to Business**においては、商品力の差ではなく、**supplying ability**（供給能力）や**adjustable price**（価格対応能力）、**claim resistance**（クレーム耐性）、企業組織の規模などが顧客の**KBF**に影響を与えることもあります。

　KBFを効果的に**direct**（演出）するためには、自社のバリューチェーンにおける顧客の**willingness to pay**（支払い意思額）を高める必要があるのです。

　デザイン面での**KBF**が求められる場合は、**R&D：Research and Development**（調査研究開発）を**value chain**（バリューチェーン）に直接結びつけ、**supplying management**（供給体制）を構築する必要があります。

　マーケティング戦略においても、**manager**（マネージャー）は経営資源の適切な**orchestration**（オーケストレーション、再構成）を実行していくべきです。

　マーケティングは戦略として**independent**（独立）しているかのように取り扱われることが多いのですが、経営資源の適切な**allocation**（配分）によって、**total asset turnover**（総資産回転率）を上昇させ、結果としての**ROE：Return on Equity**（株主資本利益率）の上昇に寄与します。

マーケティング・マネジメントのoutputアプトプット①〜 KSF分析

　顧客価値の創造には、**STP**分析や**3C**分析に基づく、**competitor**（競合）や**customer**（顧客）との関連性の検討を行ったうえで、**company**（自社）のバリューチェーンを構築していくことが重要です。バリューチェーンの**primary activities**（主活動）はもちろん、**support activities**（支援活動）に至るまで顧客価値を創造するためのフレームワークに**KSF：Key Success Factor**（重要成功要因）分析があります。

先に取り上げた**KBF：Key Buying Factor**と**KSF：Key Success Factor**の関係は、**two sides of the same coin**（表裏一体）です。**KSF**は、**customer value**顧客価値を作るためにバリューチェーンの **primary activities**（主活動）以外に**support activities**（支援活動を）巻き込み、さらに**3C**を盛り込んで、より重層的に顧客行動を決定させる要因を分析することが可能になる分析方法です。

3C analysis / KBF/ KSF
3C分析とKBF, KSF

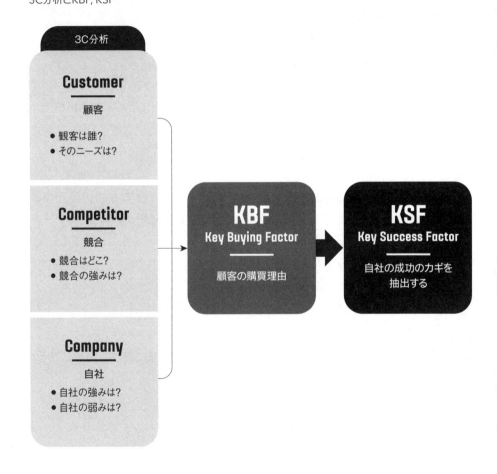

マーケティング・マネジメントのアプトプット②〜 KGI/CSF/KPI分析

KGI/CSF/KPI分析とは、目標達成に必要な要因と指標の関係を表す考え方です。

KGI：Key Goal Indicator（目標）
　└ **CSF：Critical Success Factor**（成功要因）
　　└ **KPI：Key Performance Indicator**（活動指標）

●**KGI：Key Goal Indicator**とは、最終的な成果を示す目標となる指標です。一般的なビジネスでは売上高や利益率などですが、組織的活動をする際に何らかの具体的目標を設定します。

●**CSF：Critical Success Factor**とは、**KGI**に最も貢献する成功要因です。顧客満足度やリピートオーダー率などに直結する要素を分析する手法です。

●**KPI：Key Performance Indicator**とは、**CSF**を達成するための具体的な活動や業務を示す指標です。ビジネスでは、告知イベントの実施やプロモーション活動などが例として挙げられます。

KGI/CSF/KPI分析の考え方は、目標達成に向けて何をすべきかを明確にするために役立ちます。

全社レベル：ブランド・エクイティー戦略

商品やサービスの魅力を高めるだけでは、世の中に**recognize**（認知させる）ことは難しくなってきています。マーケティング戦略でいうと、**functional strategy**（機能戦略）や**business strategy**（事業戦略）だけではなく、**corporate strategy**（全社戦略）で**marketing management**（マーケティング・マネジメント）を行っていく必

要があります。マーケティングにおける全社戦略の一つとして**brand equity strategy**（ブランド・エクイティー戦略）があります。

　consumer（消費者）が、**brand equity**（ブランド・エクイティー、ブランド資産）に焦点を当て、**intangible**（目に見えない）ブランド価値を**shareholders' equity**（株主資本）のように**capital**（資本）として考えるのが**brand equity strategy**（ブランド・エクイティー戦略）です。ブランドは、ブランドの歴史的蓄積や**positional advantage**（ポジショナル・アドバンテージ、地位的競争優位性）を含むものですが、ブランド・エクイティーでは資本の質を上げていくために、適切な投資を絶えず行っていきます。ブランド・エクイティーという考え方は、**David Allen Aaker**（**D.A.**アーカー）によって提唱されました。

　brand equity（ブランド・エクイティー、ブランド資産）は、ブランドの名前やシンボルと結び付いたブランドの資産や負債の集合であり、製品やサービスの価値を増大させるものと定義され、次の**5**つの要素から構成されています。

① 　**Brand Visibility**（ブランド認知）
② 　**Brand Associations**（ブランド連想）
③ 　**Trust & Perceived Quality**（知覚品質）
④ 　**Brand Loyalty**（ブランドロイヤリティ）
⑤ 　**Other Intangible Assets**（その他の資産）

それぞれの機能によって、ブランドの価値が構築されるという考え方です。ブランドにはもともとブランドとして認知されているものもありますが、現代ではそれが**obsolescence**（陳腐化）してしまうこともあります。ブランド確立のための方法論としては次の要素が挙げられます。

① 　ブランド認知（**Brand Visibility**）
　How popular the brand is.（そのブランドにどれほど知名度があるか）を表しています。**KBF**の基本となる要素です。ブランドの持つ歴史や文化もここに含まれます。
② 　ブランド連想（**Brand Associations**）
　What do consumers think of when they hear the brand name?（そのブランド名を聞いて、消費者が何を想起するか）を表したものです。差別化のポ

イントを**strongly associate**（強く連想させる）、**leave an impression on one's memory**（記憶に印象を残す）などの**message**（メッセージ）が必要です。

③　知覚品質（Trust & Perceived Quality）

evaluation of quality that consumers have for the brand（消費者がそのブランドに抱く品質への評価）のことです。ここでの品質は消費者の**subjective**（主観）の確認が重要です。供給側が認識する優位性が、消費者側からの評価と相違する場合があるからです。

④　ブランドロイヤリティ（Brand Loyalty）

Loyalty, attachment and trust to the brand（そのブランドへの忠誠度や愛着度、信頼度）のことを表します。ブランドロイヤリティが高ければ高いほど**enthusiastic**（熱狂的）で**solid**（固定的）なファンがつくことになり、そのブランドの商品を継続的に購入するでしょう。その結果、他社の商品に乗り換える**switching cost**（スイッチングコスト）が上昇することになります。現代ではブランドの価値に加えて、**product standardization**（製品規格化）による**network externality**（ネットワーク外部性）、**DSIR：Demand Side Increasing Return**（需要サイドの逓増効果）、航空会社の**FFP：Frequent Flyer Program**（マイレージ）、商品の**rewards**（購入ポイント）や**eco-system**（エコシステム、経済圏）、**subscription**（サブスクリプション、定期契約購買）などにつながる考え方です。

⑤　その他の資産（Other intangible assets）

前述した**4**要素以外の無形資産全般を表します。ブランドに関する**patents, trademarks and copyrights**（特許や商標権、著作権）といった**intellectual property**（知的所有権）などです。

patents（特許）は**having your own technology protected by law**（独自の技術を法律で保護してもらう）機能があります。

trademark（商標権）は、登録された商標を独占的に使用できる権利です。他者が無断で使用した場合、商標の存在を知っていたかどうかに関係なく、差し止めや損害賠償を請求できます。

copyright（著作権）は著作物を独占的に利用できる権利です。他者が類似した著作物を創作した場合、相手が自己の著作物の存在を過失なく知らなかった場合、著作権侵害とは認められないことになっています。

ブランド・マッピング

brand mapping（ブランド・マッピング）とは、主に新規ブランドを立ち上げ、new entry（新規参入）するとき、あるいは既存の自社ブランドの業界内におけるpositioning（立ち位置）の再確認するときのために使用します。自社や競合他社のブランド・製品・サービスと比較して、differentiate（差別化）を図る、blue ocean（ブルー・オーシャン、競争のない新規市場）、あるいはbusiness domain without competition（競争のないビジネス領域）を狙うために縦軸横軸の2軸で4象限に分けて分析します。ブランド・マッピングで設定する軸は、消費者目線や供給者目線で考えると良いでしょう。例えば、消費者目線での軸を、製品の特徴やイメージ、価格など、主にKBI：Key Buying Factor（購入決定要因）で設定すると、供給者目線でもFITするdomain（ドメイン、領域）が見つけやすくなります。供給者目線では、軸をコストや生産工程、在庫管理や品質管理面のload and potency（負荷や効能）を検討し、バリューチェーンや3C分析で検討します。これらの点においては、マーケティング・マネジメント戦略の事業戦略の考え方に共通します。適切なブランド・マッピングの作成は、ブランド・ポジショニングをtangible（見える化）可能にすることが最大の効能です（p.109「Brand Positioning map」図を参照）。

ブランド構築プロセス

それでは実際にブランド・エクイティー戦略を使い、launching a new brand（新規ブランドを立ち上げて）みましょう。その構築プロセスにはBrand Equity Pyramid（ブランド・エクイティ・ピラミッド）を使います。ブランド・エクイティ・ピラミッドは、Dartmouth College（ダートマス大学）のKevin Keller（ケビン・レーン・ケラー）教授が提唱しました。

brand equity（ブランド・エクイティー）構築のためには、4つの階層を設定し、customer loyalty（顧客ロイヤルティー）の構築を目指します。レベル1であるsalience（ブランドの認知）からスタートして、最終的に顧客との共感に達するレベル4の relationship（リレーションシップ、関係の強さ）、resonance（レゾナンス、共鳴）をめざ

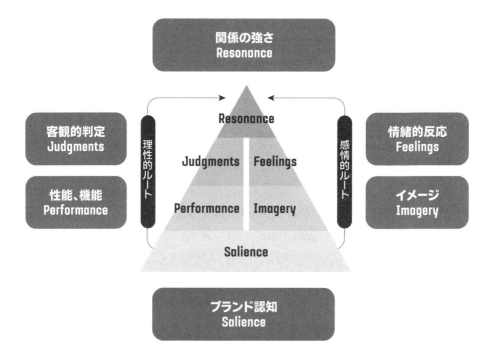

して、ブランド・エクイティー構築を行っていきます。

　これを概念としてあらわした図表を**Brand Resonance Pyramid**（ブランド・レゾナンス・ピラミッド）ま た は、**CBBE：Customer Based Brand Equity Pyramid**（顧客ベースのブランド・エクイティ・ピラミッド）といいます。

　ピラミッドは、**4**つの階層レベルからできており、レベル**1**からレベル**4**まで行えば、あらゆるタイプのビジネスにおいてブランド構築が可能になります。途中のレベル**2**とレベル**3**のみ「**rational**（理性的）ルート」と「**emotional**（感情的）ルート」に分かれています。

　レベル**1**では**salience**（ブランド認知）段階と呼ばれる、ブランドを他のブランドと区別できるように、顧客からの**recognition**（認知）を広めるプロセスです。ここでの「認知」には**recognition**と**salience**が同義的に使われますが、ブランドの

identity（アイデンティティ、特定のキャラクターや性質）によってほかのブランドからの**differentiation**（差別化）が重視されます。この差別化は、ターゲットとする顧客のニーズを満たすものでなくてはなりません。従って**promotion**（広告）には物語性のあるメッセージが発信しやすいメディアである**SNS**などが適しています。同じ「ブランド認知」でも、**recognition**（認知）は顧客のブランドへの理解が深まるとともに**salience**（認知）へと変化していくのです。

　レベル**2**ではブランドの意味付け**brand imagery**（ブランド連想）を行います。これはブランドが顧客に対する**performance**（ブランドの機能や効能）を行うことで、顧客にブランドのイメージを連想させることが目的です。ここからブランド構築の段階は**2**つのルートに分かれます。**rational**（理性的）ルートは、「顧客のニーズに合わせた**performance**（機能や効能）を持っているか」という**brand performance**（ブランド・パフォーマンス）を重視します。**emotional**（感情的）ルートは「その商品を保有してどんなイメージを持ったか」という観点から**brand imagery**（ブランド連想）を重視します。

　これらの**2**つルートを細かく見ていきましょう。

　brand performance（ブランド・パフォーマンス）の**rational**（理性的）ルートでは 次のブランドの機能について確認する必要があります。

① 　**product functionality**（製品の機能）

② 　**reliability**（信頼性）

③ 　**durability**（耐久性）

　brand imagery（ブランド連想）では**emotional**（感情的）ルートとして、ブランドのイメージについて次のように確認する必要があります。

　　① 　**advertising**（広告）と**imagery**（画像やイメージ）が一致

　　② 　**product experience**（実製品を保有する体験）が①に一致

　レベル**3**ではブランドに対する顧客からの**response**（レスポンス、反応）を高めるための「知覚品質」を創出します。知覚品質は**rational**（理性的）ルートでは**judgement**（ジャッジメント、判定）、**emotional**（感情的）ルートでは**feeling**（フィーリング、相性）を重視します。これには顧客に対するアンケートやインタビューが最も効

果的です。**SNS**における**reputation**（評判）なども参考になります。「実際に利用して品質や機能が他と比較してどうだったか」「信頼できるブランドかどうか」「安心して利用できたか」「利用経験は楽しかったか」などの質問項目で評価します。**rational**（理性的）ルートでは悪い評価を修正事項として確認、速やかに修正を行います。**emotional**（感情的）ルートでは、顧客の不満の原因を突き詰めて、表面的な修正では至らない根本原因を特定します。いわゆる、ブランド構築のための細かな配慮をプロセスとして明示することで、顧客からみたブランドの価値である「知覚品質」につなげていくのです。ブランド力のある商品を「所有する喜び」はこの知覚品質から生まれます。

　レベル**4**ではブランドに対する**relationship**（リレーションシップ、共感や同調に基づく関係性）を創出します。ここでのキーワードは**resonance**（共鳴）です。ブランドと顧客が物心両面で協調しあう関係の構築が目的です。それは**brand loyalty**（ブランドロイヤリティ）といわれるブランドと顧客との間の強い信頼関係に基づいたものでもあります。ブランドに対する忠誠心をもとに、顧客はサポーターとなってブランド価値を支えます。この段階になると顧客には多大な**switching cost**（スイッチング・コスト、嗜好の乗り換え費用）が発生しています。新しいブランドに購買行動を切り替えることは、すでに持ちそろえている旧来のブランド商品やサービスの顧客にとっての陳腐化を招いてしまうからです。従って、**brand loyalty**（ブランドロイヤリティ）の構築のためには顧客との信頼関係構築とともに、新製品の開発はもちろんアフターサービスなどを通じブランド価値を上げる、たゆまぬ努力が必要です。顧客に**switching cost**（スイッチング・コスト、嗜好の乗り換え費用）を意識させるための高度なブランド・コミュニケーションが必要となるのです。

AIDMAとネット・コミュニケーション

　顧客が、その製品の存在を知り（**Attention**）、興味を持ち（**Interest**）、欲しいと動機づけられ（**Desire**）、記憶し（**Memory**）、購買する（**Action**）という購買決定プロセスを経て購入行動するとき、そのプロセスを**AIDMA**といいます。これには購買行動を3段階に分けた、**Attention**（認知段階）、**Interest/Desire/Memory**（感情段階）、**Action**（行動段階）ものもあります。**AIDMA**の目的は、マーケティング担当者が、

顧客の購買決定プロセスに応じたコミュニケーション戦略をとることです。

　実務では**AIDMA**の多くの**diffusion**（派生バージョン）も存在するようになっています。**AIDMA**の**M**を、**Motive**（動機）とするモデルや、**Conviction**（確信）とする**AIDCA**モデルも存在しています。

　最近では、ネットにおける**AIDMA**モデルに代わるものとして、**AISAS**モデル：**Attention**（注意）→**Interest**（関心）→**Search**（検索）→**Action**（行動）→**Share**（意見共有）というモデルも活用されつつあります。

ポストコロナの新しいマーケティング戦略

　Covid-19　pandemic（コロナパンデミック）は世界中の人々の**action pattern**（行動様式）を変えてしまいました。これまでのマーケティング戦略も、ポストコロナの行動様式に対応していく必要があります。主要な**trend**（トレンド）としては、**customer engagement**（顧客エンゲージメント）のマーケティング戦略が挙げられます。**engagement**（エンゲージメント）とは、**contract, promise, pledge, engagement, employment, agreement**（契約、約束、誓約、婚約、雇用、了承）などの数多くの意味を持ちます。ビジネスでは、企業と従業員の相互の契約了承、顧客や消費者からは企業の製品・ブランドなどへの**royalty**（ロイヤルティー）を示します。ポストコロナのマーケティング戦略における**engagement**（エンゲージメント）は、企業からのエンゲージメントではなく、顧客と**CSV：Creating Shared Value**（共に価値を共創する）ことが**engagement**（エンゲージメント）として求められています。

　具体的には、

1　顧客の価値観や**lifestyle**（ライフスタイル）に寄り添い、**story telling**（ストーリーテリング）の要素を商品やサービスの**contents**（コンテンツ）に盛り込む。
2　**AIDMA**など、消費者の購買決定プロセスを**SNS**やネット上で完結させる。

などの新しいプロセスが求められています。

4 Accounting
アカウンティング

accounting（アカウンティング、会計）とは、一般的には**corporate accounting**（企業会計）のことを示します。本来の英語の意味には**account**（説明する）という意味もあります。経営学において**accounting**（アカウンティング、会計）という言葉には企業の**financial standing**（経営状態）を**account**（説明する）という意味が含まれているのです。

企業会計

corporate accounting（企業会計）では、会社のお金の支払いや収入の**management**（管理）をします。企業会計が重要な理由は、企業の**separation of ownership and management**（所有と経営の分離）の**principal**（原則）があるからです。**shareholder**（株主）や**creditor**（債権者）などの**investor**（投資家）、**stakeholder**（ステークホルダー、利害関係者）にとって、会社の**strict**（厳格な）経営状態の把握は重要であるがゆえに、**accurate**（正確な）わかりやすい**financial statement**（財務情報）の**disclosure**（開示）が必要となるのです。一般にアカウンティングは過去から現在を表し、ファイナンスは現在から未来を表すといわれています。

アカウンティングとファイナンス

company＝corporation（企業＝株式会社）とは何か、その**value**（価値）は？「仕事**business**（ビジネス）」をする**objective**（目的）、ビジネスに必要なことを考えるうえで、**accounting**（アカウンティング、会計）と**finance**（ファイナンス）は過去から未来を一体化する経営の基本です。

株式会社は**capitalism**（資本主義）の**fundamental unit**（基本単位）です。資本主義とは、元手である**capital**（資本）を活かして価値を生み出す**economic** system（経済体制）のことですが、株式会社はヒト・モノ・カネ・情報・ブランドでできていて、これらを**effectively**（効率的に）機能させ、**result**（成果）を出す**strategy**（戦略）が重要となってきます。

　株式会社の目的は、**profit**（収益）を挙げ、**employment**（雇用）を増やし、**society**（社会）に**reinvestment**（再投資）することで**growth**（成長）し、**shareholder**（株主）や**stakeholder**（ステークホルダー、利害関係者）に**contribute**（貢献する）こと、企業として**value**（価値）を上げることです。

　成長するためには**strategy**（戦略）が必要ですが、戦略立案にも**accounting**（アカウンティング）は**financial accounting**（財務会計）と**managerial accounting**（または**management accounting**：管理会計）によって需要な役割を果たします。

株式会社の仕組み

　株式会社は、その会社の**stock**（株式）を保有する**shareholder**（株主）が所有するものです。その**structure**（仕組み）は株主総会で**directors**（取締役）が選任され、それら取締役によって株式会社が**manage**（経営）されることになります。

　会社の経営上の重要な案件は、この**board of directors**（取締役会）の議決が必要になりますので、株主の意思が**indirectly**（間接的に）取締役によって**execute**（行使）されることになります。その意思決定の論理は常に**profit of shareholders**（株主の利益）を代表するものです。

　株主はその会社の発行する**issuing stock**（株式数）の保有割合に応じ、その**strategic management**（戦略的経営）の方向性に影響を与えることができます。株式会社は、より多くの資本を保有するものがその投下割合に応じて**profit**（利潤）を追求することのできる資本主義の基本単位ということになります。

会社は誰のものか

　株式会社の**ownership**（所有権）は、会社が生み出す**value-added**（付加価値）が誰の所有物かということを表しています。その**management efficiency**（経営効率）指標は、多くの場合、株主から見た会社の収益**performance**（パフォーマンス）を示すものとなっています。

ROE：Return on Equity（株主資本利益率）などの経営効率指標は事業価値の**growth**（成長）を目指す会社の通信簿といえるでしょう。株式会社を株主のための究極的な**asset management**（資産運用）と考えた場合、**profitability**（収益性）と**business platform**（収益基盤）が会社の**valuation basis**（評価基準）ということができます。

日本の経営の評価基準は、会社という存在やその静的**ownership**（所有権）に焦点があてられてきました。会社を一つの静的な塊としてみると、そこには**employee**（従業員）がおり、**office**（オフィス）や**brand**（ブランド）があり、**equipment**（生産設備）や**materials and inventory**（原材料・在庫）があります。「会社は株主のものである」という**balance sheet**（貸借対照表）の原則に沿った考え方は、受け入れがたいということが背景にあるでしょう。

アメリカでは、**shareholders' equity**（株主資本）を拠出する資本家から見た**capital efficiency**（資本効率）の向上を目指すことが、本来の経営とされています。株式会社は、社会の公器でもあり、様々な**stakeholders**（ステークホルダー、利害関係者）の利害交換の場であり、**society**（社会）との対話を通じた**sustainable growth**（持続的成長）をしていくものです。

株式会社の**existence**（存在）目的は、長期的・短期的視点を問わず利潤の追求ということです。資本家からの資本の寄託を受けた経営者は、**strategic operational management**（戦略的な事業政策）と**strategic capital management**（戦略的な資本政策）の両輪を組み合わせ、会社の成長に**contribute**（寄与する）べきです。

会社の所有権を静的に議論することは不可能です。株主、債権者、従業員、取引先などの様々なステークホルダーの均衡関係上に成立している**dynamic growth**（ダイナミックな成長）を期待された対象物とでも表現するべきでしょう。

経営者の責任

アカウンティングの本質である、投資家に対する**accountability**（説明責任）はとても重要です。経営者は資本家の拠出する資本の運用に対して、十分に**responsibility**（責任）を持つべきことはもちろんですが、拠出された**shareholder's capital**（株主資本）の**cost of equity**（資本コスト）を**recognize**

（認識）しないといけません。

　かつて、**shareholders' equity**（株主資本）は、**owned capital**（自己資本）と表現されていました。今日では自己資本のことを単に返済する必要のない資本と見ることはできなくなっています。**dividend**（配当）にかかるコストも大きく、株主からの大きな期待に裏付けられた高い**cost of equity**（資本コスト）の資金であると考えるべきです。

　多くの日本企業は、バブル経済崩壊後の**1990**年代後半から**debt**（借り入れ資金）を返済し、**shareholders' equity**（株主資本）を厚くするという逆レバレッジの資本政策をとり続けました。

　その結果、自己資本の厚みは増したものの、増加しなかった最終利益ともあいまって、資本効率指標とされる**ROE：Return on Equity**（株主資本利益率）は低下し続けてきました。

　capital structure（資本の構成）の主体が依然として**passive shareholders**（物言わぬ株主）であり、緩慢なる調達資金に安住していたことが主因でしょう。かつての日本の経営者の資本戦略には、資本コストの最適化というキーワードはなかったはずです。戦略的資本政策における**management system**（マネジメント・システム）の決定的な欠落が指摘されても仕方のないことです。

会計の原則

① **Principles of truth**（真実性の原則）
　企業会計は、企業の**financial standing**（財政状態）及び**management performance**（経営成績）に関して、**truthful report**（真実の報告）を**disclose**（開示）しなければならない。

② **Principles of regular bookkeeping**（正規の簿記の原則）
　企業会計は、すべての取引につき、正規の**accounting principles**（簿記の原則）に従って、正確な**accounting books**（会計帳簿）を作成しなければならない。

③ **Principles of capital and profit division**（資本と利益区分の原則）
　capital transactions（資本取引）と**profit and loss transactions**（損益取引）とを明瞭に区別し、特に**capital surplus**（資本剰余金）と**retained earnings**（内部留保）とを混同してはならない。

④ **Principles of clarity**（明瞭性の原則）

企業会計は、**financial statements**（財務諸表）によって、**stakeholder**（ステークホルダー、利害関係者）に対し必要な会計事実を**clarity**（明瞭に）表示し、企業の状況に関する判断を誤らせないようにしなければならない

⑤ **Principles of continuity**（継続性の原則）

企業会計は、その処理の原則及び手続を毎期継続して適用し、みだりにこれを変更してはならない。

⑥ **Principles of conservatism**（保守主義の原則）

企業の財政に不利な影響を及ぼす可能性がある場合には、これに備えて健全な会計処理をしなければならない。

⑦ **Principles of unity**（単一性の原則）

株主総会提出のため、信用目的のため、租税目的のため等、種々の目的のために異なる型式の財務諸表を作成する必要がある場合、それらの内容は、信頼しうる**accounting records**（会計記録）に基づいて作成されたものであるべき。

財務三表

企業の経営体質を表す**financial statements**（財務諸表）には、**profit and loss statement**（P/L、損益計算書）と**balance sheet**（B/S、貸借対照表）、そして**statements of cash flows**（キャッシュ・フロー計算書）の財務三表があります。それぞれの**characteristics**（特徴）と**roles**（役割）を見ていきましょう。

●損益計算書（P/L）＝企業の収益・費用・利益

損益計算書は**profit and loss statement**（プロフィット・アンド・ロス・ステートメント）といい、**P/L**と略します。損益計算書では**profit**（利益）の**concept**（概念）を理解することが大切です。

●**Gross Profit**（売上総利益）

sales（売上高）から**cost of goods sold**（売上原価）を差し引いて求めます。粗利（そり、あらり）ともよばれます。

●Operating Income（営業利益）

本業から得られる利益のことです。売上総利益から**selling, general and administrative expenses**（販売費及び一般管理費）を差し引いた金額です。販売費及び一般管理費とは、人件費や広告費、消耗品費など、販売のために必要となる**expense**（費用）のことです。

（※以下、会計用語の運用において**income**を**profit**や**earnings**と表現する場合があります。どれも同じ意味ですが、それぞれ会計における専門用語と結びついて使われることが多いので注意が必要です）

●Ordinary income（経常利益）

最も**income before taxes**（税引前当期純利益）に近い利益です。営業利益に営業外収益をプラスし、営業外費用をマイナスすることで計算できます。営業外収益とは金融機関の利息や有価証券の配当金などです。営業外費用とは借入金の支払利息や雑費など、業務以外の費用です。

●Income before taxes（税引前当期純利益）

ordinary income（経常利益）に特別利益をプラスし、特別損失をマイナスすることで計算します。特別利益や特別損失とは、固定資産や投資有価証券売却で生じた利益や損失です。**earnings before taxes**とも表現されます。

●Net income（当期純利益）

税引前当期純利益から法人税や住民税、事業税を差し引くことで計算できます。この数字が純粋な企業の利益となります。これを発行株式数で割ったものが**EPS：Earnings per Share**（一株当たりの純利益）です。

●貸借対照表（B/S）＝期末の財務状況

貸借対照表は**balance sheet**（バランスシート）または**B/S**と呼ばれます。貸借対照表はその企業の決算時点での**financial position**（財政状態）を表します。貸借対照表は、左側には企業の財産である**asset**（資産）を、右側には企業の**origin of funds**（資金）の出所を表します。**debt**（負債/債務）の部と、資本金等の総額を示す**shareholder's equity**（純資産）の部に分かれます。

貸借対照表の概念図

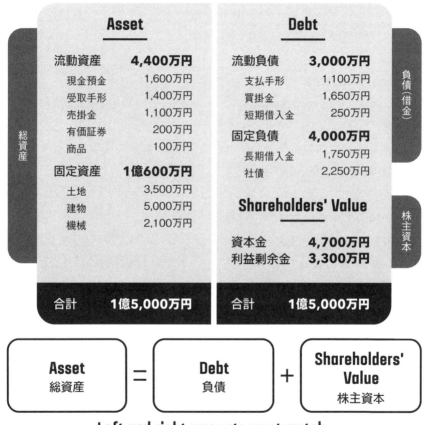

Asset		Debt	
流動資産	**4,400万円**	流動負債	**3,000万円**
現金預金	1,600万円	支払手形	1,100万円
受取手形	1,400万円	買掛金	1,650万円
売掛金	1,100万円	短期借入金	250万円
有価証券	200万円	固定負債	**4,000万円**
商品	100万円	長期借入金	1,750万円
固定資産	**1億600万円**	社債	2,250万円
土地	3,500万円		
建物	5,000万円	**Shareholders' Value**	
機械	2,100万円		
		資本金	**4,700万円**
		利益剰余金	**3,300万円**
合計	**1億5,000万円**	合計	**1億5,000万円**

総資産 / 負債（借金） / 株主資本

| **Asset** 総資産 | = | **Debt** 負債 | + | **Shareholders' Value** 株主資本 |

Left and right amounts must match.
左側と右側の金額の合計は必ず一致する。

　左側の**asset**（資産）の部では**cash deposit**（現金預金）、商品などの**inventory**（棚卸資産）、建物などの**fixed asset**（固定資産）など、資金の運用状況がわかります。

　右側にある**liabilities**（負債、以下**debt**と表現することもあります）の部には、**short-term debt**（短期借入金）や**corporate bond**（社債）など、資金の調達状況が示さ

れます。負債の部の下部には**net asset**（純資産）の部があり、**capital stock**（資本金）や**retained earnings**（内部留保）など、**repayment obligations**（返済の義務）がないお金がどれだけあるのかを把握できます。

　左側の**asset**（資産）の部と、右側にある**debt**（負債）の部と**shareholders' equity**（純資産）の部の金額は必ず一致しますので**balance sheet**バランスシートとよばれます。

　日本で簿記と呼ばれる仕訳は、**double entry book keeping**（複式簿記）の世界共通の概念です。英語では**journal entry**（ジャーナルエントリー）と呼ばれ、会計の基本をなします。貸借対照表と同様に、左側には**debit**（借方）、右側には**credit**（貸方）として仕訳していきます。

財務諸表の作り方

　財務諸表は、「総勘定元帳**general ledger**」、「領収書**receipt**」、「勘定科目内訳明細書**detailed statement of account titles**」の3つの書類をもとに作成します。

① 　取引を記帳する。**contract ledger**（契約元帳）の内容と照合しながら、**receipt**（領収書）、**shipment guide**（出荷案内書）、**payment advice**（支払通知書）をもとにする。
② 　**journal entry**（整理仕訳）を行う。実際の現場では会計ソフトを使用。
③ 　仕訳内容を**general ledger**（総勘定元帳）に転記する。
④ 　**trial balance**（**TB**）試算表を作成し**balance of accounts**（決算残高）の確定。月次決算が基本。
⑤ 　貸借対照表・損益計算書・キャッシュ・フロー計算書等を作成する。（**Quarterly results**四半期決算）

●Journal entry（ジャーナルエントリー、整理仕訳）の方法

　ビジネスの諸活動を会計の**5**要素である①資産②純資産③収益④費用⑤負債、それぞれの項目に分けて記帳していくことを**journal entry**（ジャーナルエントリー、整理

仕訳）といいます。日本でいうところの簿記のことで、世界共通の**double entry book keeping**（複式簿記）のルールです。**journal entry**（仕訳）は、実務では会計ソフトまたは社内のシステムに入力していくだけなので知識がなくてもビジネスはできますが、**MBA**の会計の授業では基礎として必ず勉強します。

●仕訳の方法

Double Entry Bookeeping: Journal Entry
複式簿記：ジャーナル・エントリーの方法

Debt（借方）	Credit（貸方）
Asset Increase 資産の増加	**Debt Increase** 負債の増加
Expense Increase 費用の増加	**Shareholders' Value Increase** 資本の増加
Debt Decrease 負債の減少	**Profit Increase** 収益の増加
Profit Decrease 収益の減少	**Asset Decrease** 資産の減少
Shareholders' Value Decrease 資本の減少	**Expense Decrease** 費用の減少

　左側を**debit**（借方）、右側を**credit**（貸方）といいます。**Bookkeeping**の基本は、会計の5大要素に見合う取引結果を、**debit**か**credit**に正しく入れていくこと、そして一つの取引は必ず**double entry**（借方と貸方、両方に活動が記録されるので金額は借方と貸方は常に同じになる）していくことです。日本では、取引を個別に理解して仕訳しようとする勉強法が見られますが、とても分かりにくいです。まずは会計の5大要素を覚えることです。企業の活動は必ずこの5大要素に含まれ、その項目の増減で仕訳の左右を記憶すればそれで**OK**です。

　例えば、**balance sheet**（貸借対照表）の要素である**asset**（資産）、**debt**（負債）、

shareholders' equity（純資産：株主資本）のそれぞれのincrease（増加）は、もともとの貸借対照表の位置と同じと覚えます。反対にそのdecrease（減少）については、それぞれの項目の本来の位置とは反対側に記帳していくだけです。また、profit（収益）はcredit（右）、expense（費用）はdebit（左）とだけ覚え、それぞれのプラスはそのまま、マイナスは逆に記帳と覚えるととても簡単です。

　それでは実際にjournal entry をしてみましょう。例として、売上にかかわる取引の仕訳から見てみましょう。

●売上取引の仕訳　Journal Entries-Sales

journal entry（仕訳）の具体例をあげてみましょう。

1. コンサル料**50,000**円を現金で受け取った。
　　Dt. Cash 50,000（資産の増加）**/Cr. Sales 50,000**（収益の発生）

2. コンサル**50,000**円分のサービスを提供し、代金は翌月末回収予定。
　　Dt. Accounts receivable 50,000（資産の増加）**/Cr. Sales 50,000**（収益の発生）

（※**accounts receivable**（売掛金）というのは、近い将来、現金を受け取る権利なので資産）

3. **2.**の売上代金が全額銀行口座に振り込まれた。
　　Dt. Cash 50,000（資産の増加）**/Cr. Accounts receivable 50,000**（資産の減少）

上記のように、ビジネスの取引はすべて、**5**大要素の増減で仕訳が可能です。

「貸借対照表」関係語彙一覧

貸借対照表：**Balance sheet**：**Statement of financial position**
連結貸借対照表：**Consolidated balance sheet**
四半期連結貸借対照表：**Quarterly consolidated balance sheet**
四半期貸借対照表：**Quarterly balance sheet**
中間連結貸借対照表：**Semi-annual consolidated balance sheet**

中間貸借対照表：Semi-annual balance sheet

貸借対照表 （Balance sheet）		【負債の部】	[Liabilities/ Debt]
【資産の部】	[Assets]	（流動負債）	（Current Liabilities）
（流動資産）	（Current Assets）	支払手形	Notes Payable
現金及び預金	Cash & Deposit	買掛金	Accounts Payable
現金及び現金同等物	Cash And Cash Equivalents	支払手形	Notes Payable
受取手形	Notes Receivable	前受収益	Prepaid Income
売掛金	Accounts Receivable	未払金	Accounts Payable
棚卸資産	Inventories	未払費用	Accrued Expenses
原材料	Raw Materials	短期有利子負債	Short-Term Debt
仕掛品	Work-In-Progress	コマーシャルペーパー	Commercial Paper
半製品	Partially Finished Products	前受金	Advance Received
製品	Manufactured Products	預り金	Withholding
貯蔵品	Supplies	その他	Liabilities- Other
商品	Merchandise		
有価証券	Short-Term Marketable Securities / Trade Securities		
前払費用	Prepaid Expenses		
未収入金	Accrues Revenue		
未収入金2	Accrued Receivable		
貸倒引当金	Allowance For Doubtful Accounts	（固定負債）	（Fixed Liabilities）
（固定資産）	（Fixed Assets）	長期借入金	Long-Term Debt
有形固定資産	Tangible Fixed Assets	社債	Corporate Bonds Payable
有形固定資産	Property, Plant and Equipment	転換社債	Convertible Bonds

建物	Buildings	その他	Liabilities- Other
構築物	Structures	リース債務	Lease Obligation
土地	Land	退職給付引当金	Allowance For Retirements Benefits for Employees
機械及び装置	Machinery & Equipment	偶発債務	Contingent Liabilities
器具及び備品	Tools, Furniture, Fixtures	繰延税金負債	Deferred Income Tax Liabilities
原価償却累計額	Accumulated Depreciation	負債合計	Liabilities Total
リース資産	Leased Equipment Under Capital Leases	【純資産の部】	【Equity / Net Assets】
無形固定資産	Intangible Assets	(株主資本)	(Shareholders' Equity)
ソフトウェア	Software	資本金	Capital Stock / Common Stock
特許権	Patent Rights	資本剰余金	Capital Surplus / Additional Paid-In Capital
商標権	Trademark Rights	資本準備金	Capital Reserve
のれん	Goodwill	その他資本剰余金	Capital Surplus- Other
投資その他の資産	Investments	利益剰余金	Retained Earnings
投資有価証券	Investment Securities	利益準備金	Legal Retained Earnings
出資金	Investments In Capital	その他利益剰余金	Retained Earnings Other
関連会社投資	Investments In Affiliates	その他の包括利益累計額	Accumulated Other Comprehensive Income
長期貸付金	Long-Term Loans	繰越利益剰余金	Earned Surplus Carried Forward
長期前払費用	Long-Term Prepaid Expenses	(自己株式)	Treasury Stock
差入敷金	Lease Deposits	少数株主持ち分	Minority Interest

繰延税金資産	Deferred Income Tax Assets	（評価・換算差額等）	Valuation & Translation Adjustments
繰延資産	Deferred Assets		
資産合計	Assets	負債・純資産合計	Liabilities & Equity

損益計算書（P/L）の概念

【例】

売上高 Sales	20,000	
売上原価 Cost Of Goods Sold	14,000	
売上総利益 Gross Profit	6,000	
販売費及び一般管理費 Selling, General And Administrative Expenses	4,500	
営業利益 Operating Income (Loss)/Operating Profit	1,500	

利益の概念

　profit（利益）の最初の概念である粗利とは、売上高から総販売コストである **COGS：Cost Of Goods Sold**（売上原価）を引いたもので**gross profit**（売上総利益、粗利）のことです。売上原価という日本語表現は、利益を求めるための「仕入れた分を引く」概念に逆行して難解に映ってしまいます。なので、英語の**cost of goods sold**（売れたものにかかった結果としての総コスト）として覚えましょう。在庫評価の現在価値を計算し、売れた分を総平均で単価に割り戻し、売れた数量を合計、売り上げから控除する方法が最もわかりやすいです。

　売上総利益＝売上－売上原価（期首在庫評価＋期中仕入金額－期末在庫評価）

　売上総利益から人件費、広告費、消耗品費などの**selling, general and**

administrative expenses（販売費及び一般管理費）を引いたものが**operating Income**（loss）/**operating profit**（営業利益、営業損失）です。営業利益に受取利息などの営業外収益を加え、**interest expense**（負債の利息）などの営業外費用を引いたものが**ordinary profit**（Loss）経常利益（経常損失）です。経常利益に本業以外の一時的な特別利益や特別損失を加え、法人税や住民税を差し引いた残りの利益が**net income**（当期純利益）で、当期純利益は税引後利益や最終利益とも言われます。

　例えば、**70**円の菓子を**10**個仕入れ、**100**円で**8**個売ったら、**sales**（売上）**800**円となります。その時の**COGS：Cost Of Goods Sold**（売上原価）は、**700**円としてはいけません。8個分の**8×70=560**円です（あくまでも売り上げに関係する仕入れと計算する）。**2**個は売れ残りで原価（費用）ではなく**ending inventory**（期末在庫）という資産になります。

「損益計算書」関係語彙一覧

損益計算書：**Statement of income：Profit and loss account：Profit and loss statement**（P&L）
連結損益計算書：**Consolidated statement of income**
四半期連結損益計算書：**Quarterly consolidated statement of income**
四半期損益計算書：**Quarterly statement of income**
中間連結損益計算書：**Semi-annual consolidated statement of income**
中間損益計算書：**Semi-annual statement of income**

損益計算書（**Profit Loss Statement**）	
売上高	**Sales**
売上原価	**Cost Of Goods Sold**
売上総利益	**Gross Profit**
販売費及び一般管理費	**Selling, General and Administrative Expenses**
人件費	**Personnel Expenses**

退職給付費用	Retirement Benefit Expensed
福利厚生費	Welfare Expenses
運搬費	Freight Expenses
広告宣伝費	Advertising Expenses
販売促進費	Sales Promotion Expenses
減価償却費	Depreciation Expenses
無形資産償却費	Amortization Expenses
家賃	Rent Expenses
修繕費	Maintenance Expenses
営業利益（損失）	Operating Income（Loss）/ Operating Profit
営業外収益	Non-Operating Income
受取利息	Interest Income
受取配当金	Dividend Income
為替差損益	Foreign Exchange Gains（Losses）
持ち分法による投資利益	Equity Gains（Losses）Of Affiliated Companies
仕入れ割引	Purchase Discount
雑収入	Other Income
営業外費用	Non-Operating Loss
支払利息	Interest Expense
雑支出	Other Expense
経常利益（損失）	Ordinary Profit（Loss）
特別利益	Extraordinary Gains（Losses）
構造改革費用	Restructuring Charges
特別損失	Extraordinary Loss
固定資産売却損益	Gain Or Loss on Sales of Property
固定資産控除額	Loss On Retirement of Property
減損損失	Impairment Loss
投資有価証券評価損	Loss On Valuation of Investment Securities
税引前当期純利益	Income Before Income Taxes
法人税、住民税及び事業税等	Provision For Income Taxes

非継続事業からの損益	Income Form Discontinued Operations
当期純利益	Net Income
【その他の一般費用項目】	
役員報酬	Directors' Compensations
給料手当	Salaries
賞与	Bonuses
福利厚生費	Welfare Expenses
旅費交通費	Traveling & Transportation Expenses
交際費	Entertainment Expenses
地代家賃	Rent Expenses
保険料	Insurance Expenses
修繕費	Repair Expenses
水道光熱費	Heat, Light, And Water Expenses / Utility Expenses
研究開発費	Research And Development Expenses
通信費	Communication Expenses
外注委託費	Outsourcing Expenses
消耗品費	Supplies Expenses
租税公課	Taxes And Dues
貸倒損失	Bad Debt Losses
貸倒引当金繰入額	Provision For Doubtful Accounts
荷造包装費	Packing Expenses
事務消耗品費	Office Supplies Expense
広告宣伝費	Advertising Expenses
販売手数料	Sales Commission
新聞図書費	Library Cost
車両費	Vehicle Expenses
リース料	Lease Expenses
会議費	Conference Expenses

雑費	Miscellaneous Expenses
【仕掛品の表現】	【Work-In-Process】
期首仕掛品棚卸高	Opening Work in Process Inventory
当期製造費用	Manufacturing Cost
期末仕掛品棚卸高	Ending Work in Process Inventory
当期製造原価	Cost Of Goods Manufactured

キャッシュ・フロー計算書の概念

　キャッシュ・フロー計算書は**cash flow statement**（キャッシュフロー・ステートメント）、または**C/F**と表記されます。キャッシュ・フロー計算書（C/F）は、期中の資金の流れを表します。

　キャッシュ・フロー計算書には「営業活動」と「投資活動」、「財務活動」の**3**項目が表示され、現金の資金繰りの状況がわかるようになっています。

　cash flows from operating activities（営業活動によるキャッシュ・フロー）は、**net income/profit**（純利益）など**business activities**（営業活動）によるお金の流れです。プラスになっていれば経営状態が良好で、マイナスの場合には資金回収の仕組みや、そもそもの**profitability**（収益力）に問題があります。企業が営業能力を維持し、新規投資し、借入金を返済し配当金を支払うために、どの程度の資金を営業活動から獲得したかを示します。（収益なのでプラスであるべき）

　cash flows from investing activities（投資活動によるキャッシュ・フロー）は、**fixed asset**（固定資産）への**investment**（投資）や**securities**（有価証券）の売買などの情報を示します。アメリカでは特に**CAPEX：Capital Expenditure**（資本的支出、固定資産への投資を含んだ広義の設備投資）が重要視されるため、数字はマイナスになることが多いです。将来の利益獲得や資金運用のために、どの程度の資金を支出し、あるいは回収したかを示します。（投資なので通常はマイナス）

　cash flow from financing activities（財務活動によるキャッシュ・フロー）では、**fundraising**資金調達や**loan repayment**借入金返済の収支がわかります。

営業活動や投資活動を維持するために、どの程度の資金が調達あるいは返済されたかを示します。(資金調達でプラス、返済でマイナス)

●CAPRX(設備投資)の財務3表への勘定項目の流れ

Capital expenditure[CF]　(固定資産を含めた)設備投資(キャッシュフロー計算書)
　　→Tangible fixed asset[BS]　固定資産の増加(貸借対照表)
　　　→Depreciation expense[PL]　原価償却の増加(損益計算書)

金融商品取引法では、上場企業に対し決算報告書の公開を義務付けられています。また、会社法では大企業に分類される資本金が**5億円以上**、または負債が**200億円以上**の株式会社に対しては、**financial statements**(財務諸表)の公開が義務付けられています。

3つのキャッシュ・フローとフリーキャッシュ・フローとの関連は、営業活動によるキャッシュ・フローから投資活動によるキャッシュ・フローを足したものが**free cash flow**(フリーキャッシュ・フロー)です。営業活動によるキャッシュ・フローが**1000**万円、投資キャッシュ・フローがマイナス**500**万円である場合、フリーキャッシュ・フローは**500**万円です。**share buyback**(自社株買い)や**dividend**(配当)などの株主への還元する原資になります。財務活動によるキャッシュ・フローはフリーキャッシュ・フローには関係ありませんが、手元資金の増減に作用します。

「キャッシュ・フロー計算書」関係語彙一覧

キャッシュ・フロー計算書：**Statement of cash flows**
連結キャッシュ・フロー計算書：**Consolidated statement of cash flows**
四半期連結キャッシュ・フロー計算書：**Quarterly consolidated statement of cash flows**
四半期キャッシュ・フロー計算書：**Quarterly statement of cash flows**
中間連結キャッシュ・フロー計算書：**Semi-annual consolidated statement of cash flows**

中間キャッシュ・フロー計算書：**Semi-annual statement of cash flows**

営業活動によるキャッシュ・フロー：**Cash flows from operating activities**

投資活動によるキャッシュ・フロー：**Cash flows from investing activities**

財務活動によるキャッシュ・フロー：**Cash flows from financing activities**

現金及び現金同等物の残高：**Cash and cash equivalents**

現金及び現金同等物の期首残高：**Cash and cash equivalents at beginning of period**

現金及び現金同等物の期末残高：**Cash and cash equivalents at end of period**

比率分析（ratio analysis）の体系

ratio analysis (比率分析) は、経営状態の分析を行う方法です。財務会計には比率から経営状態を類推する比率分析のほかに、実際の数字を分析に使用する**real number analysis**(実数分析)という方法もあります。

比率分析は実数分析に比べて**absolute value** (絶対値) がわかりにくい面もありますが、**scale** (規模) などが異なる企業の経営の**quality** (質) を比較するのに便利です。

operating profit margin (売上高営業利益率) 分析などによる**top line** (トップライン、売上高)の質の分析をはじめとして、**ROE：Return on Equity**(株主資本利益率)分析や**ROA：Return on Assets** (総資産利益率) 分析にも当てはまります。ここでは実務で使われる様々な比率分析を取り上げます。

Financial Soundness 財務健全性	Unit 単位	Formula 数式
Current Ratio 流動比率	％	Current Assets ÷ Current Liabilities
Quick Ratio 当座比率	％	Quick Assets ÷ Current Liabilities ※**Quick Assets**は3か月以内には現金化できる流動性の高い資産

Fixed Ratio 固定比率	%	Fixed Assets ÷ Equity
Fixed Assets to Fixed Liabilities and Equity Ratio 固定長期適合率	%	Fixed Assets ÷（Fixed Liabilities and Equity）
Interest Coverage Ratio インタレスト・カバレッジ・レシオ	times	Operating Profit ÷ Interest Expenses
Equity ratio 株式資本比率	%	Equity ÷ Total Assets
Debt-to-Equity Ratio DE レシオ	times	Debt ÷ Equity

Growth 成長性	Unit 単位	Formula 数式
Sales Growth Rate 売上成長率	%	Yearly Growth Rate of Sales
Operating Profit Growth Rate 営業利益成長率	%	Yearly Growth Rate of Operating profit
Net Profit Growth Rate 純利益成長率	%	Yearly Growth Rate of Net profit
Asset Growth Rate	%	Yearly Growth Rate of Asset

ステークホルダー一覧

Stakeholders	利害関係者
Shareholders/ Stockholders	株主
Creditors	債権者
Banks/ Financial institutions	銀行/金融機関
Leasing firms	リース会社
Bondholders	社債債権者
Credit rating firms	格付会社
Auditing firms	監査法人

Securities firms/ Analysts	証券会社/アナリスト
Customers/ Buyers	販売先
Suppliers/ Sellers	仕入先
Subcontractors/ Outsourcees/ Vendors	外注先
Tax office	税務署
Employees	社員
Local community	地域社会

企業価値

企業価値を**evaluate**（測定する）方法は　主に**3**つの方法があります。

① **cost approach** コスト・アプローチによる計算（純資産、株主資本をもとにした計算）

② **market approach** マーケット・アプローチによる計算（株価の時価総額をもとにした計算）

③ **income approach** インカム・アプローチによる計算（**DCF**：Discount Cash Flow、将来のキャッシュ・フローをもとにした計算）

　いずれの方法もデューデリジェンス、**due**（正当な）、**diligence**（努力）という意味も持ち、**M&A：Marge and Acquisition**（買収と合併）を行う際に必要なものです。どの方法が**accurate**（正確な）ものであるか議論が分かれることとなっています。

　一番単純な企業の**valuation**（評価）は**market cap**（時価総額）です。時価総額とは企業の**number of issued stock**（発行株式数）に、一株あたりの市場における**market price**（時価）を掛けた単純なものです。上場企業であれば、株価が市場からの評価を受けたものであるがゆえに、最もわかりやすい指標となっています。

　MBAでは、実際の企業の市場における価値は「時価総額にその企業が**involving**（内包している）有利子**debt**（負債）を加えたもの（企業価値＝時価総額＋負債）」、あるいは「その企業が将来事業で生み出すと予想される**cash flow**（キャッシュフロー）の合計の**present value**現在価値と、すでに持っている**asset**（資産）評価の

合計」と教わる場合が多いです。

　これらは、**M&A**（合併と買収）において実際の相手先を**due diligence**（デューデリジェンス、精密検査）するときの最も単純な考え方でもあります。

　due diligence（デューデリジェンス、精密検査）は、もともと企業の**book value**（株主資本）を精査するところからスタートしましたが、近年はその企業の持つ**brand**（ブランド）や企業**image, reputation**（イメージ、評判）などの目に見えない資産である**intangible asset**（インタンジブル・アセット）の評価をより正確に行うことが求められています。

　企業価値を最も単純に表現すると、企業価値＝時価総額＋負債です。

　企業価値はバランスシートや**market cap**（時価総額）の大きさと同じではありません。また、返済をしないといけない負債も**corporate value**（企業価値）の一部を形成します。負債がネガティブなイメージを持つビジネスマンからは違和感があると思います。**MBA**では、**debt**（負債）も企業の成長のための大切な原資であると学びます。時価総額のもとになる株価は株式の需給も影響するので、**premium**（プレミアム、期待値）、**goodwill**（暖簾代）などの市場による測定が正確になされているかについては、永遠のテーマになるでしょう。

貸借対照表で考える企業価値

　accounting（アカウンティング）の知識で最も簡単に企業価値を計算できる方法は、「企業価値**corporate value**＝時価総額**market cap**＋負債**debt**」です。本来、返済の必要な企業の持つ**debt**（負債）がなぜ**corporate value**（企業価値）の一部として含まれてしまうのでしょうか。

　株式会社の**asset**（総資産）・**debt**（負債）・**shareholders' equity**、**book value**（株主資本）の仕組みについて**balance sheet**（貸借対照表）を使って表してみましょう。（ここでは株主資本を表す英語として**shareholders' equity**、**book value**を同義としてみなします。）

| 総資産（**Asset**）
会社が利益を上げるための道具。一時的な現金、製品材料など在庫、収益を生み出す事務所や工場など。 | 負債（**Debt**）
借入。銀行などから、担保を差し入れ金利を払い調達。要返済。 |
| | 株主資本（**Book Value**）
配当や期待で株主から調達。 |

　株式会社は資金的には、バランスシートの右側の**debt**（負債）と**shareholders' equity**、**book value**（株主資本）でできています。**shareholders' equity**、**book value**（株主資本）は、主に**capital**（資本金）と、これまでの当期利益からの内部留保の蓄積です。それらは、事業をする時に元手として使うための資金で、全額株主のものです。

　上場企業の**stock**（株券）は一旦、発行してしまうと**transaction**（売買）が市場で行われるため、**increase/decrease in shareholders' equity**（株主資本の増減）には影響しなくなります。つまり、株主が株券を現金に換えても、株主資本から払い出されるわけではなく、市場の株の買い手が現金を支払います。企業は株主資本を**long term funding**（長期的な資金）として活用することが可能になるのです。

　会社の価値は、企業価値＝時価総額＋負債であることを説明していきます。時価総額とは、株価**X**会社が発行する株式数のことです。

**企業価値＝
負債＋時価総額
＝総資産＋
プレミアム**

時価総額が上昇するのは、株価の上昇か、新株の発行（増資）の場合。短期的には株価の上昇が新株の発行よりも時価総額には効果的。増資は希薄化（一株当たりの株式の価値の希薄化）が嫌気される。

総資産**Asset**
負債と株主資本でできている、儲けるための手段のようなもの。商売の在庫や工場、すべてプレミアムを生み出す道具。

負債（信用）**Debt**
負債を増やすメリットは配当支払いよりも金利がコストとして安いこと。

株主資本（体力）**Book Value**返さなくてもよいが成長しないといけない。

プレミアム（期待）**Premium**：**PBR**の**1**倍を超える部分

負債を活用するメリットは、確実に儲かるビジネスに投資するチャンスを逃さないためである。資本で資金を調達するためには株主の納得が必要で、時間がかかる。（一株当たりの希薄化をもたらす公募増資や第三者割当増資をやみくもに行うことは株主の期待を損なう。）

時価総額＝株価（プレミアム含む）**X**発行株式数
プレミアムとは株主が会社の成長に期待して払う株価の一部。配当が増えるか、株主資本が増える期待。そのためにはまず利益（一株当たりの利益**EPS**）の増加が必要。株主にとって配当が増えることはインカムゲイン、株価の上昇はキャピタルゲインをもたらす。

会社が成長するためには**net income**（当期利益：税引き後当期最終利益）と**EPS：Earnings per Share**（一株当たりの利益）が増えていくことが必要であることを示します。

総資産（Asset）	負債（Debt）	会社の成長の過程は、**1**）**EPS**を上げる、**2**）配当や**BPS**の上昇の期待でプレミアムを上げる、**3**）株価の上昇で時価総額を上げる、**4**）格付けの上昇で安いコスト（金利）で資金（負債）を調達し、儲かる資産に投資することで企業価値が上昇するという仕組みである。 プレミアムを上げ、実際に利益を稼ぐことが必要。 そのためには戦略がいる。戦略実行のためには優秀な組織が必要。組織が強いと真似されにくい持続可能性のある競争優位性が生まれる。
資産を使って稼いだ利益は配当（株主に払われる）か内部留保（株主資本に積み立てられる）。一株当たりの利益を**EPS**（**Earning per Share**）という。	株主資本（**Book Value**）**EPS**が増えれば配当以外の内部留保も増えていく。一株当たりの株主資本を**BPS**（**Book Value per Share**）という。	
プレミアムは株主からの期待。「期待」は**EPS**と**BPS**の両方の上昇である。**EPS**↑＝配当の上昇、**BPS**↑＝格付けの上昇		

収益と時価総額の関係について検討します。当期純利益は**shareholders**（株主）のために配分されます。純利益のうち、およそ**3**割が配当に（配当性向）、**7**割が内部留保（株主資本に積みたてられる）に振り分けられるのが標準的な利益処分です。

この**3**割はあくまで目安で、**dividend payout ratio**（配当性向）といいます。配当性向は**100**％（**10**割）の会社もあるし、**0**％の会社もあります。株主はよほどの急成長企業でない限り配当性向が高いほうを好むでしょう。

会社は戦略を説明して株主に**expectation**（期待）をさせます。株主は会社の成長に期待して**invest**（投資）し、会社は**EPS：Earnings per Share**（一株当たりの純利益）の増加を目指すのです。

株式会社の**PBR：Price Book Value Ratio**（株価純資産倍率）の向上と、**EPS**（一株当たりの純利益）、**PER**（株価収益率）、**BPS**（一株当たりの株主資本）、**PBR**（株価純資産倍率）を整理しましょう。**ROE**（株主資本利益率）、**ROA**（総資産利益率）の関係は以下のようになります。

　企業の成長とは、**corporate value**（企業価値）の上昇のことです。企業価値は、株主の**expectation**（期待）の表れである**market cap**（時価総額）と、市場からの**credibility**（信用）の表れである**debt**（負債）で成り立ちます。企業は成長のために戦略を立案し、株主資本と負債を活用し利益を上げるための資産を構築します。資産の内容は、利益を生み出せる在庫・材料や設備（工場）・建物・土地などです。良い資産とは、利益を生み出す資産のことです。利益が生み出される期待が大きければ大きいほど**book value, shareholders' equity + premium**（期待）＝ **market cap**（時価総額）は大きくなります。会社の時価総額の増加は会社の**rating**（格付け）を上昇させ負債はより低金利で調達可能となります。

　PBRと**PER**の関係について考えてみましょう。**PBR**＝株価/株主資本、**PER**＝株価/一株当たりの利益、です。**PER**に一株当たりの利益を分子、株主資本を分母として掛ける（これは**ROE**です）と、**PBR**となることがわかるでしょう。つまり。**PBR**＝**ROE**×**PER**です。**PBR**を上昇させるためには、**ROE**の着実な増加、そして戦略の長期的な市場からの期待が生み出す、より高い**PER**が大切であることがわかります。

財務会計と管理会計

　米国の**MBA**で学ぶアカウンティングは、**financial accounting**（財務会計）と**managerial accounting**、または**management accounting**（管理会計）の**2**つに大別されます。

　financial accounting（財務会計）は、**stakeholder**（ステークホルダー、利害関係者）向けに財務情報を提供するもので、株主や投資家、債権者が、会社の経営状況を正確に把握できるようにするための会計です。通常、企業の会計とはこちらのことを示します。**financial accounting**（財務会計）は、損益計算書（**P/L**）、貸借対照表（**B/S**）、キャッシュ・フロー計算書で行われます。

　通常は損益計算書（**P/L**）、貸借対照表（**B/S**）が決算把握のための資料となるのですが、最近では**cash flow**（キャッシュ・フロー）計算書の重要性が高まっており、上場企業についてはキャッシュ・フロー計算書の開示も義務付けられています。

　対して、**managerial accounting**（管理会計）は、個別の事業プロジェクトや製品に関わる利益や**cost**（コスト）の計算を行い（**cost accounting**：原価計算）、企業内のマネージャーの意思決定に使用されます。

　managerial accounting（管理会計）は、主に会社内部で**rational management**（経営を合理的に行う）戦略立案のために使われます。社内で新しいプロジェクトを立ち上げるにあたり、**initial cost**（イニシャル・コスト）と売り上げ見込みを立てることで、**break-even point**（損益分岐点）を計算することが基本です。ここで、これまで学んできた機能戦略、事業戦略、全社戦略、そしてマーケティング戦略を生かし、損益分岐点を可能な限り引き下げることのできる、強固な**profit structure**（収益構造）を目指すためのノウハウを学びましょう。

財務会計と管理会計の違い

	財務会計Financial accounting	管理会計Managerial accounting
目的	決算報告reporting financial statements	戦略立案planning strategy
開示対象	外部ステークホルダー external stakeholder	内部経営者、担当者internal manager, person in charge

判断基準	過去の実績 financial result	将来の戦略 strategic forecast
開示資料	貸借対照表、損益計算書、キャッシュ・フロー計算書などfinancial statements	中期経営計画案などmedium-term management plan proposal

管理会計の目的と活用

　managerial accounting（管理会計）は、経営者と、部課長など各マネージャーに経営のための**provide information**（情報を提供する）ことが目的です。経営者やマネージャーは、

(1)**Strategic decision-making**（戦略的判断）

(2)**Performance/risk quantification**（実績とリスクの数値化）

(3)**Profit/cost management**（利益・コスト管理）

を行います。

Value Chain and Managerial Accounting
バリューチェーン：価値連鎖と管理会計

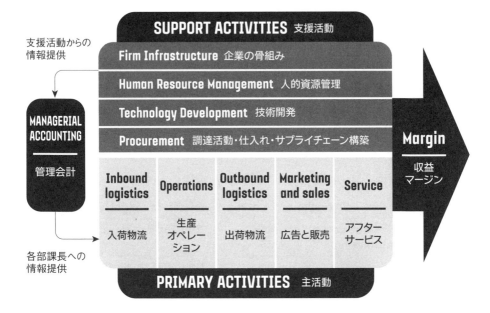

managerial accounting（管理会計）には、**financial accounting**（財務会計）のような財務諸表の開示や決算のルールなどはありません。主に**ratio analysis**（比率分析）を使い、**strategic management**（戦略的な経営）を実現しようとするものです。管理会計では、バリューチーンを分析することで、会社の活動を数値化し、**risk**（リスク）を**control**（管理する）ことが可能になります。

管理会計活用のポイント

managerial accounting（管理会計）は、経営者やマネージャーが**medium-term management plan**（中期経営計画）を立案する際に、収益とコストの将来予想を簡単にします。多くの企業では、**operating profit**（営業利益）を予測したうえで、**ratio of expense**（経費比率）を求め、**depreciation**（原価償却費）を計算し、

**Corporate strategy and management(managerial) accounting/
financial accounting relationship**
経営戦略と管理会計・財務会計の関係

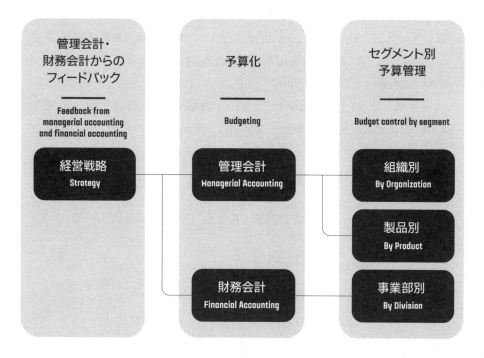

performance（業績）の予想を行っています。

　また、**managerial accounting**（管理会計）には企業の組織を**control**（統括する）役割もあります。それは**cost accounting**（原価計算）をあらゆる企業活動に適用することで、組織における**coordination**（適材適所）の人材配置と**incentive**（インセンティブ）、そして**motivation**（動機）の付与を効率的に実行可能にするのです。

　strategy（戦略）と**budget**（予算）が決定されれば、それを実行するための**organization**（組織）が必要となり、その組織は、**coordination**（適材適所）と**incentive**（インセンティブ）を上手に組み込んだものであるべきです。さらにその組織は**transformation/change in the external context**（外部環境の変化）にも対応していかねばなりません。

　管理会計の実行ポイントとしては、次の**3**点があります。

① 予算を管理する。組織構成人員の**coordination**（適材適所）と**incentive**（インセンティブ）への手段として使う。

　予算の管理機能は、**pre-control**（事前コントロール）機能、予算の**achievement**（達成状況を確認）と **post-control**（事後コントロール機能）、予算と実績の**differentiation analysis**（差異分析）。

② 業績評価を適切に行う。**performance evaluation**（業績評価指標）は、対前年同期比にて**operating profit margin**（売上高営業利益率）で判断可能。

③ 各部門の**CM：Contribution Margin**（貢献利益：売上高から、変動費とその事業固有の固定費を引いたもの）の算定。

　固変分解（費用を**fixed cost**（固定費）と**variable costs**（変動費）に分類）し、**CM：Contribution Margin**（貢献利益）、**marginal profit**（限界利益：売上高から変動費を差し引いた利益＝販売一単位当たり、どれだけ固定費部分を利益として吸収できるか）、などを計算。

上記の**3**つのポイントを押さえて**BEP：Break-Even Point**（損益分岐点）の算定を行っていきます。

管理会計の損益計算書

財務会計上の損益計算書

売上高	Sales
売上原価	**COGS：Cost of goods sold**
売上総利益	**Gross profit** 粗利とも言う。売上高から売上原価を差し引いた利益。
販売費及び一般管理費	**Selling, general and administrative expenses** 営業活動に必要な費用。 人件費、水道光熱費、旅費交通費、減価償却費等、
営業利益	**Operating income** 売上総利益から販売費及び一般管理費を差し引いた利益。 会社の通常の営業活動から得られる利益。
営業外収益	**Non-operating income** 受取利息や為替差益等、営業活動以外から得られる収益。
営業外損失	**Non-operating loss** 支払利息や為替差損等、営業活動以外でかかる費用。
経常利益	**Ordinary income** 営業利益から営業外損益を差し引いた利益。

管理会計の損益計算書は次の指標を使います。これを「変動損益計算書 **Variable income statement**」と呼びます。

売上高	Sales
変動費	**Variable costs**操業度の増減に応じて比例的に増減する費用。 材料費、工場消耗品費、外注費等。
貢献利益	**Contribution margin（CM）** 売上高から変動費、固定費を差し引いた利益。
限界利益	**Marginal profit** 売上高から変動費を差し引いた利益 = 販売一単位当たりどれだけ固定費部分を利益として吸収できるか
固定費	**Fixed costs** 操業度に関係なくかかる費用。 人件費、地代家賃、設備費、減価償却費等。

損益分岐点分析

　managerial accounting（管理会計）では、損益分岐点分析が最重要となります。損益分岐点とは事業として固定費と変動費の積み上げによる投資金額を上回る（黒字となる）売上金額のことです。事業としての強固な収益基盤の構築のためにはBEP：Break-Even Point（損益分岐点）を低くして（少ない売り上げでも早く利益がでる）おく必要があるのです。BEP：Break-Even Point（損益分岐点）を引き下げる経営を行うために、固定費と変動費を分解して検討します。

Break-even Point Analysis
損益分岐点分析

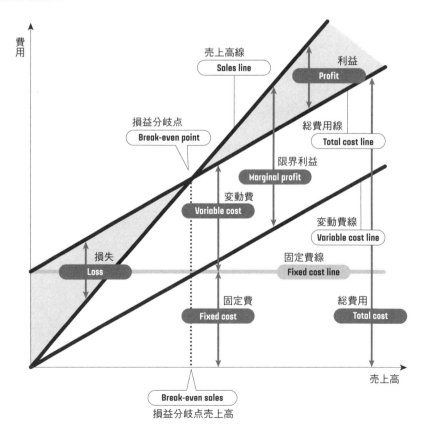

① **fixed cost**（固定費）とは、**initial cost**（イニシャル・コスト）とも呼ばれ、操業度に係らず発生する費用です。人件費、地代家賃、設備費、減価償却費などです。

② **variable costs**（変動費）とは、原材料費やオペレーション・コストなど、操業度に比例的にかかる費用になります。材料費、工場消耗品費などがあります。

③ 金利、為替損益などは、事業部ごと、商品勘定ごとに計上されます。

BEP：Break-Even Point（損益分岐点）とは、損益がゼロとなる点のことです。売上高が損益分岐点を上回ると**in the black**（黒字）に、売上高が損益分岐点を下回ると**in the red**（赤字）になります。

損益分岐点の計算

損益分岐点売上高＝固定費÷（**1**－変動費/売上高）＝固定費÷限界利益率

この式は、**Sales at BEP**：損益分岐点における売上高＝**fixed cost**（固定費）＋その時点での**variable cost**（変動費）であることに基づきます。固定費を限界利益率で割ることによって、固定費を回収できる売上高を算出することが可能になると考えます。

例えば、売上高**100**万円の**profit structure**（収益構造）が変動費**20**万円、固定費**60**万円の場合、損益分岐点売上高は**75**万円になります。（損益分岐点売上高＝固定費60万円÷（1－変動費20万円/売上高100万円）＝75万円。）この場合は売上高が**75**万円を超えた部分が利益になります。

一方、売上高が**100**万円、変動費が**50**万円、固定費が**30**万円の**profit structure**（収益構造）の場合、見かけ上の売上高**100**万円時点での**2**つのケースで、利益は**20**万円と同額になります。ところが**2**つ目のケースでは、損益分岐点売上高は**60**万円になります。

同じ利益**20**万円の**2**つのケースでも、**fixed cost**（固定費）を少なくしたほうが、利益を少ない売り上げでも出しやすい収益構造となることを示す例です。

analysis for break-even point（損益分岐点分析）を行うことで、そのビジネスの収益構造の特徴を知ることができます。そしてその収益構造が実際のビジネス

に適合しているのかを確認できるのです。損益分岐点売上高分析は、管理会計の基本であることがわかると思います。

　ただし、やたらと固定費を削ればよいというものでもありません。必要な**capital expenditure**（土地などを含んだ設備投資）や優秀な人材に対する投資を怠ると、商品・サービスに対する**defect**（瑕疵）が生じる原因ともなります。また、**fixed cost**（固定費）をかけることで立派な店構えや高い**brand equity**（ブランド・エクイティー、ブランド資産）が得られると、高い**profit margin**（利益率）が確保され、結果として**BEP**（損益分岐点）は下がります。これは商品・サービスの**value proposition**（バリュープロポジション）との兼ね合いとなるのです。

　また、売上高が 損益分岐点をどれだけ上回って推移できるかという指標を、**safety margin**（安全余裕率）といいます。

safety margin（安全余裕率）＝（売上高 − 損益分岐点売上高）÷ 売上高 × **100**

　safety margin（安全余裕率）が高いほど、会社の**profit structure**（利益構造）は**solid**（強固）なものとなります。そのためには、

①　固定費をかけても**value added**（付加価値）を付けて高く売る。

②　固定費を削り、利は薄くても確実に数量で元を取る。

いずれかの方法が必要です。いずれの考え方においても**BEP**（損益分岐点）を低く抑えることができるかどうかが、強固な**management base**（経営基盤）の条件なのです。

原価計算

　cost accounting（原価計算）とは、製品の**unit**（単位）あたりの**cost**（原価）を計算することです。原価計算は**production**（製造）のコストだけではなく、**project**（プロジェクト）全体を見ることが一般的です。原価を正確に計算し、できるだけ低く抑えることが、利益を出すポイントです。

　原価計算は、**financial account**（財務会計）と**managerial account**（管理会計）それぞれの方法があります。財務会計では、損益計算書に**production cost of products for the current period**（当期製品製造原価）を表示します。管理会計で

は、企業価値を最大化するための原価計算になります。原価計算では、**material cost**（材料費）、**labor cost**（労務費）、**expense**（経費）などとして製造原価要素に分類します。

さらに、それぞれを**direct and indirect costs**（直接費と間接費）に分類します。**direct costs**（直接費）とは、製品に直接関係ある原価のことです。**Indirect costs**（間接費）とはそれ以外のものです。間接費では**repair supplies and factory consumables**（補修用品や工場消耗品）が**indirect material cost**（間接材料費）として代表的なものです。

ABC（活動基準原価計算）

ABC：Activity Based Costing（活動基準原価計算）は、**MBA**でも主要テーマとして取り上げられます。時代に合わなくなった伝統的な原価計算の問題点を解決するための手法です。直接費の集計は従来の原価計算手法と同じですが、製造間接費を**activity**（操業度、活動、アクティビティ）で**allocate**（配賦）するという点が異なります。

ABC（活動基準原価計算）誕生の背景

大量生産・少品種大ロットの時代には、製造間接費（**indirect material costs**間接材料費、**indirect labor costs**間接労務費、**overhead costs and depreciation costs**間接経費や減価償却費など）は**operating rate**（操業度）で**allocation**（配賦）が可能でした。ところが、**high-mix low-volume production**（多品種小ロット）の時代になると、製造間接費の割合が増え合理的に配賦されない問題点が出てきました。

そこで誕生したのが**ABC：Activity-Based Costing**（活動基準原価計算）です。**ABC**では**products consume activities and activities consume resources**（製品が活動を消費し、活動が資源を消費する）という考え方に基づきます。

「活動」単位に製造間接費を配賦し、「活動」が生み出す商品サービス単位へ製造間接費を配賦します。つまり、バリューチェーンにおけるそれぞれの **activities**（活動、企画・調達・生産・販売などの活動単位）で集計された製造間接費を割り当てます。方式としては、企画なら開発時間、調達なら発注金額などの**allocation basis**（配

賦基準)を定めて、原価計算の単位ごとに製造間接費の配賦を行います。

ABCは、activity（活動）やprocess（プロセス＝仕事のやり方）を見直し、TPS：Toyota Production System（トヨタ生産方式）のKaizen activities（カイゼン活動、ムリ・ムラ・ムダを省くため）に代表される、ABM：Activity-Based Management（活動基準管理）にも応用されます。

営業費管理

企業経営の基本の一つはoperating profit（営業利益）の確保です。営業利益の拡大のためには、もちろん、top line（売り上げ）の極大化を図るためのtop line growth（トップラインゴロス）を目的としたsales strategy（販売戦略）が先にたちます。しかし、それをsustainable（持続可能な）ものにするためには、operating expense（営業費）、selling, general and administrative expenses（販売費及び一般管理費）が極小化され続ける体質づくりが必要です。

それら営業費用等の極小化のポイントは、合理的な人件費のスリム化はもちろんですが、物流のマネジメントも効果的です。operation（オペレーション）におけるlogistics expense（物流費用）の低減、logisticsロジスティックス戦略におけるsupply chain management（サプライチェーン・マネジメント）の徹底、ABC：Activity Based Costingで、活動（プロジェクト）ごとに物流経費を的確に管理することです。

在庫管理

inventory control（在庫管理）はビジネスのコスト管理における基本の一つです。appropriate level of inventory（適正な在庫）は、customer needs（顧客の要望）に応えて迅速に販売できる反面、適正在庫を超えた在庫には、excessive working capital and obsolescence of excess inventory（運転資金の超過、過剰在庫の陳腐化）などを生み出すrisk（リスク）があります。そのために、inventory turnover period（在庫回転期間）＝ たな卸資産 ÷ 売上高、在庫回転率（回）＝ 売上高 ÷ たな卸資産、などの比率分析を使い、在庫の適性化に務めるべきです。

バランスト・スコアカードとKPI

Balanced Score Card（バランスト・スコアカード）とは、

① **Learning and growth perspective**（学習と成長の視点）
② **Business processes perspective**（業務プロセスの視点）
③ **Customers' perspective**（顧客視点）
④ **Financial perspective**（財務的視点）

以上の**4**点から組織や個人の戦略や業績を評価します。

①〜④の活動を数値化したものを**KPI：Key Performance Indicator**といいます。財務的視点の**KPI**は数値化が容易ですが、それ以外の視点については**quantification**（定量化）するのに、工夫が必要です。

例えば、「顧客視点」では**number of complaints and customer satisfaction survey**（クレーム件数や顧客満足度調査）を使用します。

「業務プロセスの視点」では、残業時間の削減、「学習と成長の視点」では「研修受講時間」、**TOEIC**スコアアップや資格試験合格率などです。

KPIには**leading indicator**（先行指標）と**lagging indicator**（遅行指標）があります。**leading indicator**（先行指標）とは、事前の行動プロセスや結果のことで、**number of new customer acquisitions**（新規顧客開拓件数）などが指標として適切です。**lagging indicator**（遅行指標）とは事後の測定指標のことで、売上高や営業利益などが該当します。**Balanced Score Card**（バランスト・スコアカード）は、単なる**MBO：Management by Objectives**（目標による業績管理）での使用にとどまらず、戦略を実現するために**KPI**を適切に組み入れて活用してくことがポイントです。

意思決定

decision making（意思決定）とは、**strategic options**（戦略オプション、選択肢）の中から**1**つを選択することです。これは**logic**（ロジック）に基づいて行われなければなりませんが、実際にはその**standard**（基準）があいまいなことが多いです。そこ

でmanagerial accounting（管理会計）から導きだされる様々なdata（データ）を用いて以下の基準を設定しましょう。

① **Recognition of problems**（問題点の認識）

② **Option search for problem solving**（問題解決のためのオプション探索）

③ **Quantification of difficulty of option execution**（オプション遂行の難度の計量化）

④ **Alternative option planning**（代替オプション立案）

⑤ **Selection and concentration**（選択と集中）

管理会計の手法が生かされるのは、特に③**Quantification of difficulty of option execution**（オプション遂行の難度の計量化）です。費用を固定費と変動費に分解し、損益分岐点の極小化を目指します。④**Alternative option planning**（代替オプション立案）では、**opportunity cost**（機会コスト、機会費用）：**profit lost as a result of accepting one option and giving up the other**（他を断念した結果失われる利益）と **sunk cost**（埋没コスト、埋没費用）：**costs that do not directly affect decision-making for new businesses, such as investment costs that have accumulated in the past and were not utilized**（過去に蓄積され生かされなくなった投資費用など、新規事業に対する意思決定に直接影響を与えないコスト）の算定が必要です。

他の意思決定に使われる計算方式としては、

① **ROI：Return on Investment**（投資利益率）法：**How to find the difference between the profit and the investment amount obtained until the investment is exited.**（投資しexitイグジットするまでに得られる利益と投資額の差額を求める方法）

② **NPV：Net Present Value**（正味現在価値）法：**method of calculating the present value of the recovered amount and making a decision based on whether it is greater than the investment amount**（回収額の現在価値を計算し、これが投資額より大きいかどうかで判断を行う方法）

③ **IRR**（内部投資収益率）法：**method of making investment decisions by comparing the return on investment**（internal rate of return）**with the return on the amount collected at exit**（投資の利回り、内部収益率とイ

これには現在価値に割り引く資本コストの決定のために加重平均資本コスト（**WACC：Weighted Average Cost of Capital**）などの知識が必要です。詳しくは**finance**ファイナンスの章で見ていきましょう。

貸借対照表（バランスシート）と企業経営

balance sheet（バランスシート）の左側の**asset**（総資産）の合計金額と、右側の**debt**（負債）、**shareholders' equity**（株主資本）の合計金額が一致している状態は、右側の調達資金がすべて左側の収益を生み出すための**risk asset**（資産、リスクアセット）に投資されている状態を示します。

これは株主の求める戦略とも一致している必要があります。左側の総資産に将来的な収益に結びつかない恐れのあるものは、なるべく早期に**posting a loss**（impairment loss）（損失計上、減損処理）しなければなりません。

バランスシートの右下の株主資本は、全て株主に帰属し、会社のものではない以上、株主の期待にそぐわない**asset allocation**（アセット・アロケーション、経営資源配分）は許されません。その意味で株主資本の生み出す収益を最大化すべく、株主の期待にそぐわぬ戦略の策定も決して許されないということがわかるでしょう。

バランスシートの量的な拡大は**risk asset**（リスクアセット、収益に不確実性を伴う資産）への投資の質的な保証を株主に対して行い、戦略の策定と時価総額の形成が表裏一体としてなされていく前提なのです。

市場で評価される株価はバランスシートには直接的に表現することができません。しかし、「株価×発行株式数」で計算される時価総額をバランスシートに表現できればそれが可能となり、企業価値＝時価総額＋負債であることを学びました。ここではその構成単位である株価の構造について詳しく見ていきましょう。

株価の構造

ある会社の株価が**1000**円であるとします。投資家は将来の**capital gain**（キャピタルゲイン、値上がり）、あるいは**income gain**（インカムゲイン、配当の増加）を期待して株式を購入するとします。

この投資価値の評価を株価の構造からみていきましょう。まず、株式の収益性に着目します。株価は市場での取引価格なので、あくまでも時価です。その実態はます、EPS＝Earnings per Share（一株当たりの純利益）を知ることから始めます。ここではEPS100円としましょう。これはnet income（当期利益）をaggregate number of issued shares（発行株式数）で割るだけで求められます。そしてEPSに対する株価について、EPSの何倍の価値で株価が取引されているかをPER：Price Earnings Ratio（株価収益率）といいます。

　ここでは株価は1000円ですのでEPS100円 × 10倍がPERとなります。これはその企業の成長性が高ければ高く評価され、PERが高ければいわゆる成長株と言われることが多いです。業績の実態を無視した株価形成がなされている場合などは、バブルの加熱度を測る指標ともなります。

　ちなみに2022年の日経平均採用銘柄の平均的なPERは12．5倍〜15倍です。1989年の日本株バブルのピークの時期には約60倍となっていました。PERの水準は時期・時代で異なるだけでなく、国や地域、市場の特性によっても異なります。PERやPBRなどは、上場企業では株価で表現できるのですが、非上場企業ではEPSを算出したうえで、業界のベンチマークとなるPERを参考に企業価値を算定することが多いです。

●PER：Price Earning Ratio（株 価 収 益 率）・EPS：Earnings per Share（一株あたり純利益）

　PERは、その会社の株価がEPSの何倍まで買われているかを示す値で、経営者の成長戦略を評価する指標でもあります。多くの場合、業界で目安となるPERがありますが、これについては明確な理論はありません。結局、市場の投資家がその業界全体のprosperity（成長性を伴う業界環境）をどう見ているか、そしてその業界に属する企業の評価は個別に見て業界水準のPERよりもrelatively high（割高）なのかrelatively low（割安）なのかという見方をします。

　業界に対するPERは、短期的には上下しませんので、理論株価の算定にはEPSの増減を見ます。PER20倍の企業ならEPSの10円アップは株価の200円アップの要因になるわけです。すべてが単純には行きませんが、EPSは短期的な収益性の傾向を掴むにもわかりやすいので株価の予想には多く使われています。

●PBR：Price Book Value Ratio（株価純資産倍率）
BPS：Book Value per Share（一株あたりの株主資本）

　株式持つ資産性に注目した指標として、**BPS = Book Value per Share**（一株当たりの株主資本）があります。ここでは**500円**としましょう。**PER**と同様、株価が**BPS**の何倍まで買われているかを示す指標として、**PBR = Price Book Value Ratio**（株価純資産倍率）があります。この場合は株価**1000円/BPS500円 = PBR2倍**となります。株式の略語の定義が難しく感じるのは株主資本や純資産のことを**shareholders' equity, book value, capital, equity, stock**などとして多様に表現されているからです。ここでの純資産は株主資本と同義であり**asset**（総資産）とは異なります。

　日本語で株価純資産倍率と覚えるよりも、英語で**PBR**と理解してしまった方が楽になります。

　PBRは、株価/（一株あたりの）**shareholders' equity**で求められます。世界市場標準の平均**PBR**は**2 ～ 3倍**程度が妥当といわれています。日経平均の場合、**global standard**（世界標準）と比較しても**PBR**は低い水準であることが多いと言われています。また、**PBR**が**1.0**を下回る株式は**dissolution value**（解散価値）を下回る評価しか得られていないことになり、上場しているメリット（いざというときに増資する、など**direct finance**（直接金融）が可能となる）はありません。

　日本企業の**PBR**が、**global standard**（世界標準）と比較して低い水準にとどまっている明確な理由はわかりません。**PBR**は、一般的に成長性が高ければ高く評価される傾向にありますので、日本企業の場合は成熟度が高いことによる（悪い言い方をすれば成長性が低い）ことが主因といわれています。

PBRへのこだわり＝経営者の評価

　PBR：Price Book Value Ratio（株価純資産倍率）は、市場が評価した会社の値段（時価総額）が、会計上の**book value**（株主資本、解散価値）の何倍であるかを表す指標です。株価を**BPS：Book Value per Share**（一株当たりの株主資本）で割ることで算出できます。

PBRは、分子が株価という変動しやすい数値ですが、分母が変動の少ない純資産であるため、長期的な指標として用いられます。株価が売り込まれる局面ではPBR水準1倍が理論的には株価の下限であると考えられるため、**bottom price**（下値）を推定する上では効果があります。**PBR**には株価が1倍を割れて売り込まれている企業について、「成長性を市場が悲観している」「株主資本を活用できていない」などの意味合いがあります。会社の**breakup value**（liquidating value（解散価値））を下回る水準での株価はもはや上場している意味がないとまで言われることがあります。逆に**PBR**が高い企業は、**leverage**（レバレッジ、負債）を利かせて少ない資本で高い利益を上げているということが読み取れます。ここで注意しなければならないポイントとして、**BPS**の絶対値が低い再建途上にある企業は、相対的に**PBR**が高く評価されてしまうことがあるということです。

　PBR＝株価/株主資本＝ROE×PER
　＝当期利益/株主資本×株価/（EPS：一株当たり）当期利益

　PBRは、以上の数式に分解されます。**ROE**は実際の業績（過去）、**PER**は市場からの期待（未来）と表されます。**PBR**は、企業のパフォーマンスを示すうえで最も現実的な指標なのです。経営者は**PBR**を謙虚に受け止め、業界の適正水準以上に引き上げるための努力をしなければなりません。

　そのために戦略が存在し、それを実行するための実践力も必要となるのです。過去からの業績を積み上げ（**ROE**）を上昇させるために、適切な戦略の策定と実践に基づいていることを市場に説明してくべきです。そのうえで**PER**の上昇につながるような、将来に対する市場からの期待を醸成させていくべきでしょう。過去からの蓄積された実績がないままに、未来に向けてのメッセージだけを発信しても、裏付けとなる実践力（組織的な競争優位性の構築）を欠き、それは**logic**（根拠）や**sustainability**（持続可能性）のないメッセージとなるからです。

　最近の世相を表す**VUCA：Volatility**（変動性）、**Uncertainty**（不確実性）、**Complexity**（複雑性）、**Ambiguity**（曖昧性）という時代では、イノベーションがともすれば**disruptive**（破壊的）に感じられるのは当然です。企業戦略の信頼性を担保するうえでも、**ROE**の実績と継続性が重要なのです。

企業の成長

　実際の企業内における**project**（プロジェクト）の**manager**（マネージャー、責任者）は、何を目標に行動すべきでしょうか？その目的は企業組織・企業業績の成長に尽きます。**growth**（成長）を目指すためには、**mission/vision/value**（ミッション・ビジョン・バリュー）に基づいた行動指針を立てることで、組織内のメンバーも自身の能力的な成長を実感することになります。また、役割を果たすことによる**reward**（報酬）の増加も期待することができます。それらは、企業組織内部だけではなく企業組織をとりまくすべての**stakeholder**（ステークホルダー、利害関係者）の成長にも貢献するのです。

　特に上場している大企業は**public entity**（社会の公器）として、社会とのかかわりの中、外的環境の変化に応じて、組織も変化させ、その企業の持つ**competitive advantage**（競争優位性）も変化していきます。企業が成長していくためには、**sustainable**（持続可能な）競争優位性を時代の変化に応じて構築していくべきです。

　戦略の目標としての企業の成長とは、**performance**（業績、純利益、最終利益）の安定的な**growth**（成長）に尽きます。**sales**（売上）の伸長や**net income**（当期利益、純利益、最終利益、税引き後利益とも呼ばれる）の増加という客観的な数字に集約されるのです。

　自社の株式を市場で自由に売買できるようにすることを**go public**（上場）と表現します。上場を英語では単に**go public**や**initial public offering**（IPO：未公開企業か新規に株式を発行し上場する）と表します。上場をするということは企業組織が**public entity**（社会の公器）になるという意味なのです。

　上場企業の**shareholders' value**（株主価値）の増加は、ステークホルダーである社会全体の成長にも寄与することになります。

　そのための基本は、**EPS：Earnings per Share**（一株当たりの純利益）の増加です。1株あたり純利益（EPS）は、当期利益/発行株式数で求められ、株主が保有する最小単位である1株に対する利益の増減を時系列に見ていくことで、会社の成長性も表します。EPSの推移を見れば、企業の**growth rate**（成長度）が分かるのです。EPSは絶対量ですので、発行株式数と株主資本の大きさがそれぞれ異なる企業

組織間で比較することは意味がありません。そこで、**EPS**を株主資本に対しての比率（％）として考えていく必要が生じるのです。それを**ROE：Return on Equity**（株主資本利益率）といいます。

　世界の優良大企業の**ROE**の目安は**15**％、日本を代表する優良企業の目安は**10**％と言われています。世界中すべての株式会社は、業種・規模・上場非上場問わず、この**ROE**で単純比較することが可能です。

ROE：Return on Equity

　ROE：Return on Equityは株主資本利益率と表されます。株主資本に対して得られた当期利益を％で表したものです。企業が株主の資本を効率的に使用し、その収益性の多寡を示す指標でもあります。企業の存在意義は**ROE**の上昇であることに尽きるといっても過言ではありません。

　ROEの上昇のためには、数字上の収益性を高めることと同時に、**ESG：Environment**（環境）**/ Social Responsibility**（社会的責任）**/ Corporate Governance**（企業統治）や優れた**brand equity**（ブランド・エクイティー、ブランド資産）などの非財務的資本や、**SDGs**を意識し**environment**（環境）への適合した企業行動などが求められます。

　突発的に利益を出しても市場からの評価は高くなりません。また、株主資本に滞留する**cash**（現金、内部留保など、株主資本の部に記載されている利益剰余金は必ずしもキャッシュで保全されているとは限りません）を削減し、より多くの**profit**（収益）をもたらす**prime asset**（優良資産）に投資し続けなければならないことを意味します。

　株主の拠出した**shareholders' equity**（株主資本）と、利益を生み出す優良資産に**invest**（投資）する戦略、なおかつ低コストで調達した**debt**（負債）を有効に活用することで、**ROE**は創出されることになるのです。

ROA：Return on Assets

　ROA：Return on Assetsは、総資産利益率と表されます。**ROA**は長らく日本では経営効率指標の最も重要なものとして取り扱われてきました。**ROA**（総資産利益率）は**ROE**（株主資本利益率）と違い、株主資本だけではなく、会社が持つすべての

資産に対する**return**(リターン)を表します。

ROAが最重要指標として企業分析に使われてきた背景には、日本企業が高度成長の中で、低利で安定して調達できる銀行からの**debt**(借入金)を主な**capital**(資本)の中核として**growth strategy**(成長戦略)を組んできたことにもよります。

その企業のメインバンクが**passive shareholder**(物言わぬ株主)になり、配当などの**cost of capital**(資本コスト)を意識することなく、資本政策を進められたことにもよります。高度成長時代、バブル崩壊までの資本構造は、負債の出し手も資本の出し手もメインバンクであったことから、**ROE**にこだわる理由はなく、**ROA**による収益性評価が有効とされてきたのです。

ROAは、どれだけの**asset**(資産)を使ってどれだけの**profit**(利益)を上げたのかという最も単純な効率指標となります。**shareholders' equity**(株主資本)の効率的活用や**leverage**(レバレッジ)は関係ありません。**ROA**は**net profit margin on sales**(売上高利益率)×**total asset turnover ratio**(総資産回転率)で求められますので、あくまでも総資産に対しての利益率を表します。

ROEとROA

バブル崩壊後の日本では、**asset**(総資産)が生み出す利益の比率を表す**ROA**よりも、**shareholders' equity**(株主資本)が生み出す**ROE**を企業活動の成果として重視するようになってきました。**globalization**(グローバル化)という言葉が定着する中、日本が金融市場を自由化し、都市銀行をメガバンクに合併させ、資本構造を刷新したことが背景として挙げられます。日本企業は**global competition**(グローバル競争)での戦略立案と、実行を求められるようになりました。この結果、企業のマネジメントにも世界標準のレベルが求められるようになったのです。

上場企業は、その資金調達を、活用の自由度が高い**shareholders' equity**(株主資本)の充実に求めるようになりました。企業が株式市場から資金を調達することを**direct finance**(直接金融)といいます。対して**indirect finance**(間接金融)とは、銀行などが間に入って預金者からお金を預かり、その銀行から企業が資金を調達することです。

企業のグローバル市場における成長性を、株主との対話を通じアピールする**IR:Investor Relations**(インベスターリレーションズ)の重要性が高まりました。

株価の上昇は、その企業の格付けも高く評価されることにつながります。高い格付けは、負債による資金調達の**interest**（金利、借り入れにかかるコスト）を低下させます。より高い企業の格付けは、成長性や安定性を評価されることで、**bankruptcy**（倒産）のリスクを低減させるのです。

ROEを上昇させることは、株価の上昇を実現し、より分厚い**shareholders' equity**（株主資本）を形成することが可能になります。分厚い株主資本は経営の**risk**（リスク）を低下させ、**rating**（格付け）が上がり、低利での資金調達が可能になるのです。企業の貸借対照表の右側の資金が潤沢となれば、左側の総資産における収益に直結する**CAPEX：Capital Expenditure**（土地への投資などを含んだ設備投資）が可能になります。このようなプロセスを経て、企業のバランスシートは質的に高まり、量的に拡大をしていくのです。

ROEは**ROA**に財務**leverage**（レバレッジ）を掛け合わせた指標です。

ROE ＝ 売上高利益率 × 総資産回転率 × 株主資本比率 ＝ **ROA** × 財務レバレッジ

　　　　└─────────────┘
　　　　　　　　ROA

日本企業では**ROE10**％以上を超える企業はそれほど多くありません。日本を代表する**multinational corporation**（多国籍企業）の**management objectives**（経営目標）は世界の**excellent company**（優良企業）並みの**ROE15**％に置かれています。

単純な**ROE**上昇のための方策は、**debt**（借入金）の割合を増やすことです。そうすれば理論上、株主資本の割合は減少し、より少ない株主資本で利益を上げていくことになります。

ただし、経営再建途上の会社で、収益力が低く資本が過少の企業の場合、**temporary profit**（一過性の利益）が出ると**ROE**が大きくなります。**ROE**を主な指標として企業を評価するときには、**ROE**も高く、自己資本の成長性も高い健全な企業を選別することが大切です。

成長企業であれば、**debt**（借入金）であろうが**new issue**（増資）であろうが**timing**（タイミング）よく優良投資案件に投資して**cash**（キャッシュ）での収入を増やして行く姿勢が業績に跳ね返ってきます。仮に**matured company**（成熟企業）であっても、より高い安定した**corporate value**（企業価値；時価総額＋負債）を維持していく

ために、**shareholder return**（株主に対する還元）を増やすことがポイントとして挙げられます。

　株主還元という言葉は、キャッシュとして積み上げられた利益の外部への**outflow**（流出）を連想させてしまうのですが、**high dividend**（高配当）による還元政策だけではなく**share buybuck**（自社株買い）も含みます。

　すぐには投資案件に必要としない**cash**（キャッシュ）を資本市場に返還することで、さらに買い戻した**treasury stock**（金庫株）を消却すれば、株主資本は減少し**EPS**が上昇します。結果、企業の**cost of capital**（資本コスト）を低下させ、高い**ROE**を維持することができるのです。

　本来、**ROE**の改善のためには、資本政策よりも、**organic growth**（オーガニックグロース、着実に当期利益を伸ばしていくこと）が大前提です。

EVA：Economic Value Added

　企業価値をあらわす指標として使われている**EVA：Economic Value Added**（経済的付加価値、米スターン・スチュワート社の商標登録）は、簡単に言うと、企業が生み出す事業的付加価値からその企業活動をするのに必要な資本コストを引いたものとなります。数式で表すと、以下のようになります。

EVA =（投下資本事業利益率 − 資本コスト率）× 投下資本額
= **NOPAT**（支払利息控除前税引後利益）− 資本コスト額

3つの企業価値評価アプローチ

　企業価値評価には、大きく分けて**3**つの方法があります。

　1）これまでの業績による**asset accumulation**（資本蓄積）を基礎とする**cost approach**（コスト・アプローチ、清算価値法、修正簿価純資産法など）
　2）将来の収益性やキャッシュ・フローを基礎とする**income approach**（インカム・アプローチ、収益還元法、**DCF**（**Discount Cash Flow**）法
　3）類似企業の株価を基礎とする**market approach**（マーケット・アプローチ、類似

　企業価値の算定に際しては、複数の評価手法を**blend**（ブレンド）して企業価値を算定することが一般的ですが、**income structure**（収益構造）が安定していることが条件です。**industrial structure**（産業構造）の川上に近い企業の価値算定には**DCF**が有効なこともありますし、競争の激しい川下企業などで業界動向が読みづらい場合、**DCF**法だけではなく、**market approach**（マーケットアプローチ）などがとられることもあります。

戦略的な資本政策と自社株取得、金庫株の活用

　配当金額の増額は投資家の**income gain**（インカムゲイン）になるため、株式保有の直接的な**motivation**（動機）となります。**share buyback**（自社株買い）については、**ROE**の分母である株主資本を減少させるため、利益水準が一定であっても**ROE**は改善（資本効率が改善）します。自社株取得の効果はこのような効率指標の改善だけにはとどまりません。株式市場における**floater**（浮動株）を減少させ、需給面から株式価格を押し上げる効果も持ちます。また、事前に自社株取得の施行期間が明確化されるため、その期間内における株価形成のアナウンス効果もあわせ持っています。さらに、自社株取得に費やした資本が株主資本から控除されることにより、**EPS：Earnings per Share**（一株あたりの純利益）も押し上げるのです。これは、資本政策による企業業績の伸長ともいえます。

　自社株買いの結果、**treasury stock**（金庫株）が**the largest stockholder**（筆頭株主）となっている企業もあります。取得した自社株は**treasury stock**（金庫株）として持ち続ける企業も多くなっています。**treasury stock**（金庫株）の用途としては、①保有し続ける、② **write off**（消却する）、③従業員の**stock option**（ストックオプション）とする、④ **stock exchange**（株式交換）による**M&A**（合併と買収）に使用する、という主に**4**つの方法があります。**share buyback**（自社株買い）の目的が、**return one's profits to shareholder**（株主還元）の場合、金庫株は**write off**（消却）されることが多いです。

株式会社の利益構造とステークホルダーの関係

会社損益(**Income statement**)	ステークホルダー(**Stakeholder**)
売上高(**Sales revenue**)	取引先、顧客、(環境や社会全体)
売上原価(**Cost of goods sold**))	取引先、従業員(生産関係人件費)
売上総利益(**Gross profit**)	営業担当者(社内業績評価)
販売費(**Selling expense**)	取引先(販促費、物流費)、従業員(営業人件費)
管理費(**Administrative expense**)	経営陣(役員報酬)、従業員(管理部門人件費)
営業利益(**Operating income**)	(多くの大企業で)課長クラスの業績評価
経常利益(**Ordinary profit**)	(多くの大企業で)部長クラスの業績評価
特別利益(**Extraordinary profit**)	経営者(特別退職金、関係会社整理損益)、地域社会
税引き前当期利益 (**Income before tax**)	役員クラスの事業責任者(社内での業績評価)
法人税(**Income tax**)	関係官庁(法人税など)
当期利益(**Net income**)	経営トップ、債券保持者、株主 (環境や社会への還元)

●子会社と関連会社の基準

	判断基準	議決権
Subsidiary 子会社	実質支配権を保有 〈have a controlling interest〉	50%超 〈Greater than 50%〉
Affiliate 関連会社	重要な影響力を保持 〈have significant unfluence〉	20%以上50%以下 〈20% or greater and 50% or less than 50%〉

5 Finance
ファイナンス

　金融は漠然とした言葉です。金融には**mortgage loan**（住宅ローン）、**consumer loan**（消費者金融）など融資による**credit creation**（信用創造）から、**bank check**（銀行小切手）、**credit card**（クレジットカード）や**electronic money**（電子マネー）、**crypto currency**（仮想通貨）などによる**clearing function**（決済機能）まで様々な意味があります。

生活に密着した金融システム

　最近では、現金を使わずデジタルツールを使用した**fintech**（フィンテック、金融技術）が身近になってきました。ポイントを使ってスマホで買い物決済をしたり、ポイントで金融商品を購入し資産運用したり、現金以外の決済や運用がごく当たり前になってきました。この流れは中国やインドなどの新興国における**settlement**：**petty payment**（小口決済）の**DX**：**Digital Transformation**（デジタルトランスフォーメーション）がけん引しています。

　金融の本場アメリカでは、もともと日常の決済で現金を使うことはほとんどありませんでした。アメリカでスーパーに買い物に行くと、老眼鏡を片手に**personal check**（個人小切手）を数十ドルの支払いのために振り出している婦人を見かけます。そして彼女は少なくとも自分がスーパーで**make check payable**（振り出した）小切手が、自分の**bank account**（預金口座）の**cash balance**（現金残高）から**withdraw**（引き落とされる）までの経過を概念的に理解しています。金融は、私たちの生活に普段から密着しているのです。

間接金融と直接金融

　英語では金融を**financial circles**と表現します。より具体的に**circulation**（お金が周る）というイメージを持つことができます。そこには、**2**つの意味があります。

一つは世の中を巡る**a money flow**（お金の流れ）という意味、もう一つは**assets and liabilities**（お金の貸借）という意味です。

　economy（経済）が**growth**（成長）するためには資金の循環を円滑に行う必要があります。資金の循環には**direct finance**（直接金融）と**indirect finance**（間接金融）という2つのシステムがあります。

　戦後の日本では、銀行が資金を必要とする**project**（事業）に資金を貸し出し、**depositor**（預金者）に対して**principle**（元本）と**interest**（金利）を保証しながら**risk**（リスク）を負担する間接金融方式を取っていました。銀行は預金者から預かった資金に対して全面的な**liability**（責任）を負っていたのです。これが間接金融の基本的な流れです。

間接金融の変容

　日本の銀行は**financial intermediary**（仲介機関）として資金を必要とする**growth industry**（成長産業）に対し潤沢な資金を**project finance**（プロジェクト・ファイナンス、案件ごとの融資）してきました。**project Finance**には、通常では非常に高い**business risk**（ビジネス・リスク、事業が立ち行かなくなる危険）が伴います。

　かつての**high growth period**（高度成長期）の日本では、成長分野でこれらの投資が行われ、**economic growth**（経済成長）でリスクの軽減をしながらお金の循環を確保してきたのです。このシステムは**demand**（需要）が右肩上がりに**growing**（伸びた）戦後の高度成長期にはうまく機能しました。

　ところが、1990年代の**collapse of the bubble economy**（バブル経済の崩壊）で生じた **balance of financing**（融資残高）の膨大な**bad debt**（焦げ付き）により、**intermediate institution**（仲介機関）としての大手銀行の**financial stamina**（体力）は**weaken**（衰えて）いきました。1990年を境に**Japanese economy**（日本経済）は**lost decade**（失われた10年）という**write-offs of bad loans**（不良債権処理）に追われる日々を迎えます。1990年代には**globalization**（グローバル化）が急激に進展し、世界の**world monetary market**（金融市場）をマネーが障壁なく闊歩するようになったのです。

　アメリカの著名な経済紙、**Fortune**（フォーチューン）の発表する世界売上高**ranking**（ランキング）で1990年代前半まで日本の**general trading company**

（総合商社）は売上高ランキングの上位にランクされていました。また、時価総額ランキングでは日本の都市銀行の多くが上位**20**傑にランクインしていたのです。**1990**年代半ばから、日本の大企業はアメリカの**multinational corporation**（多国籍企業）に売り上げ規模でも、時価総額でも後塵を拝することになっていったのです。

　2000年代になって、**GAFA**をはじめとする**global business**（グローバル企業）の成長に見られるように、**business opportunity**（ビジネスチャンス）を得るための資金調達プラットフォームとしての金融の重要性が増しています。**financial transaction**（金融取引）は**derivatives**（デリバティブ商品）などの**innovation**（開発）により複雑化が進み、**risk**（リスク）は**decentralized**（分散され）つつ、その市場参加者の裾野は拡がりました。多くの**stakeholder**（ステークホルダー、利害関係者）を生み出したのです。日本ではその結果、大手の銀行といえども仲介機関として一社で全ての取引リスクを負えなくなりました。

直接金融と国別の背景

　直接金融により、間接金融の機能不全をまかなえるかどうかという**debate**（議論）があります。直接金融とは、銀行に代わって**securities firm**（証券会社）などが、事業会社の**stock**（株式）や**bonds**（債券）を、**investor**（投資家）に直接販売することで成り立ちます。この場合、株式や債券を直接購入した投資家本人にその資金に対する責任が生じます。この点が間接金融とは大きく異なる点です。

　アメリカ、イギリスでは、直接金融が主流であるのに対し、日本、ドイツでは間接金融が主流となっています。理由については、日本、ドイツ共通の要因である第二次世界大戦後の**reconstruction**（復興）という要因が挙げられます。企業が資金を**procure**（調達）しようとするときに**good credit rating**（信用力）や、資金力が**out of funds**（不足）していた企業が銀行からの借り入れに頼らざるを得なかったことが要因です。投資のための**risk money**（資金）が、戦後復興を主眼とする国には潤沢にはなかったと考えるのが自然でしょう。また、日本は特に資産の運用の方法として安全性の高い**deposit**（預貯金）が好まれたと言われています。

金融の機能

金融にはお金の流れとお金の貸借という**2**つの大きな機能があります。

___

●The circulation（お金の流れ）…場所を越えての交換取引が可能になる

お金が存在しない**ancient society**（古代社会）では、**barter**（物々交換）をしていました。物々交換は、取引対象となるものを持ち運ぶ必要もあり、かなり不便な取引です。また、取引相手が自分の欲しい物を持っているとは限らず、交換の**opportunity**（機会）が限定されます。取引の不便さを解消したのがお金です。

いわば、場所を越えての交換取引が、お金の大きな**role**（役割）です。この役割は、お金の**settlement**（決済機能）に焦点を当てています。お金の**flow**（流れ）が**lubricate**（円滑になる）ことを最大の**objectives**（目的）としており、経済がまだ若く円滑に流れる資金を必要とする**developing country**（発展途上国）の経済には強く求められます。

___

●The transaction（お金の貸借）…時間を越えての交換取引が可能になる

販売した商品の売上金を回収するのには時間がかかることが多いです。従業員の給料日には給料を払わなければなりません。また売上代金の入金日までに、仕入れた**material**（材料）の支払いをしなければならない、という場合もあるでしょう。こういった場合、たとえ**temporally**（一時的）でもお金が貸し借りできれば、時間を越えた交換取引が可能になります。**draft**（手形）の発行、**credit card**（クレジットカード）や**loan**（ローン）の活用により、後で支払うという**transaction**（取引）が実現します。お金の過不足を**asset and liability**（貸借）で、円滑に進めることができるのです。

これは商品代金の入金がなされないかもしれないという**risk**（リスク）を除けば、なんら問題となる金融取引ではありません。時間を越えての交換取引が、お金のもう**1**つの大きな役割です。また、お金を一時的に貸している人は、その**credit**（債

権) を他人に販売し、それを**liquidation**（現金化）することができます。債権の購入者は**draft**（債権）の**safety**（安全性）と**return**（投資利回り）を検討して購入を決めます。投資行動はお金の運用であり、比較的**matured country**（成熟した先進国）で行われやすいといえます。実体経済とは離れたマネー金融経済の組成を促すことも事実です。

コーポレート・ファイナンス理論

　企業経営における**corporate finance**（コーポレート・ファイナンス）の理論は、**20**世紀後半に大きく理論的発展を遂げたのですが、その中心的課題とされているのが、**capital**（純資産・株主資本）と**debt**（負債）の活用です。

　corporate value（企業価値）を上げていくための方策として、成熟市場においては売り上げ伸長だけでは不十分になっています。資金を安い**cost**（コスト）で調達し、有望な事業に振り向けていく**financial strategy**（金融面での戦略）が重要です。そのキーとなるのが**asset**（総資産）に対する**debt**（負債）と**capital**（資本）の活用方法です。これは、低コスト（低金利）の借り入れ資金を、低リスク（高収益）で高成長の事業に振り向けていくという**corporate strategy**（全社戦略）につながっていきます。

　負債を積極的に活用する金融活動の結果、カネがカネを生むという**real economy**（実体経済）から離れた**monetary economy**（金融経済）が出現するのは必然です。金融経済では、複雑な金融商品が**financial engineering**（金融工学）を使った**derivatives**（デリバティブ商品）として幅広く売買されています。

アメリカの金融サービスの特徴

　今日では、銀行に行けば**foreign-currency account**（外貨預金）や**mutual fund**（投資信託）、**loan**（ローン）などの金融商品がならび、**debit card**（デビットカード）や**credit card**（クレジットカード）、**electric money**（電子マネー）や各種ポイント、**application**（アプリ）や**internet banking**（インターネットバンキング）などあらゆる方法で、金融と**access**（接する）ことが可能となりました。

　これらのサービスの多くは、一般投資家に**money enough and to spare**（余裕資産）と**risk money**（リスクマネー）を供給し、庶民の「投資家化」の進展につな

がっています。

　アメリカと日本の金融システムの最大の違いは、アメリカ金融システムの**financial market**（金融市場）と**financial intermediaries**（金融仲介機関）のうち、伝統的に金融市場のほうが強いということです。米国連邦預金保険公社（**FDIC**）によれば、アメリカの金融仲介機関としての銀行数は**1990**年に約**15,000**行あったものが、**2018**年には**4974**行まで約**3**分の**1**に減少しており、金融仲介業務は縮小しています。金融市場における資本の効率運用に焦点が当てられてきたことがわかります。

　アメリカの銀行制度の特徴としては主に**4**つの特徴があります。
① 　二元的銀行制度（**dual banking system**）
② 　単店銀行主義（**unit banking**）
③ 　州を越えて営業する際の規制（**regulations when operating across states**）
④ 　重層的な規制（**existence of complex supervisory bodies**：複雑な監督機関の存在）

　これらの特徴は、アメリカの金融システムの発展の歴史と**relationship**（深い関係）があります。かつてのアメリカの銀行の収益源も伝統的な銀行業であり、それは日本の銀行と同じ**loaning**（貸付）と**settlement of accounts**（決済業務）でした。

　1970年－**1980**年にかけての強烈な**inflation**（インフレーション）で、銀行は貸付業務では**negative spread**（逆ザヤ）に苦しむことになりました。アメリカの銀行は金利収入以外の収益源を追求するしかなかったのです。

　そこからアメリカの銀行の多くは、**1990**年代前半より**derivatives**（デリバティブ商品）に自己資本を投資し収益をあげようとしました。その戦略も、ロシア金融危機と**LTCM**破綻により、修正を迫られます。

　結果、たどり着いたのが知識基盤型業務や**economies of scale**（規模の経済）を重視する業務スタイルです。**investment bank**（投資銀行）と**private bank**（プライベートバンキング）システムがその柱です。**value at risk**（投資リスクを軽量化する技術）も開発されました。

　世界の金融業界は、同時に商業銀行・投資銀行・証券会社の**3**つの機能を兼ね備えた**one stop shopping**（ワンストップ・サービス化）と**globalization**（グローバ

ル化)、そして伝統的銀行業は自ら**digital platformer**（デジタル・プラットフォーマー）になることを志向しています。

　現代の金融は富の蓄積を目的とするのではなく、富を手段として**strategic**（戦略的）に追求しているようにも思えます。日本に進出している外資系の金融機関は、**2013**年〜**2018**年のアベノミクス政策による日本の景気回復と歩調を合わせ、花形の産業になっていました。

アメリカの銀行システム

　そのアメリカの金融機関たる業務とはどんなものか、その組織構造はどうなっているのか見ていきましょう。

●アメリカの銀行の主な収益源（商業銀行業務、投資銀行業務とプライベートバンキング）

商業銀行業務

　　資金決済（settlement）

　　預金受け入れ（deposit）

　　預金を原資にした企業・個人向け融資（loan）

投資銀行業務（ローンなどの貸付業務から投資銀行業務へ転換）

　　大企業向け融資（借り入れを原資：loan）

　　事業財務戦略の助言（advisory）

　　自己資金での事業投融資（property trading）

　　株式・債券の引き受け（underwriting）

　　機関投資家向けの委託売買（broking）

　　自己勘定による資金運用（dealing）

　　個人投資家向け信用取引（margin trading）

プライベートバンキングシステム（リテールではカード事業が収益の柱）

　　カード事業（credit card）

　　消費者金融（consumer credit）

リテールバンキング（retail banking）

プライベート・クライアント・バンク（private client bank）

アメリカの投資銀行の標準的組織構造

投資銀行・アドバイザリー部（Investment Banking and M&A：Merge and Acquisition Advisory）

発行市場（Primary Market）における業務を扱う。花形部門。

ホールセール・トレーディング部（Whole sale and Trading）

流通市場（Secondary Market）における業務を扱う。株式（stock）、債券（bonds, fixed Income、debenture）、商品（commodity）に分かれる。

資産運用部（Asset Management）

投資信託を扱いその業務のボリュームは伸びている。

コンプライアンス・審査・法務部（Compliance, Legal and Risk management）

取引企業の信用リスクや金融取引におけるポジション（売り買い）のリスクを審査、金融契約の訴訟関係を担当。

総務・資金決済部（General affairs and operations）

通常は、総務（General affairs）、資金（Operation control）、そして決済（Settlement）の3つの機能に分かれる。

システム・ソリューション部（System solution）

通信ネットワーク、セキュリティーを扱う。多国籍企業化によって各国の支店で同じシステムを運用する必要が増しており重要な役割を担っている。

経理部門（Controller）

経理処理と資金の支払いを担当しており、キャッシュマネジメントにおいて重要な役割を果たす。

資金調達部（Treasury）

ALM（Asset Liability Management）と呼ばれる効率的な資金管理手法を使って必要な運転資金を調達する部門

社内監査部（Internal Audit）

不正な取引が損益計上されていないか社内で管理監督する。

人事部（Human capital management）

日本の多くの一般企業と違い、人事部に昇進や処遇を決定する権限はなく、

部門間の移動ニーズ（出したい人、ほしい人）を調整する役割が大きい。

証券資本主義

3つの経済主体である**government**（政府）・**household**（家計）・**enterprise**（企業）に対しても、日米間の金融システムのかかわり方には**difference**（相違）があります。

特に、企業の所有者について、アメリカでは株主のものであるという点が強調されてきました。現在では世界的にも「会社は株主だけでなく、経営者・従業員・銀行・取引相手・地域社会など広範な**stakeholder**（ステークホルダー、利害関係者）のものである」という考え方も定着してきました。アメリカでは依然として、企業の所有者たる株主の**shareholder's value**（株主価値）最大化こそが経営の目的となっています。

アメリカの大企業の経営者報酬は日本の経営者へのそれとは桁違いです。会社への長年の貢献度よりも、高株価、高配当などの株主に対する短期的なリターンが評価されます。また、報酬には現金以外に**stock option**（ストックオプション、自社株購入権）など、自社株買いで取得した金庫株が活用されることもあります。**Stock option**（ストックオプション、自社株購入権）には自社の高株価が付与条件となっていることが多く、その高株価は自社株買いで支えられることも多々あるようです。

アメリカと日本における企業の経営観の違いの理由は、日本の金融システムが銀行ベースで、アメリカの金融システムが市場ベースである点です。アメリカでは、年金基金などの**institutional investors**（機関投資家）が大きな地位を占めており、その機関投資家の**asset**（資産）は主に**household**（家計）が拠出しています。家計の力を主体とした機関投資家が、株主として企業に収益を要求しているのです。アメリカの上場会社は、機関投資家を強く意識して行動しています。企業業績の向上、高株価が結果として家計の資産運用の担い手となっているのです。アメリカの金融システムは、日本と大きく異なり、銀行よりも証券市場が信用創造の中心であると言っても過言ではないでしょう。

アメリカの金融顧客アプローチ

アメリカの金融機関のマネージャーの顧客との接客は、次の二つの原則に沿っています。

① **Project Management**：マネージャーとしてプロジェクト（何をすることで利益を上げるのか）が明確
② **Relationship Management**：マネージャーが顧客のために全霊を傾けるのは、姿勢だけではなく自ら持つスペシャリスト集団の人的資源をフル活用する点

MBAのファイナンス理論

financial theory（ファイナンス理論）は、英語と並んで**global standard**（グローバルスタンダード：世界共通言語）です。**borders**（国境）を越えて、研究者・実務家・経営者はもちろん、お金にたずさわるすべての人に役立ちます。内容は決して難しいものではありません。ほんの少しの**wisdom**（知恵）と**knowledge**（知識）を学べば、誰でも理解できます。

アメリカ市場の証券資本主義は、高額所得者だけではなく一般の家計からの**pension funds**（年金）拠出などで成り立っており、ファイナンスは決して一部の富裕層だけのものではないはずです。ファイナンスを考える時には**corporate finance**（コーポレート・ファイナンス）という企業の**financial management**（財務活動）を中心にした理論を考えることになります。あらゆる**capitalism**（資本主義）の論理は、企業の財務活動と密接な**correlation**（相関）があるからです。

さらに**corporation**（法人企業）だけが**market**（市場）と対話できるわけではありません。

これらの知恵と知識を、**professional**（プロ）が独占する理由はないのです。個人でも今や決済アプリやネット証券など新しい**middle-man**（決済機関）を通じて市場に参加することができます。ニュースが駆け巡るスピードは格段に上昇し、世界の金融市場は**statistics and economic indicators**（統計資料や経済指標）に対

して即座に反応します。

　それでは、誰もが市場と向き合うために必要な知識として、世界の主要金融市場、知恵としての現代金融理論、主要な米国の経済指標について簡単に説明します。

世界の様々な金融市場

1）株式市場（stock market）

●ニューヨーク証券取引所（the Big Board, New York Stock Exchange, NYSE）

　時価総額世界第一位の巨大市場です。特徴としては**open outcry system**（立会場システム）を取っている点です。世界の主要市場がコンピュータ化を進めている中で、フロア**brokers**（ブローカー）を配した活気あふれる立会場システムが公正な取引を進めるための有効な**methodology**（手段）との信念に基づいてきました。（2023年現在では取引所における株価の値決めは自動化されています）。アメリカにおける主要な伝統的大企業はこの市場に上場しているので、**2000**年の**IT**バブル期には蔑称的に**old economy**（オールドエコノミー）と称されました。

●ナスダック（National Association of Securities Dealers Automated Quotation, Nasdaq）

　時価総額世界第**2**位の市場です。**NYSE**に対して、取引が最初からコンピュータ化された市場です。この取引所には**Microsoft, Apple, Intel, Alphabet（Google）**など多くの**high tech company**（ハイテク企業）が上場しています。**2000**年前後の**dotcom boom**（ITバブル）に象徴された**new economy**（ニューエコノミー）市場です。欧州の取引所の買収など**M&A：Merge and Acquisition**（合併と買収）に積極的です。

●東京証券取引所（Tokyo Stock Exchange, TSE）

　日本最大の取引所で、日本取引所グループ（東京証券取引所グループと大阪証券取引所が2013年に経営統合）に属します。日本取引所は**2019**年には東京商品取引所を子会社化し、商品先物取引も行っています。日本には東京のほか、大阪、名古屋、福岡、札幌に証券取引所が存在します。これらの取引所も**brokers**（ブローカー）を配さず

全てコンピュータ上の取引となっています。

● ロンドン証券取引所（London Stock Exchange, LSE）

　international（国際）性の豊かなところに最大の特徴があります。世界の外国株の過半数が取引され、上場企業の**nationality**（国籍）数は世界最大です。**Funds**（ファンド）から見て、ロンドンに拠点を置くメリットのひとつは資金が英国籍となることです。これによりアメリカー辺倒の資金管理システムから距離を置く**asset management**（資産運用）が可能となります。

2) 債券市場（ボンド：bond market）

　bond market（債券市場）には株式市場のような取引所が存在せず、その**pricing**（価格形成）は主要国の**bonds**（債券）市場や**debenture**（社債）市場の**interest**（金利）が支配しています。**transaction volume**（取引量）で最大なのは、**US Treasury**（米国財務省証券）や**pension funds**（年金基金）、**investment trust**（投資信託）、**university funds**（大学基金）などの機関投資家が運用する債券が流通するニューヨーク市場です。

　対してロンドンでは**Eurobond Market**（ユーロボンド市場）が開設されており、国際的な債券市場となっています。ロンドン債券市場は外国人でも自由に取引可能であるという点で、**offshore markets**（オフショア市場）であることを特徴としています。

　株式市場と債券市場を合わせた概念を**capital market**（資本市場）あるいは**security market**（証券市場）と呼び、**long term**（長期的）な資本を調達、運用するための市場と言われています。

　企業が調達する資金は、**paid in capital**（自己資本）または**shareholders' equity**（株主資本）と、**debt**（他人資本）があり、これら双方を調達できる市場という考え方に基づいています。

　この資本市場には、国や企業が資金調達をするための発行市場（プライマリーマーケット：primary market）という概念と、投資家が発行された証券を評価し売買する流通市場（セカンダリーマーケット：secondary market）という概念があります。発行市場は主に**public issue**（新規株式発行）が行われる市場で、流通市場は主に通常の株式の売買を行う市場という区分けです。企業や国が、しっかりした資金調達

direct investment（直接金融）をプライマリーマーケットにおいて**low cost**低コストで行うことはそれらの成長のためには大切なことです。こうした証券の成長性を評価し、投資家がセカンダリーマーケットにおいて自由に売買できる**liquidity**（流動性：厚みのある市場）を維持していくことはさらに重要といえます。

3）金融市場（短期金融市場：monetary market）

　1年以内の短期資金を調達、運用する市場として短期金融市場が挙げられます。短期金融市場の構成要素としては、**deposit**（銀行預金）、**bonds**（債券）、**CP**：**Commercial Paper**（コマーシャルペーパー）などです。

　日銀が、**Bank Rate**（公定歩合）に変わる金利指標として**liquidity**（流動性）をコントロールする**unsecured overnight call**（無担保コール翌日物）金利はこの市場で決定されます。企業にとって、1年以内の資金を運用する短期財務運営のための市場でもあります。

　例えば、**net working capital**（純運転資本）には、**material**（原材料）の支払いのための手元資金の**volume**（ボリューム）、**inventory level**（在庫水準）、顧客からの**receivables**（受取手形）などが考慮されます。適切な資金を、なるべく安い**cost of capital**（資本コスト）で**procure**（調達）しなければなりません。企業の必要とする資金量は、直接的に市場の金利動向に影響を与えます。その**demand for funds**（資金需要）は、景気の先行き予想に左右され、実際の景気の先行きは個々の家計の懐具合にもかかわっているのです。日本の場合、家計の潤沢さはそのサラリーマン比率の高さから、主に企業の業績や税金の多寡に影響を受けます。このように短期市場の金利決定には家計、企業、政府が密接にかかわっているのです。

4）外国為替市場（Foreign Exchange market：forex markets）

　automated foreign exchange matching service（電子ブローキング、仲買人をコンピュータ化した）取引が主流です。**FX**取引（外国為替証拠金取、**foreign exchange**）としてなじみも深く、米ドル円レートなどが決定される市場ですが、実際の**settlement amount by trading**（貿易取引金額）に比較して**settlement amount by monetary transaction**（金融取引金額）のほうが圧倒的に多いという点に特徴があります。

様々な**factors**（要因）で、市場価格が形成されるため、**real economy**（実体経済）に対して影響が甚大です。**FX取引**の特徴は、手元資金の最大**25倍**（国内）〜**3000倍**（海外）の**margin trading**（信用取引）がなされている点です。為替証拠金取引の実態は、リスク負担を軽減するために超短期取引が主流で、自動ロスカットなどのプログラム売買も盛んです。この結果、**overshoot**（オーバーシュート）と呼ばれる、行き過ぎた相場の変動をしばしば生じます。このボリュームの増加は為替発行国の経済の基礎的条件（**fundamentals**：ファンダメンタルズ）からは、しばしば乖離する原因となっており、為替相場の水準を説明するのを困難にしています。

　市場における価格形成には多くの**financial theory**（金融理論）がかかわっています。ここでは特にわかりやすくするために、現代のファイナンス理論の主要テーマについて見て行きましょう。現代のファイナンス理論には大きく分けて**8つ**のテーマが存在します。

現代ファイナンスの主要8理論

1）PV：Present Value（現在価値）

　将来の**cash flow**（キャッシュ・フロー）を見込んだ**asset**（資産）や**project**（プロジェクト）の現在における価値のことです。お金を効率的に活用するための基本的な概念です。債券や株式の評価の方法にも広く使われます。会社の存在価値も現在価値で測定すると数値化可能です。**positive NPV**（正の現在価値、Net Present Value）をもたらす**investment project**（投資プロジェクト）は**shareholders**（株主、投資家）に**profit**（利益）をもたらす、と簡略化して表現することができます。

2）CAPM：Capital Asset Pricing Model（キャップエム、資本資産価格モデル）

　investment（投資）の**risk**（リスク）と、投資家が期待する**earning rate**（収益率）の理論です。リスクのない投資行動として国債への投資があると考えます。そのコストは**risk free rate**（無リスク金利）と呼ばれます。これに対してリターンを期待する証券ポートフォリオ（分散）投資のリスクとリターンの関係を示した理論が**CAPM**です。一般に、**expected return**（投資資産に対する期待リターン）＝無リスク金利＋**beta**（証券のベータ、リスクの測定値）×（市場全体の期待リターン－無リスク金利）、と

いう公式で表されます。**CAPM**では、**beta**（証券のベータ）がリスク指標であり、**beta**が高くなるほど（リスクが高くなるほど）リターンは大きくなります。日本市場で**CAPM**を使用して**expected return**（投資資産に対する期待リターン）を計算する場合、無リスク金利には日本国債10年物、市場全体の期待リターンには**TOPIX**のヒストリカルデータ、証券の**beta**は**TOPIX**あるいは日経平均に対する株価感応度の公開データを使用します。

3) APT：Arbitrage Pricing Theory（裁定価格理論）

　リスクとリターンを測定するためのもうひとつの理論です。**CAPM**が投資のリターンが変動的で、その相関は証券ベータと期待リターンの**linear function**（一次関数）であるという理論に対して、この**APT**は証券のリターンは市場全体に対する複数の**factor**（ファクター、要因）に影響を受けているという理論です。このファクターという考え方を**CAPM**では明確に捕らえていないため、**APT**が補完する立場となっています。ただ、このファクターも様々な経験値や**tacit knowledge**（暗黙知）を使用しなければならないという制約があります。

4) EMH：Efficient Market Hypothesis（効率的な資本市場仮説）

　市場の有価証券の価格は、**available information**（利用可能な情報）によって正確に反映するという考え方です。市場至上主義とも呼ばれています。この仮説には、「利用可能なすべての情報」の程度により**3**つの異なる説が存在します。**information set of past prices**（過去の公開情報に株価は依拠する）というランダムウォーク理論（**random walk theory**：**weak form**ウィークフォーム理論）や、**information set of publicly available information**（公表ベースの全ての情報が株価に反映する）という**semi-strong form**（セミストロングフォーム理論）、**all information relevant to a stock**（得られる全ての情報が株価に反映される）という**strong form**（ストロングフォーム理論）です。

5) Value additivity（価値の加法性）

　investment（投資）や**asset**（資産）の全体的な価値は、各部分の価値の**aggregation**（総和）と等しくならなければならないとする法則のことです。**M&A：Merge and Acquisition**（合併と買収）を考えるときに有効な理論です。

diversification（多角化）だけを目的とした**M&A**は往々にして価値加法性の原則に従い、単純に二つの会社の**cash flow**（キャッシュ・フロー）を加えたものになってしまいます。企業戦略を検討する上での**M&A：Merge and Acquisition**にはこの原則を超越する**synergy effect**（シナジー効果）などの**effect of integration**（統合効果）を追求することが必要です。**MBA**ではキャッシュ・フローの増減を**M&A：Merge and Acquisition**の戦略経営と絡めて議論します。

6）MM理論：MM theory, Modigliani and Millerの命題Ⅰ、Ⅱ　モリジアニ・ミラーの命題（資本構成の理論）

　企業の資本構成（**capital structure**：資本構成する負債か株主資産のバランス）の基礎理論です。**tax**（法人税）を無視すれば、**market cap**（時価総額）は資本構成の内容（資本を**debt or loan**（借り入れ）あるいは、**shareholders' equity**（株主資本）で**new issue**（調達する））によって影響を受けないという理論です。これは同時に**value additivity**（価値の加法性）に立脚する考え方でもあります。**direct investment**（直接金融、株式を発行して自己資本を調達する）か、**indirect investment**（間接金融、銀行から金利を払って資金を調達する）かにおいて、借り入れには金利の法人税額からの**tax deduction**（控除）があるため、実際には借り入れの方が有利とされる場合があります。その結果、安いコストの資金で収益性の創出にチャンレンジできるため、**leverage**（レバレッジ効果、てこの原理）が期待されています。一方で、多大な負債は逆に企業の**rating**（格付け）を低下させかねないため、資本構成は詳細に検討せねばなりません。経営者として、債券保有者や株主などの**stakeholder**（ステークホルダー、利害関係者）との関係も考慮しなければなりません。

7）Option（オプション理論）

　現在取り決め可能な一定の条件下における**future contract**（将来取引する権利）のことです。資本市場のオプション取引や、金融市場の為替**swap**（スワップ）など、現状からの変化に対してリスクをどのように**hedge**（リスクヘッジ）するかという基本概念です。アメリカでは、株式オプションは**1973**年から証券取引所で売買されています。オプションの価格決定には、**exercise price**（行使価格）、**exercise date**（行使日時）、**risk of the principal**（原資産のリスク）、そして**interest rate**（金利）が関係します。これらの**variables**（変数）を**formula**（公式）として表し、コールオプ

ションの価値の計算を最初に可能にしたのが**Black-Scholes**（ブラック・ショールズ）の方程式です。この結果、リスクに対する企業の行動意思決定にもオプションが応用されるようになってきました。**real option**（リアル・オプション）はその一例です。経営の意思判断においても、このオプションの理論はさまざまな形で寄与しています。

8) Agency theory（エージェンシー理論）

経営者や従業員、株主や社債保有者にはそれぞれ**interest conflict**（利害の衝突）があり、これら**stakeholder**（ステークホルダー、利害関係者）間の利害衝突に対してどのような対策を講じているかという理論のことです。**ownership**（所有）と**management**（経営）の分離、会社は誰のものかという理論にも結びつきます。また、会社経営においては**compensation**（経営者報酬）と**market cap**（時価総額）の関連の問題、また**shareholders**（株主）と**bondholders**（社債保有者）との間の利害関係なども含んでいます。

MBAで議論する**strategic management**（経営戦略論）も、実際に企業で体得する**management tactics**（経営術）も、厳しい資本の論理にさらされています。それは金融が**common language**（共通言語）となる証左でもあります。最も避けるべきことは、学びに欠ける経営者が過去の成功体験を振りかざして**self-righteousness**（唯我独尊）の判断を下してしまうことでしょう。

アメリカの主要経済指標

1) 米国GDP：Gross Domestic Product（国内総生産）

The Department of Commerce（米国商務省）が**quarter**（四半期）毎に発表します。アメリカの**fiscal year**（会計年度）は**1**月 – **12**月で、**1** – **3**月を第一四半期、**4** – **6**月を第二四半期、**7** – **9**月を第三四半期、**10**月—**12**月を第四四半期と呼び、**GDP**速報はそれぞれの四半期末月の翌月下旬に前四半期比で年率換算して発表されます。

2) 雇用統計（employment and unemployment statistics）

The Department of Labor（米国労務省）が毎月第一金曜日に発表する指標で

す。**non-farm payrolls**（非農業雇用者数）や**unemployment rate**（失業率）が発表
されます。米国の景気動向を占う上で重要視されます。

3）ISM：Institute of Supply Management（全米供給管理協会）指数

　毎月**1**日に、**ISM**が発表する**GDP：Gross Domestic Product**（国内総生産）
の**supply side**（サプライサイド、製造者）の供給量を示す指数です。**DI**（景気動向指数）と
同様に中立、弱気（**50**％以下）、強気（**50**％以上）を示します。**50**％が中立値です。

4）CPI：Consumer Price Index（消費者物価指数）

　毎月中旬に労働省より発表される指標です。物価動向を計測することで一般消
費者の購買力に対する**inflation**（インフレーション）圧力を示します。

5）ミシガン大学消費者信頼感指数（Consumer confidence：University of Michigan survey）

　ミシガン大学のサーベイ・リサーチセンターが実施する消費者の**sentiment**
（センチメント）を指数化したものです。**1996**年を**100**として毎月**10**日前後の金曜日
に速報値が発表され、その月の最終金曜日に確報値が発表されます。
Conference board（コンファレンスボード）が発表する消費者信頼感指数と同様に、
米国の個人消費マインドを探ることのできる指標です。ミシガン大消費者信頼感
指数で高い数値が出ると、貯蓄率が低下し個人の消費が増えるということを意味
しています。

　市場動向を左右するこれらの指標に対しては**economist**（エコノミスト）や
analyst（アナリスト）たちが予想値を事前に発表します。投資家はそれらの予想値
に対する実際の数値に対して反応します。実際の相場では、統計の示唆する情報
を市場全体が**priced out**（織り込んで）しまい、全くの逆に相場が動くことも多々あ
ります。市場の先行きは誰にも予想できないのです。

Efficient（効率的な）市場

　市場に反映される株価や金利は、すべて市場が合理的に決める、という理論を

efficient market（効率的な市場）、あるいは市場至上主義理論と評します。この場合の**efficiency**（効率性）というのは、**MBA**のカリキュラムで常に意識されるキーワードでもあります。

　financial market（金融市場）における価格の形成の**mechanism**（メカニズム）が効率的というのは、特定の誰の意思も介さず、市場全体の総意としてモノの**value**（価値）が決定されるということです。

　stock price（株価）は市場における**demand**（需要）と**supply**（供給）で決定されます。**Stock prices are determined by supply and demand.**（株価は需給で決まる）といわれるゆえんです。買い物が多ければ株価は上昇し、売り物が多ければ株価は下落します。それら買いや売りの**decision making**（意思決定）が反映されるのが市場であり、その意思決定がすべて市場での価格形成に結びついている点が、**efficient**（効率的）といわれるゆえんです。

　その企業の**achievement**（業績）が上昇するというニュースに対して、市場参加者は買いで反応し、株価は上昇するはずです。そこに**inside information**（インサイダー情報）は介在してはいけない、というのが市場の効率性におけるルールなのです。良いニュースでも悪いニュースでも株価は即座に**react**（反応）し、それを**priced out**（織り込んだ）価格形成がなされるはずです。

　ただし、この効率性にも種類があります。過去の株価の値動きのデータを元に価格形成を予想する手法が**technical analysis**（テクニカル分析）ですが、これは**weak form**（ウィークフォーム）の効率性とも呼ばれている最も弱いタイプの効率性です。これに対して、公開された財務諸表の情報すべてを織り込む場合は**semi-strong form**（セミ・ストロングフォーム）の効率性と呼ばれます。さらに株価が公開情報だけではなく非公開情報も織り込もうとするならそれは**strong form**（ストロングフォーム）の効率性と呼ばれています。

　市場参加者全員が、その企業の将来における業績を正しく予想しているのであれば、将来における業績を**priced out**（織り込んだ）株価水準にその時点でなってしまうのです。本当の将来における**price level**（株価水準）や **valuation in the future**（将来における株価）は、将来の経営環境や業績に基づき決定されますので、誰にも予想できないものといえます。

　現実には理論株価や証券会社などによる**target price**（目標株価）などの情報が溢れており、投資家はこれら情報を吟味しながら投資行動をとります。**market** efficiency（市場の効率性）のルールに基づき、その株が**relatively low**（割安）と考えれば買い、**relatively high**（割高）と考えれば売ることになります。そして市場の効率性によって株価が最終的に決定されるのです。

　企業の株価を**objectively**（客観的）に**valuate**（評価）する方法は、**MBA**でも学びます。株価の形成はあくまでもその時その瞬間の企業の**valuation**（価値評価）に基づくものであり、市場の効率性を大前提とした将来の価値を織り込んだ市場参加者の**subjectively**（主観に基づき）決定されるのです。

株価の決定の実際

　実際の株価の決定方法には大きく分けて、証券会社が関与する方式と市場の売買動向によってのみ決められる方式が存在します。証券会社が関与する方式としては、**BB：Book-Building Formula**（ブックビルディング方式）と呼ばれる方式があります。証券会社が価格形成の仲介役を積極的に担う方式と、**market making**（マーケット・メイク方式）という市場で価格形成されるものと**2**つの方式があります。また、証券会社が関与しない価格形成の方式としては、**Itayose Method**（板寄せ方式）と**Zaraba Method**（ザラバ方式）の**2**つの方式があります。

●証券会社が関与する株価の価格形成

1）ブックビルディング方式（BB：Book-Building Formula）
　BB：Book-Building Formula（ブックビルディング方式）とは、需要積み上げ方式と呼ばれており、売り買いの需要に基づいて証券会社が売り出し証券の価格を決める方法です。**IPO：Initial Public Offering**（新株売り出し）時に引受証券会社、新たに公開（＝新規公開）予定の会社の**issuing price**（公開価格：発行価格）を決定します。そのプロセスの概略は以下のようになります。

IPO時の新株発行価額の決定プロセス

(1)その企業が属する業界の平均**PER：Price Earnings Ratio**や**growth rate**（成長性）に基づき**investment institution**（機関投資家）等の意見をもとに

仮条件を決定する。

(2)その仮条件を投資家に提示し、主に大口の機関投資家の需要状況を把握することで、公開価格を決定する。

　株式を新規に公開する場合、**1997**年までは**auction method**（入札方式）しか認められていませんでした。この入札方式では需要の多い銘柄の場合、入札参加者が多ければ多いほど公開価格が釣り上がってしまい、その後の市場における**appropriate price**（適正株価）の形成に支障をきたすと考えられました。そのため、新規上場申請会社は、新規公開について**BB：Book-Building Method**（ブックビルディング方式）か、**auction method**（入札方式）のいずれかを選択することができるようになりました。実質的に**IPO**はブックビルディング方式で行われています。ブックビルディング方式のメリットとしては次のようなポイントがあります。

① 　株式の**primary market**（発行市場）だけではなく、株式公開後の**secondary market**（流通市場）まで想定した**issuing price**（公開価格）の決定が可能となり、株価への**credibility**（信頼感）を高めることができる。

② 　**long term investment**（長期投資）を目的とする**institutional investors**（機関投資家）の市場参加を促進することが可能になり、**market efficiency**（市場の効率性）が高まる。

③ 　**underwriter**（引受証券会社）が**subjectively**（主体的に）公開価格の決定に関与し発行後の価格安定が期待できる。

④ 　手続きが簡素化され、企業の資金調達手段として効率的になる。

2）マーケット・メイク方式（Market making method）

　market making method（マーケットメイク方式）は**2004**年に**JASDAQ market**（ジャスダック市場）が創設（ジャスダックは、2022年の東証再編に伴い消滅、東証に再編）されてから、もともと**OTC：Over The Counter market**（店頭市場）であったジャスダック取引所の売買制度の一つとして機能していました。

　dealer（マーケット・メイカー）である証券会社は、売り買いに応じる値段と数量に基づいた**stock quotes**（気配）を提示し、合致した注文については必ず投資家からの売買注文に応じる義務を負っています。そのため注文値段さえ見合っていれば必ず売買を成立させることができるのです。これは新興市場で売買の閑散時に

おいてもより多くの取引を成立させられる原動力となっています。

　JASDAQ市場は、アメリカで店頭市場から発展的に創設されたナスダック市場NASDAQ（National Association of Securities Dealers Automated Quotation）を手本としていました。

●証券会社が関与しない株価形成

1）板寄せ方式　Itayose Method

　証券会社が株価形成に関与しない株価の決まり方には、**Itayose Method**（板寄せ方式）と**Zaraba Method**（ザラバ方式）の**2**種類があります。板寄せ方式は、売注文と買注文のバランスで売買を成立させる方法です。約定値決定前の売買注文を、優先順位の高い価格から**matching**（合致）させていきます。なおかつその数量が合致する値段を約定値段とするのです。板寄せ方式は、以下の場合に行われます。

　　①　前場と後場のそれぞれの始値と終値を決定する売買。
　　②　売買停止措置の後、取引を再開した最初の値段を決定する売買。
　　③　特別気配（特ウリ、特カイ）を表示しているときの値段を決定する売買。

　東京市場では、前場が始まる**9：00**、前場が終わる**11：30**、後場が始まる**12：30**、大引けの**15：00**はこの方法で注文が処理されるということです。成行きの売り買いが一方に偏っていると値段が飛んでしまう可能性もあります。

2）ザラバ方式　Zaraba Method

　ザラバ方法では、すでに発注されている売り注文（または買い注文）の値段と、新たに発注された買い注文（または売り注文）の値段が**matching**（合致）した時に売買が成立します。

Ａ会社のザラバ板

売り	株価	買い
5600	5280	
3200	5270	
800	5260	
6400	5250	
9800	5240	
	5230	11200
	5220	48000
	5210	8900
	5200	91240
	5190	5400

　ある日、東京市場（TSE：Tokyo Stock Exchange）において上のような板情報の銘柄があったとします。この会社の株式を購入したい場合、

1）すぐに買いたい場合：成り行き注文（market order）

　9800株までなら5240円ですぐに買うことができます。それ以上の数量になると成り行き買い（market order）をした場合、価格は10円ずつ上昇していきます。9800株を超えた分は次の6400株までなら5250円で約定、さらに800株までなら5260円まで価格が上昇して約定します。気をつけなければならないことは、売り板に並んでいる株数が少ない時は、それを上回る株数の成り行き買いを入れてしまうとすぐに値が飛んでしまうということです。

2）価格を優先し買いたい場合：指値注文（limited price order）

　どうしても5230円で買いたい場合、今ここで10000株の指値発注（limited price order）をすると、5230円の買い板に10000株が上乗せされて表示されます。そして約定は先に買い注文として入っている11200株からされていきます。

ランダムウォーク理論、テクニカル指標、リスクヘッジ

random walk theory（ランダムウォーク理論）とは、金融商品の価格を予想するにあたり過去の価格情報を元に「将来の価格は対数正規分布する」というweak form（ウィークフォーム）理論です。この理論に従うと、あらゆる金融商品の価格決定は統計学の確率に従うことになります。ある程度の利回りを期待しても、それが3%得られるか3%損をするかは半々の確率で起こるということになります。その結果、市場におけるexpected return（期待収益率）の計算や、value at risk（リスクの測定）にも意味がないということになってしまうのです。将来の株価は誰にもわからない、という大前提に立つと、日々のジグザグで不規則な値動きをする市場価格に対して、このランダムウォーク理論が注目されてきます。

日経平均株価（Nikkei 225）の値動きを予想する場合、翌日の日経平均が値上がりするのと値下がりするのではそれらの確率は50%ずつということになります。その期間が上昇トレンドに位置すれば日経平均の上げ下げの確率は純粋に50%とはなりません。

株価の上昇下落について超長期で考える場合には、企業の存在理由や成長性もかかわってくるのです。上場企業の存在意義は成長を前提としており、その業績が株価に反映されます。株価は市場全体に打撃を与えるsystemic risk（システミックリスク）がない限り、上昇傾向にある確率が高く、上下の確率がstandard deviation（標準偏差）に依拠するためには、より長い期間の測定が必要です。

株価は確かに日々の価格の変動を通じて形成されていきます。その過程でrandom walk（ランダムウォーク）に似た動きをすることも確かです。このfluctuation（変動）を株価のvolatility（ボラティリティー）といいます。巨額の資金の運用者であるfund manager（ファンドマネージャー）は、ボラティリティーが収益のopportunity（機会）でもあります。volatility（ボラティリティー）が大きければ大きいほど、profit（収益）とloss（損失）の幅が大きいということになり、利益だけではなく損失の恐れも大きくなることになります。リスクを少しでも減らすために使われているのが、過去の値動きのパターンであるhead and shoulder（ヘッドアンドショルダー）やtriple top（トリプルトップ、三尊天井）などのtechnical analysis（テクニカル指標）なのです。

テクニカル指標は、金融商品の価格形成理論において、ランダムウォークの理論に立脚しながらも、その確実性ついては単なる予想の域を出ていません。そこで**derivatives**（デリバティブ）を活用した**option**（オプション）を利用しての**risk hedge**（リスクヘッジ）が重要になってきます。

―――――

●サルのダーツ投げ

ランダムウォーク理論の実証例として、サルのダーツ投げ理論が有名です。ある新聞に印字してある株式欄に向かってサルにダーツを投げさせ、射抜いた銘柄群に投資をします。そしてプロのファンドマネージャーが選びぬいた銘柄群を**portfolio**（ポートフォリオ）投資した場合と比較します。それらの運用結果はほとんど差がないという事例が散見されています。**investigation & valuation**（企業を精査）して選択し投資しても、株価形成の確実性は保証されないのです。

また、**insensibility to the market information**（情報に鈍感であること）が結果として効率の良い投資利回りに結びつくこともあります。**market efficiency**（市場の効率性）では日々のニュースを株価や金利は**price out**（織り込み）にいこうとします。そのニュースには好材料もあれば悪材料もあります。どのようなニュースが次に出てくるかを市場は予想することができないのです。思惑とは反対のニュースや材料が出てきたときに、市場の動きに追随せず、あえて放置することで結果として効率的な運用ができることもあります。

Financial products（金融商品）

financial products（金融商品）とは、お金を**circulate**（融通）するための**instruments**（手段）を指します。身近なところでは、**banks**（銀行）や**Japanese post bank**（ゆうちょ銀行）に預ける**deposit**（預貯金）も、国が発行する**bonds**（債券）も金融商品となります。また、**accident insurance**（損害保険）や**life insurance**（生命保険）も、**insurance company**（保険会社）が資金を集め、二次的に資金を融通する金融用品ということができます。

これらの預金や保険などは、市場で自由に売買されるわけではなく、その意味では金融商品と表現すると違和感があります。**stock**（株式）や**bonds**（債券）などは

金融商品としての代表格ですが、それらは市場で売買され、価格が市場で決定される金融商品です。**funds**（ファンド）や**ETF：Exchange Traded Funds**（指数連動型ファンド）、**structured bonds**（仕組み債）などの二次、三次の転売が信用を創造しマネーを膨らませます。信用創造によるマネーの増加は**liquidity**（流動性）を増加させ、資産効果と呼ばれる資本ストックの価値上昇による消費や、投資意欲を増加させる効果を持っています。

　一方で、それら創造されたマネーは市場の動向によって裏づけを簡単に失ってしまうこともあるのです。市場の**trend**（トレンド）や**volatility**（ボラティリティー）に連動し、それらの動きに対して**loss**（損失）を**hedge**（リスクヘッジ）しておく必要が生じます。一連の金融取引がすべて市場で完結し得ることが金融商品としての条件になってきます。

商品市場とコモディティー市場

　金融商品と同じく市場で投資の対象として**commodity**（コモディティー、汎用商品）があります。商品といっても店頭で一般的に売られている**general products**（製品一般）ではなく、**gold**（金、ゴールド）、**silver**（銀）、また**platinum**（プラチナ）などの**precious metal**（貴金属）、**aluminum**（アルミニウム）などの**nonferrous metal**（非鉄金属）、**crude oil**（原油）や**agricultural products**（農産物）、**livestock**（畜産物）など、人間の生活に基本的に必要となる商品のことを示します。

　commodity（コモディティー、汎用商品）が店頭販売されている**products**（商品）と異なる点は、**generalization**（一般化）がなされている点です。店頭での商品には少しでもお客さんに買ってもらえるよう**brand**（ブランド）や**quality**（品質）、**price**（価格）による他商品との**differentiation**（差別化）が図られていますが、市場で取引される**commodity**（コモディティー、汎用商品）はそれらの**differentiation**（差別化）や**characterization**（特徴）づけは行われていません。例えば、金といえばどの国でどの業者が採掘し精製したものでも、ひとたび金という品質的な**certification**（認証）さえ受けられれば、それは未来永劫、金として流通するのです。差別化のないレベルでの**demand**（需要）と**supply**（供給）に応じて価格が決定されるという原理です。

　commodity（コモディティー、汎用商品）が、**common**（共通化したもの）を語源に持つ

ことも理解できるでしょう。**commodity**（コモディティー、汎用商品）には、どれを選んでもみな同じという**negative**（ネガティブ）な**image**（イメージ）もあります。同時に、ある**category**（カテゴリー）に属する商品の**demand**（需要）が増すと、品質以前に価格が高騰してしまったり、需要減退により価格が一気に下がったりするという性質を持っています。

　commodity（コモディティー、汎用商品）には世界中で、いつでも取引価格が確認できるというメリットがあります。需要家は、取引するタイミングを、市況を見ながら判断することができるのです。これは金融における**future contract**（先物取引）の先駆けともなりました。

　農産物では、その生育期に、収穫期の需要や作付け状況を見込んで先に需要家と生産者が取り決めた価格で取引を成立させておくことも可能になるのです。そのような**future contract**（先物取引）は、**supply side**（供給者）の不確実性を緩和し、また投資家（需要家）にも安定的な利益を提供する機会となりました。その意味で**commodity market**（商品市場）は、人間社会の営みにできるだけ**stably**（安定的に）**contribute**（寄与）する**system**（システム）でもあるのです。

　自由な金融商品である以上、需要家ではない投資家が**speculation**（投機）目当てに商品市場にも参加するようになってきました。投機目的での商品市場への投資行動の**fundamental**（本質的な）問題点は、投資対象の商品が実際に**tangible products**（目に見える商品）であり、それを現実にどこかで保管あるいは販売しなければならないことです。

　例えば、原油の取引に参加し買値よりも大きく現物価格が下がってしまった場合には、期日までに損失を決済するか、現物を引き受けなくてはなりません（現引き：**settlement**）。株式や債券であれば、手元の金庫に保管しなくても証券会社や証券保管振替機構（ほふり）にて電磁的に管理されています。保管にかかる大きな**cost**（コスト）は生じません。世界のほとんどの証券市場では**Security Depository System**（証券保管振替制度）が採用され、**common securities**（上場株券）、**changeable bonds**（転換社債）、**ETF：Exchange-Traded Funds**（株価指数連動型の投資信託）、**REIT：Real Estate Investment Trust**（不動産投資信託）、さらに協同組織金融機関の**priority stock**（優先株）などは証券保管振替機構にて管理されています。

　投機家が現引きすることに多大なリスクとコストを要する点からも、商品市場

はもともと安定した供給を望む需要家のための**hedge**（リスクヘッジ）市場といえる
でしょう。**hedge**（リスクヘッジ）市場の目的は、急激な商品の値上がりで（気候変動な
どが主因）商品の調達が困難になっても、なるべく商品を調達できるようにすること
です。

　商品市場における先物取引とは安定供給を目的にしたものでした。
speculation（投機）マネーの商品への流入により、実際の需要よりも高い市場価
格が形成されてしまい、実需家に影響を及ぼしながら**inflation**（インフレーション）の
懸念を増加させてしまう側面もあるのです。

デリバティブ

　derivatives（デリバティブ商品）とは、金融派生商品と呼ばれ、**stock**（株式）、
bonds（債券）、**deposit**（預貯金）、**loan**（ローン）、**foreign exchange**（外国為替）な
どの原資産の**risk**（リスク）を低下させ、リスクを覚悟して高い収益性を追求するた
めに活用されています。

　derivatives（デリバティブ商品）には、将来売買を行なうことをあらかじめ約束す
る**future contract**（先物取引）や、将来売買する権利をあらかじめ売買する
option（オプション）取引、為替や金利のリスクを**hedge**（ヘッジ）するための**swap**
（スワップ取引）などがあります。これらの派生商品が開発された理由は、お金を働か
せる投資運用そのものが**hedge**（リスクヘッジ）と**speculation**（投機）という2つの
機能を内包しているからです。

　投資活動が**gambling**（賭博）と異なる最大のポイントでもあります。何もしない
で現金で資産を保持していることは、インフレや金利の変動というリスクにさらさ
れていることにもなります。その資産防衛のために何かをしなければならないの
です。デリバティブは決して**negative**（ネガティブ）なイメージである**speculation**
（投機）の道具ではなく、お金を運用するための基本的な**knowledge**（知識）でもあ
ります。

デリバティブの歴史

　derivatives（デリバティブ商品）は、人類の歴史と大きなかかわりを持っています。

日本では、江戸時代の大阪、堂島での**rice market**（帳合米相場）が世界で最初の本格的な**derivatives**（デリバティブ商品）と言われています。米相場は主に天候による米の豊作や不作を**hedge**（リスクヘッジ）するための、**future contract**（先物取引）の典型といえます。

　古代ギリシャの哲学者ターレスは**olive**（オリーブ）絞り機を借りる**option**（オプション）を開発したと言われています。天文学の知識によってオリーブの豊作が予想されるシーズンの前にオリーブ絞り機を借りる**option**（オプション）を買っておき、実際に豊作になったときにその権利をより高く人々に販売することで大きな利益を上げたといわれています。これは現代の**option transaction**（株式オプションの売買）

と全く同一なのです。このように**derivatives**（デリバティブ）は、必要性の変化に対する**hedge**（リスクヘッジ）と、市場の需要予想を組み入れた収益機会の活用という優れた金融商品といえます。

時価総額経営

企業の**stock price**（株価）と**total number of issued shares**（総発行株式数）をかけ合わせた金額が**market cap**（時価総額）です。**market cap**（時価総額）は、株価が時価であるがゆえに**fluctuate**（変動）します。また、時価総額は**intangible**（目に見えない）株式の**premium**（プレミアム）を含んでいますので、市場が評価している企業価値の一部ということになります。企業を買収する際にはその買収コストを表す最も明確な数字ともいえます。

個別の企業だけではなく、その株式が上場されている国の市場を比較すると時価総額の上昇率の大きい市場は、世界の資本家から見て高く評価されています。長い目で見ればその国の産業の**growth rate**（成長率）や、その市場に属する企業群の成長性が重要となります。

時価総額経営と株式会社の仕組み

market cap（時価総額）の増加は、**capital gain**（キャピタルゲイン）を株主にもたらします。キャピタルゲインは株主に対する最大の**merit**（メリット）となります。長期的な株価の上昇は、何より**shareholders' value**（株主価値）の安定をもたらします。株主の立場で考えると、得られたキャピタルゲインで**re-investment**（再投資）をしても良いし、その株を長期間保持しても良いという新たな安定株主としての**motivation**（モチベーション）となるからです。**shareholders' value**（株主価値）の安定は経営に対する支持ともなります。

時価総額の上昇は、直接的に敵対的な買収からの防衛策となります。企業がきちんと市場に評価されているという状況では、株価は決して割安と評価されません。**Funds**（ファンド）が、割安な株式を買い占めて正当な企業評価価額で再販売するという理由が薄れます。また、**integration**（統合）による**synergy**（シナジー）効果を得るために買収をかけようとする場合でも、相手の株価が高ければ高いほど

premium/goodwill（暖簾代）という形で、高いコストを払わなければなりません。

　投資対象の価値が上昇した場合の含み益は、投資家の**margin trading**（信用取引）の投資余力をもたらし市場を活性化させます。この信用創造のプロセスを、企業と株主が長期的な**communication**（コミュニケーション）として行うところに時価総額経営の最大のメリットが生じるのです。

　時価総額の増加は**M&A：Merge & Acquisition**などの買収提携戦略にも大きなメリットを与えます。経営が市場からの**credibility/trust**（信任）を得ている状態＝時価総額が高い状況とすると、時価総額が低く放置された企業は株主に**contribute**（貢献）できていない状態といえます。そのような経営者に代わり、時価総額の大きい企業が経営権を握ることで、買収する側は経営の改善による企業価値の増加という直接的な利益を得ます。買収される側の企業の株主は、経営の改善で**capital gain**（キャピタルゲイン）を期待することができるようになります。

　時価総額経営は、**new issue**（増資）する場合の新株の**issuing price**（発行価額）を大きくし、より多くの現金を得ることができるという利点があります。投資家から見ると**direct investment**（直接投資）ということになります。ただし、低金利の局面では、新株発行による資金調達よりも自社の信用力を生かした形での低利の**debt**（融資）のほうが**cost of capital**（資本コスト）を低く抑えることが可能になります。

株主の権利と株式の種類

shareholders' rights（株主の権利）は大きく分けて下の**4**つがあります。

1）　配当を受ける権利（**dividend right**）
2）　議決権（**voting right**）
3）　会社解散時の財産の分与権（**residual claim**）
4）　新株引受権（**preemptive right**）

　これら**common stock**（普通株）に対して、株式の発行企業とその引き受け企業の都合に合わせた普通株以外の株式もあります。**shareholders' equity**（株主資本）による資本調達を、**voting rights**（議決権）の付与なしで行いたい企業にとって

は、普通株式ではなく**preferred stock**（優先株式）の発行が可能です。これは**passive shareholder**（物言わぬ株主）・**institutional investors**（機関投資家）が引き受け先となり、普通株式よりも高い配当を受ける条件で割り当てられます。また、**venture capital**（ベンチャーキャピタル）が、**going public**（上場）を目指す企業への投資を行う際にも優先株は用いられます。優先株は普通株と異なり、**bankruptcy**（倒産）時には残余財産の分配においても普通株式の株主より優先します。企業にとっては、債券と違い償還期間が定められていないメリットと、既存株主の**EPS**（一株あたりの利益）の**dilution**（希薄化）を防ぐ効果もあります。

　優先株式に付与されうる権利は、以下の**9**点が挙げられます。

1） 　配当優先権（**Preferential Dividends**）

2） 　残余財産優先分配権（**Liquidation Preference**）

3） 　議決権（**Voting Rights**）

　　　アメリカでは優先株式は、議決権付き優先株のことが多い。

4） 　取締役選任権（**Right to Elect Directors**）

　　　取締役選任権は、個々の投資契約に記載されるケースが多い。

5） 　希薄化防止条項（**Anti-Dilution Provision**）

　　　既存株主の持分比率の希薄化（**Dilution**）を防止するため。

6） 　防御条項（**Protective Provisions**）

　　　優先株主に対し経営事項の変更に拒否権を付与。

7） 　普通株式への転換権（**Conversion Rights**）

8） 　強制転換条項（**Automatic Conversion**）

　　　特にベンチャー企業の優先株は上場時、通常株式公開時に自動的に普通株式に転換。

9） 　償還請求権（**Redemption Rights**）

　　　発行会社が優先株を買い戻さなければならない条項。株式ではなく社債とみなされる税務・会計上のリスクが発生する。

株価の変動要因

　株価の変動要因には、業績や**foreign exchange**（為替）、経済指標、

interest（金利）などが挙げられます。

　金利の上昇は一般的な株式市場には**negative**（ネガティブ）な効果をもたらします。株価には株価の変動リスクである**volatility**（ボラティリティー）が含まれており、株式の配当利回りが決して安定的でないことに対して、**deposit**（銀行預金）や**fixed income**（債券）は利回りが安定的で有利になるからです。企業でも、金利の上昇は設備投資などの資金に対する**demand**（需要）を減らし、長期的な業績伸長に対して懐疑的な見方につながります。ただし、銀行株には金利の上昇が貸出利ザヤの改善につながることから、金利上昇＝株価の下落、と一概には言えません。

　為替に関しては、**base currency**（基軸通貨）である米ドルと株価の相関があります。日本経済が、輸出産業主導型経済といわれていた高度成長時代には、**depreciation of US dollar**：米ドルが安く（appreciation of Japanese Yen：円が高く）なると多くの輸出企業の業績が下がるとの思惑から日本の株式市場には**negative**（ネガティブ）となりました。逆に、米ドルが高く（円が安く）なると輸出企業の採算が改善するとの思惑から、日本の株式市場にとっては**positive**（ポジティブ）になりました。

IPO：Initial Public Offering（株式公開）

　株式が自由に売買される**secondary market**（セカンダリー市場、流通市場）に対して、株式を新規発行し資金調達する市場を**primary market**（プライマリー市場、発行市場）といいます。**primary**（プライマリー）という言葉が表すように、企業の株式公開（上場）は**going public**と表現され**private company**（未公開企業）が**direct investment**（直接金融）という**process**（プロセス）を通じて資金を調達する主要な仕組みです。株式の**secondary market**（セカンダリー市場、流通市場）における株式の売買のボリューム）なくしては**liquidity**（流動性）を確保することはできません。プライマリー市場は活性化せず、成り立たないのです。このように2つの市場は**mutually complementary**（相互補完的な）機能を担っているのです。

　株式公開企業となるための基準と具体的手法は下記のようにまとめられます。

1）株式公開企業となるための要件

取引所の定めた公開基準（listing requirements）

　発行株式数（number of shares）

　株主構成（shareholder structure）

　増資実績（capital increase）

　株式異動（changes in shares）

2）株式公開のための具体的手順（steps for initial public offering）

一般投資家に対する株式売り出し（sales）または公募（public offering）

　仮条件の決定（indicative price range）

　需要調査（book building）

　売り出し・公募価格の決定（offer price）

金利の変動

　interest（金利）とは、お金のレンタルにかかる**rental fee**（レンタル料金）です。金利は**deposit**（貯金）として銀行から利子がつきます。**interest**（金利）を上下させる金融政策は、その国の中央銀行の政策の下、**economic growth**（経済全体の成長）を目指し、**inflation**（インフレーション）よる**currency**（通貨）の減価を防ぐための手段です。

　民間の銀行は、中央銀行の金融政策に基づき、経済活動をします。一般個人や事業法人から預け入れられた**deposit**（預金）をそのまま寝かせているわけではありません。そのおカネを使って**loan**（貸し付け）たり**invest**（投資）したりして別の**opportunity**（機会）を活用し収益を上げています。預け入れ利率を低く抑えてしまうと、預金は銀行に貯蓄されず、**stock**（株式）や**bonds**（債券）などのほかの**financial products**（金融商品）にまわることになります。

　金利を、個人のお金に対する**demand**（需要）という視点から考えると、一番大きなものに**mortgage loan**（住宅ローン）や**automobile loan**（車の購入ローン）、**credit card**（クレジットカード）の**payment by installments**（割賦払い）に付加される金利などがあります。金利の変動は、消費行動にも大きな影響を及ぼします。資金のない状態で、欲しいものを我慢する**opportunity cost**（機会コスト）の

value（価値）が、その金利を上回れば金利が順次上昇していっても**consumption**（消費）は拡大します。

　また、企業の資金需要という観点からは、企業の設備投資の動向は金利の変動に影響を受けます。金利の上昇局面でも、資金借り入れに対する需要が増すことは、景気の先行きに楽観視する人々が増えるとともに資金の流れの活性化につながります。

　このように、金利も**supply and demand**（需給）に応じて変動するのです。資金に対する需要が大きいときには金利に**increase**（上昇）圧力がかかります。逆に資金の需要が大きくないときは金利も**decrease**（漸減）する**mechanism**（メカニズム）です。

　金利の決定メカニズムは、株式とは異なる仕組みで、銀行が役割を果たします。お金の借り手のほうが貸し手よりも多い場合は、銀行に対する資金需要も増えるため、銀行間での資金のやり取りの中で、金利の上昇圧力が働きます。銀行が市場における**middleman**（仲買人）の機能を働かせながらも、資金の**demand**（需要）と**supply**（供給）に応じて金利を**adjust**（調整）しているのです。

金利の決定プロセス

　process of determining interest rates（金利の決定プロセス）は、**economics**（経済学）の基本を知ることで理解することができます。MBAで学ぶ経済学は、**macroeconomics**（マクロ経済学）と**microeconomics**（ミクロ経済学）に分かれます。

　マクロ経済学は、世界や国の経済環境がテーマです。例えば、**inflation**（インフレーション）や**exchange rates**（為替レート）などの経済指標を分析し、ビジネスの外的要因の分析が可能になります。

　ミクロ経済学は、個々の企業や消費者の行動がテーマで、個別の**price determination**（物価の決定）や**job creation**（雇用創出）の理論を学びます。例えば、**demand**（需要）と**supply**（供給）の関係や価格決定のメカニズムなどを分析し、自社の商品企画などに役立たせることが可能となります。

　金利の決定要因に大きく関係するのはマクロ経済学です。中でも、アメリカの経済学者アーヴィング・フィッシャーが提唱した**Fisher's equation**（フィッシャー方

程式）は、**nominal interest rate**（名目金利）、**real interest rate**（実質金利）、**expected inflation rate**（inflation-linked bonds）（期待インフレ率（物価連動債））の関係を表し、金利の決定プロセスの理解に役立ちます。

● フィッシャーの方程式

実質金利＝名目金利－期待インフレ率（物価連動債）

Real interest rate = **Nominal interest rate** − **Expected inflation rate**

（inflation-linked bonds）

例えば、名目金利が**5**％で期待インフレ率が**3**％ならば、実質金利は**2**％となります。

名目金利とは、一般的に金利と言われているもので、銀行などで表示されている金利ですが、各国の**10**年物国債（長期金利）で表されることが多くなっています。**10**年物国債の利回りは、**MBA**のファイナンス理論における**WACC**（資本コスト）の計算などに使用する無リスク金利となります。

期待インフレ率を表す**inflation-linked bonds**（物価連動債）は**BEI：Break-Even Inflation rate**（ブレークイーブンインフレ率）とも表現され、債券の**principal**（元本）や利率をインフレ率に応じて調整する仕組みを持った債券です。市場で取引され、**inflation hedge**（インフレヘッジ：インフレによる資産価値の減少を防ぐために行う投資）の効果が期待できます。物価連動債は、インフレ期待が高まると値上がりし、デフレになると値下がりするという特徴を持ちます。

名目金利から期待インフレ率（物価連動債）を引いた金利のことを **real interest rate**（実質金利）と言います。この金利は、物価上昇の影響を除いた金利の水準を表します。したがって、外国為替の取引などで実質金利が高い国の通貨は、低い国の通貨よりも利回りが高く、為替レートは高く（通貨が強く）なる傾向があると言われています。

また、フィッシャー方程式は、各国の中央銀行の金融政策にも応用されています。例えば、名目金利が比較的低位で安定していれば、期待インフレ率を高めることで実質金利を低下させ、消費や投資を促進し、物価上昇や景気回復につなげることができると考えられます。反対に意図せず物価の急激な上昇局面（インフレ）となっている場合、名目金利を上げることで、実質金利を上昇させ、通貨の減価と

物価上昇の減速を促すことができるとされています。

Yield curve（イールドカーブ）

　お金を借りた場合の金利は**rental fee**（レンタル料）と言う表現をしました。一般にモノを借りるときは、約束の返済期日を過ぎた場合の**late charges**（延滞料金）は、もともとの契約よりも割高に設定されます。これはお店から見た場合、店の在庫である特定の商品を、特定の借り手が独占してしまうことで生じる、他の顧客が商品を借りることができなくなる損失を補償するという考え方に基づきます。**opportunity**（機会）を逸してしまうという**opportunity cost**（オポチュニティーコスト、機会コスト）を、お店が高く設定しているからです。「あの店はいつ行っても借りたいものが全部貸し出し中」ではお客さんは来なくなってしまうでしょう。お金もそれと同じで、長期で借りれば借りるほど金利は割高になります。貸し手から見た場合、長期に貸し出しが固定されてしまうということは、本来なら他の収益の**opportunity**（機会）に活用できたかもしれない資金を、一箇所に**fix**（固定）してしまうことになるからです。

　長期に貸し出したときの利率と短期に貸し出したときの利率の差を**yield curve**（イールドカーブ）と呼びます。イールドカーブは**short term interest**（短期金利）と**long term interest**（長期金利）の差です。これを応用すると長期の借り手と短期の借り手の間で、それ以降の景気の先行きに対する見方を巡って、債券の価値の変動を取引対象にする動機が生まれます。

複利計算

　資金を運用するときに最も単純な考え方は、**principal**（元本）と**simple interest**（単利）による利息を切り離して考える方法です。元本は減少することなく保全され、その他に**income gain**（インカムゲイン）として得られる利益があります。単利計算ではなく、金利を元本に加えていきながら利率を上乗せしていく**compound interest**（複利）が**asset management**（資産運用）の基本です。

　単利計算と複利計算では運用を**10**年程度で考えると大きく差が付きます。単利では、年率**5**％、**1000**万円の元本に対して毎年**50**万円の利息が付きます。こ

れで得られる単利での利子の合計は税金を無視して考えると**10年間X50万円**で**500万円**となります。元本とあわせると**1500万円**が手元に残ることになるわけです。

　複利の場合、その総額は**1000万円** × （**105％の5乗**）となるので、総額は約**1629**万円となります。単利と複利の差は約**130万円**にも上るのです。

　複利による計算方法は、投資資金の**NPV：Net Present Value**（正味現在価値）、**PV：Present Value**（現在価値）を計算するときにも使われます。**PV**（現在価値）の計算は複利計算の逆を行うことになります。企業が**project**（プロジェクト）に投資する場合、その時点から現金を複利の債券で運用したときに得られる**cash flow**（キャッシュ・フロー）に対して、それを上回る事業プロジェクトの収益性が求められます。さらに**NPV：Net Present Value**（正味現在価値）を計算することで、投資期間中の複利による資金の運用成果を測定することが可能になります。

NPV：Net Present Value

　NPV：Net Present Value（正味現在価値）における投資資産の現在価値の算定は、企業の投資プロジェクトの採算測定に使われます。その事業プロジェクトの**exit**（終結時）に企業にもたらす**cash flow**（キャッシュ・フロー）の合計の現在価値が、事業以外の金利収入で得られるキャッシュ・フローの合計の現在価値を上回っていれば、その事業プロジェクトには投資すべしという結論になります。この状態を**positive NPV**（NPVが黒字）と表現します。

割引計算の一例

　2つの例を考えます。**1000万円**を運用し、①**1年後**に**1200万円**全額受け取る方法と、②**1年後**から**5年間**、毎年**250万円**分割で受け取る方法（5年間での合計受け取り金額は1250万円になります）を選ぶとします（年利回りは10％とします）。どちらが多くのキャッシュをもたらすでしょうか。一見、②の例は受け取り総額が①よりも**50万円**多いので有利に思えてしまいます。

① **1年後に1200万円全額受け取る**

1年後の**1200万円**を現在価値に割引くと、**1200万円/**(1+10%) = **1090万円**

② **1年後から5年間にわたって毎年250万円分割で受け取る（総額1250万円受け取る）**

1年後に受け取る**250万円**の現在価値：**250万円/**(1 + 10%) = **227万円**

2年後に受け取る**250万円**の現在価値：**250万円/**(1 + 10%)2 = **207万円**

3年後に受け取る**250万円**の現在価値：**250万円/**(1 + 10%)3 = **188万円**

4年後に受け取る**250万円**の現在価値：**250万円/**(1 + 10%)4 = **171万円**

5年後に受け取る**250万円**の現在価値：**250万円/**(1 + 10%)5 = **155万円**

合計 　　　　　　　　　　　　　　　　　　　　　**948万円**

このように、現在価値に割り引くことで結論は大きく異なり、**1）** のほうが**142万円**も有利になるのです。

アメリカの経済政策と金利

　経済政策は、主に**fiscal policy**（財政政策）と**monetary policy**（金融政策）から成り立ちます。財政政策は税収や公共投資などの調整を行います。ここでは主に金融政策について述べていきます。

　各国政府の金融政策は主にその国の中央銀行によってコントロールされています。中央銀行は日本では日本銀行（**BOJ：Bank of Japan**）、イギリスでは英国中銀イングランド銀行（**BOE：Bank of England**）、欧州では欧州中央銀行（**ECB：European Central Bank**）、そして中央銀行という表現は当てはまりませんが、アメリカの金融政策をコントロールしているのは、米国連邦準備制度（**FED：**フェド、**Federal Reserve System**）です。

　中央銀行の目的は、**inflation**（インフレ）の抑制を通じた金融市場の安定です。**FED**の場合は雇用の創出も目的とされています。**globalization**（グローバル化）が進み、国境を越えたマネー経済の進展により、各国の景気循環を考慮しながらも、世界的な金融政策を協調して行っていく必要があるのです。

ここではアメリカの**FED**、フェド（連邦準備制度）を中心に見ていくことにしましょう。ます、フェドの金融政策の大原則は、**1**）**stabilize price**（物価の安定）、**2**）**money supply**（通貨供給量）のコントロール、です。そしてその具体的手段は次の**3**点です。

1） 公定歩合操作（the Bank rate operation）
　不景気の場合は、**monetary easing**（金融緩和）を行い、**lower rates**（金利を下げ）ます。それにより資金需要を増やし、景気を刺激します。好景気の場合は、**monetary tightening**（金融引き締め）を行い、**raise rates**（金利を上げ）ます。それにより資金需要を減らし、物価を抑制し、景気を沈静化させていきます。インフレーションの抑制が目的です。

2） 公開市場操作（open market operation）
　金利低下と**liquidity**（流動性）の供給（景気の下支え）を目的に、**FED**が金融機関から**treasury bonds, treasury bills**（国債）などを買い取り**cash**（現金）として供給します。逆に、金利の上昇と物価の抑制（インフレーションの抑制）を目的にする場合は、金融機関に国債を売却し、市中の現金を吸収します。

3） 支払準備（reserve requirements）
　民間銀行は預金の払い出しに対応するため、ある一定の**reserve**（現金準備金）を**FED**に対して無金利で預ける義務を負っています。この準備金を**FF：federal funds**（フェデラルファンド）と呼びます。**FF rate**（FF金利：銀行間取引の基準レート、日本では無担保コール翌日物の金利）は、この準備金を上げ下げすることで（準備率上昇→市中資金量減少→金利上昇、準備率低下→市中資金量増加→金利低下）調節されています。

　連邦準備制度は**FED**（フェド）と呼ばれることが多いです。日本でニュース報道される場合は**FRB**（エフアールビー）や**FOMC**（エフオーエムシー）と表現されることもあり、わかりにくい制度というイメージがあります。
　そこには、アメリカの連邦制としての機能的な意味合いも含まれています。フェドは以下の**3**つの機関で構成されています。

1） 連邦準備制度理事会（FRB, Bank of Governors of Federal Reserve System）

ワシントン**D.C.**の意思決定機関。**7**名の理事で議決されます。

2） 連邦公開市場委員会（FOMC：Federal Open Market Committee）

FFレートの上げ下げを具体的に決定する会合を年間**8**回開きます。**FRB**の理事が招集されます。

3） 連邦準備銀行（Federal Reserve Bank）

FOMCの決定事項を実行する部隊です。全米で**12**箇所ある地区連銀で構成され、ニューヨーク連銀（Federal Reserve Bank of New York）がそのリーダーの役割を果たしています。

債権と債券（credit and bonds, debenture, fixed income）

お金を有効活用する方法には、**stock**（株式）に投資する他、他人に資金を貸し出して**credit**（債権：借用証書）を運用する、**bonds**（債券）への投資方法もあります。債券でよく言われる概念的な特徴は、金利が上がると債券価格は下がり、金利が下がると債券は上昇するということです。

債券とは、**maturity**（償還期限）、**coupon**（クーポン、利息）が発行時に決められており、**principal**（元本）への投資が満期になると**redemption**（償還）される有価証券です。**maturity**（満期）になる前に市場で売却することも可能です。債券のリスクは、発行体の**default**（デフォルト、債務不履行）と金利の**fluctuation**（変動）です。**default**（債務不履行）のリスクは、発行体企業の**rating**（格付け）により測定が可能です。市場全体のリスクとなる金利の変動には、金利上昇により債券価格は下落、金利低下により債券価格が上昇するという仕組みです。

金利と**pure discount bonds**（純粋割引債）の関係について、金利**10**％、額面**1000**ドル、クーポン利率**10**％の**2**年債を数式で表すと下記のようになります。

$$\$1,000 = \frac{\$100}{1.10} + \frac{\$1,000 + \$100}{(1.10)^2}$$

ここで金利が年利回り**13**％になったとすると

$$\$949.96 = \frac{\$100}{1.13} + \frac{\$1{,}000 + \$100}{(1.13)^2}$$

以上では金利が**3**％上昇すると、**bonds**（債券、既発債）は**\$949.96**で売買されることになり、債権価格が下がることがわかります。

逆に金利が**annual rate of return**（年利回り）**7**％になったとすると

$$\$1{,}054.24 = \frac{\$100}{1.07} + \frac{\$1{,}000 + \$100}{(1.07)^2}$$

このように、金利が**3**％下落すると、**bonds**（債券）価格が上昇して取引されることになります。

以上の方程式で表される債券は、**coupon**（クーポン）**10**％、**7**％の**yield to maturity**（満期利回り）を生む、**\$1,054.24**で**priced**（値付け）されている**bonds**（債券）といいます。

債券には**pure discount bonds**（純粋割引債）や、複数回に分けたクーポンを受け取る**level coupon bonds**（均等割付債）、永久にクーポンを受け取る**perpetuity**（コンソル債）という**3**種類があります。

債券の収益機会

bonds（債券）は一種の借用証書であり、一対一の**loan contract**（貸借契約）に基づくものです。資金の貸し出しは借り手の**credit**（信用）によって**principal**（元本）や**interest rate**（利率）、**maturity**（貸し出し期間）を決定します。借り手から見ると、資金の貸し手は誰であっても当初の貸借契約が守られるのであれば、誰に返済しても構わない状況になるわけです。

法的にも借用証書の**transfer**（転売）は是認されています。ここに資金の貸し手が借用証書を売買して貸し出している資金を運用する**opportunity**（機会）が生まれます。**collection**（取立て）の権利である債権は**intangible**（目に見えない）権利で

すが、**tangible**(目に見える)の債券となって市中で流通します。

　債券では、資金の貸し出し時点で、返済の時点や利率が決められているのですが、これが市中金利の動向によって**profit opportunity**(収益機会)となります。

　これから金利が上昇すると予想する資金の運用者が手元に債券を持っている場合、現状の債券を手元に置いておくより、上昇した金利で新たに貸し出しをしたほうが運用の効率が上がります。現在持っている債券を売り出したいという**motivation**(動機)が生まれます。また、すぐに**liquidation**(現金化)したいと考える債券の保有者は、その債券を売り出す必要も生じます。一方で、金利が下落するという予想する運用者は、現時点で利回りが固定されている債券を購入し資金を運用するという動機が生まれます。

日本国内の債券の種類

　債券には、さまざまな種類があります。国が発行する**government bonds, national bonds**(国債)のなじみが深いです。そのほかには地方自治体が発行する**municipal bonds**(地方債)、企業が発行する**bonds, debenture**(社債)、社債を株式に転換できる権利がついている**CB：Convertible Bonds**(転換社債)、外国の自治体が外国の通貨、海外の市場で発行する**Yankee bonds**(ヤンキー債)などがあります。債券は、証券会社を通じて購入することができます。

●債券発行者による分類

　債券を購入する際には、誰が発行者なのかを知ることもポイントです。担保がないローンですので発行人の**default**(デフォルト、債務不履行)のリスクに注意する必要があります。購入した債券が、約束している**maturity date**(満期日)に**redemption**(償還)されるかどうかや、**interest payment**(利払い)が確実におこなわれるかどうかについては、発行者の**rating**(格付け：信頼度)で判断します。

　公的機関、すなわち国や地方自治体、政府機関の発行する債券を**public and corporation bands**(公社債)といい、民間の株式会社の発行する債券は**bonds, debenture**(社債)といいます。非居住者による円建て発行債券を**Yen-denominated foreign bonds, Samurai Bonds**(サムライ債)、米ドルあるい

は他外貨建ての場合は**Shogun Bonds**（ショーグン債）と呼ばれています。

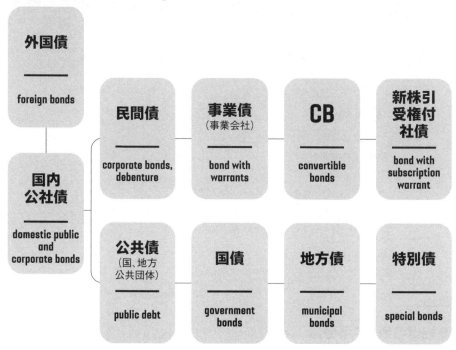

●**発行形式による分類**

　債券に**coupon**（利子、クーポン）がつくのか、**zero coupon bonds**（ゼロ・クーポン債）なのか、株式に変換することができる**convertible bonds**（転換社債）なのかの分類です。

利付債	割引債	CB	新株引受権付社債
interest-bearing bonds	discount bonds	convertible bonds	bond with subscription warrant

確定利付債
fixed-interest bonds

変動利付債
floating-rate bonds

●担保種類による分類

債券投資には、**coupon payment**（利払い）と**redemption**（償還）が確実におこなわれるかが重要なポイントです。通常、**maturity date**（満期日）には額面金額が戻ってきますが、銘柄によっては、**guaranty**（保証）や**security**（担保）が付与されている債券もあります。

政府保証債	一般担保付債	物上担保債	無担保債
government-guaranteed bonds	secured bonds	mortgage bonds	unsecured bonds

●通貨による分類

債券のうち、**Shogun Bonds**（ショーグン債）などの払込代金の支払い、利子や償還金の受け取りが**foreign currency**（海外の通貨）でおこなわれる場合は、海外

の通貨を日本円に換算して受け取りますので、為替リスクが生じます。

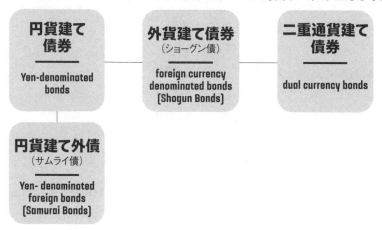

●マーケットによる分類

newly- issued bonds（新発債、新しく発行される債券）か、outstanding bonds
（既発債、既に発行されている債券）による分類です。新しく発行され（＝発行市場）、払込期日
の決まっている債券を新発債といい、購入価格は最初から固定されています。一
方、issue（発行）された後、流通市場で売買されているものを既発債といい、価格
はそのときの金利によってfluctuate（変動）します。

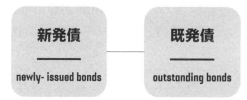

債券の券面には、1万円、10万円、100万円といった金額が記載されています。
この金額をface value（額面金額）といい、matured date（満期日）を迎えると債券
のissuer（発行者）より、face value（額面金額）がredemption（償還）されます。株
式一般に対して債権一般をfixed incomeと表現することもあります。

最低の**face value**（額面金額）

債券種別	最低申込単位	額面
国債	5万円	100円
短期国債・政府短期証券	1,000万円	100円
個人向け国債	1万円	100円
地方債	1万円	100円
売出し金融債	1万円	100円
政府保証債	10万円	1000円

　市中で取引される債券価格は、日本では**face value**（額面）を**100**円として実際の価額がいくらか、ということです。債券の価格は、日々変動していきます。例えば、市中価格が額面と同じ**100**円のときを**par**（パー）といいます。価格が**100**円を上回ると**over par**（オーバーパー）、**100**円未満のときは**under par**（アンダーパー）といいます。なお欧米では、額面を**100**％として、それに対する**percentage**（パーセンテージ、割合）で示されるのが一般的です。

　額面価格に対する債券価格の変動は市中の金利動向に応じて**flucture**（変動）します。市中での金利が上昇すると現在流通している固定利回りの債券の魅力は薄れます。債券の売り出し圧力が強まることになり、価格は低下するのです。

　「額面金額**100**円、債券価格が**99**円」という場合には、**99**万円を支払えば、額面**100**万円の債券を購入することができることを意味します。**maturity date**（満期日）には額面金額が**redeem**（償還）されますので、**1**万円（**100**万円 − **99**万円）の収益を得られます。

米国で流通している債券の種類

　アメリカで**issuing**（発行）、**outstanding**（流通）している債券の分類としては、債券の発行体による分類が可能です。公共債として**United States Department of the Treasury**（米国財務省）が発行する米国債が挙げられます。米国債は償還年限により、**Treasury Bills**（T-bills、1年以内の短期債）、**Treasury Notes**（T-notes、10年以内の長期債）、**Treasury Bonds**（T-bonds、10年を超える超長期債）に分けられます。米国**30**年債は**long bonds**と表現されています。通常の額面

価額は**$1,000**です。

　各国発行債権の呼び方は、日本国債は**JGBs：Japanese Government Bonds**(ジェージービー)、イギリス国債は**Gilts**(ギルツ)、ドイツ国債は**Bunds**(ブンズ)です。その他、アメリカでの発行債券としては、公共債としての**municipal bonds**(地方債)などがあります。民間債としては、一般的な企業による**corporate bonds**(社債)、金融債とも呼ばれる**bank debenture**(銀行債権)などがあります。

　また、債券の種類としては、**interest-bearing bonds**(利付債)、**pure discount bonds**(純粋割引債)、**zero-coupon bonds**(ゼロ・クーポン債)、**convertible bonds**(転換社債)、**MBS：Mortgage-Backed Securities**(モーゲージ債)などがあります。

債券の利回りと格付け(rating)

　債券による運用のポイントは、その**yield to maturity**(利回り)です。利回りとは、債券が約束している利子に、額面金額と購入価格の差額を加えたものが収益になります。収益を、**1**年当たりの金額に換算し、**principal**(元本)で割ったものを債券の利回りといいます。債券は、約束されている利率ではなく、利回りをみて投資判断をすることが大切です。

　債券の**Interest payment date**(利払日)はその債券によって異なります。通常は、年**2**回の利払いです。**1**回目に**1/2**相当額が支払われます。利払いがおこなわれる債券を**coupon bonds**(利付債)といいます。利払いは、債券の券面についている**coupon**(利札)と引き換えにおこなわれます。利札のついていない債券を**discount bonds**(割引債)といいます。利払いがない代わりに、発行価格を**face value**(額面金額)より安く割引発行して、償還金との差額を利子とします。債券の利回りとは、利付き債でも割引債でも、満期あるいは売却日までに実現した損益を投資額で割って％で表したものです。

　銀行借入が、銀行と借り入れ企業の一対一の貸借契約であるのに対して、債券発行は発行後の債券の市場流通を前提とします。すなわち発行主体に対する、より厳格な市場による**rating**(格付け)が必要となってくるのです。

デュレーションとコンベクシティー

duration（デュレーション）とは、金利水準の変化に対して債券価格がどの程度変化するか、という時間的指標です。デュレーションはグラフで表すと直線の一次関数になります。具体的には、債券保有で得られるクーポンや償還金額の期間の weighted average（加重平均）です。

duration risk（デュレーション・リスク）と表現される時には、

① 金利変動に対する感応度

② 投資期間

という2つの意味があります。

①の場合で、デュレーション7.0と数字で表現される場合、金利の1％上昇に対して、債券価格は7.0％下落するということを表します。また、金利が0.5％下落した場合は、債券価格は3.5％上昇します。債券を評価する際には、金利水準の変化と債券価格の感応度が投資判断としては重要です。②で、年などの期間で表現される場合、国債などのゼロ・クーポン債のデュレーションは、残存期間という意味で使われます。時価会計をしない場合は、事実上、金利変動のリスクを受けない資産運用となります。

他方、convexity（コンベクシティー）とは、デュレーションを微分したものです。債権の利回りの微分の結果であるデュレーションに対して、二度の微分であるコンベクシティーがより正確な債権の金利感応度を示します。

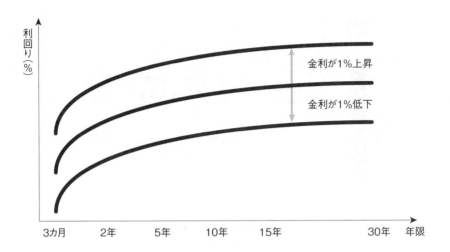

例えば、修正デュレーション2年とは…

● 金利が1%上昇したとき、債券価格は約2%のマイナス(利回りはプラス)になる
● 金利が1%低下したとき、債券価格は約2%のプラス(利回りはマイナス)になる

—

●コンベクシティー(convexity)

　金利上昇率と債券価格の**correlation**(相関)を直線で表した**duration**(デュレーション)のみでは、大きな金利水準の変化による債券価格の変化を完全には説明できません。デュレーションに加え、デュレーションを再度、利回りで微分した**convexity**(コンベクシティー)という指標が用いられます。

　convexity(コンベクシティー)とは**convex**「凸型」を由来し、正のコンベクシティーと負のコンベクシティーがあります。正のコンベクシティーは、**option**(オプション)を内包しない国債等の**bonds**(債券)が有する特徴です。金利が低下したときに債券価格が上昇する割合の方が、同単位の金利が上昇したときに債券価格が下落する割合よりも大きくなります。コンベクシティーが正である場合、債券(特に国債など)の投資家にとっては有利な状況を作り出します。

　mortgage(モーゲージ)債などのオプションの**put**(売り)を内包している債券は、

Convexity
金利水準の変化とコンベクシティー

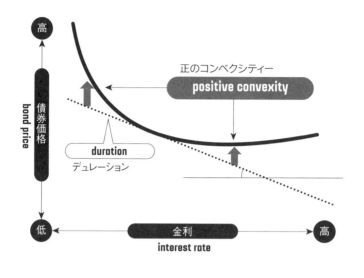

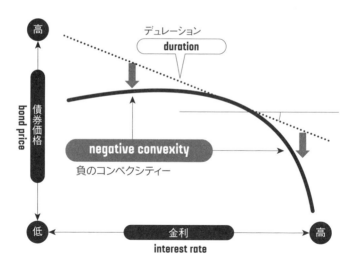

負のコンベクシティーという性質をもちます。負のコンベクシティーは、正のコンベクシティーとは逆に、金利が低下したときに債券価格が上昇する割合のほうが、金利が上昇したときに債券価格が下落する割合よりも小さくなります。

convexity（コンベクシティー）は、**option**（オプション）や**coupon**（クーポン）を含んでいない国債などの債券であれば、**maturity date**（満期）までの債券保有による**cash flow**（キャッシュ・フロー）が確定しているため、さほど複雑なものとはなりません。オプションを内包している債券については、将来のオプション行使によるキャッシュ・フローの変化を予測せねばならず、高度な計量モデルの構築が必要となります。

外国為替の仕組み

foreign exchange（外国為替）には株式のような**market**（市場）がありません。**Yen**（円）を**US dollar**（米ドル）と**exchange**（交換）するときは、**interbank**（銀行間）でドルを円に交換したい人との**matching**（マッチング）が行われ、その**demand**（需要）と**supply**（供給）により通貨の価値が上下します。

通貨の需給は本来、**import**（輸入）や**export**（輸出）などによる**settlement**（貿易決済）で決まる前提でした。米ドルが**key currency**（基軸通貨）である現在、世界の貿易のほとんどが米ドル建てで行われます。日本企業が輸出をすればするほど輸出した商品の代金として受け取った米ドルを売って、生産コストを支払うための円を買う必要があります。その場合、円の需要はドルを上回るので円に対する**appreciation of Yen, strong Yen**（円高）圧力となります。

実際の外国為替ではマネー経済によって、貿易決済をはるかに上回る取引がなされているのが実態です。為替レートの決定要因は、**economic condition**（景気動向）、**financial policy**（金融政策）、**interest spread**（金利差）や、為替市場の参加者の思惑により**fluctuate**（変動）するとされています。日本円と米ドルの関係では**interest spread**（金利差）に注目する投資家が多いとされており、金利の安い日本で円を借りて金利の高いアメリカドルで運用する**carry trade**（キャリートレード）が盛んです。キャリートレードが多ければ多いほど、円を売ってドルに交換する需要が増え、**depreciation of Yen, weak Yen**（円安）が進む要因となります。その逆もありで、金利差の縮小傾向が現れると、一気に投資家によるキャリートレードの**wind back**（解消、巻き戻し）が起こり、大きく円高になる原因とされています。それ以外の為替レートの変動要因として主に挙げられるのは、**PPP：Purchasing Power Parity**（購買力平価）による需給です。

基軸通貨の意味

key currency（基軸通貨）とは現在、米ドルのことを指しますが、第二次大戦以前はイギリスの**Sterling Pound**（スターリング・ポンド）が基軸通貨として機能していました。基軸通貨というのは**regulation**（規定）で定められているわけではなく、米ドルを使って決済したほうが、利便性が高いという**needs**（ニーズ）が世界で多くあるということです。

settlement（貿易決済）には、製品の**export**（輸出）、原材料の**import**（輸入）などの為替決済が生じます。**resource rich country**（資源国）で、**industrial country**（工業国）でない場合、**natural resources**（資源）を輸出して得た米ドルで、工業製品を買う必要も出てきます。このような場合、相手国にとっても決済するのに都合のよい世界中に流通している通貨が必要となります。これが**key currency**（基軸通貨）の本来の役割です。基軸通貨の条件としては、

① 為替水準が高く**stable**（安定）している、

② 世界の貿易や生産に占める割合が大きい、

③ 世界中から**access**（アクセス）できる金融市場が整備されている、

という**3**つの条件があります。

アメリカがまさに条件を満たし続けていたのですが、中国人民元やユーロなどの台頭により、米ドル以外を決済通貨として貿易取引を指定してくる国もあります。ここで重要な基軸通貨の役割としては、①が挙げられます。アメリカは常に**good condition of domestic economy**（国内景気の良い状態）を維持し、金利を高めに誘導して**inflation**（インフレーション）を封じながら、世界の貿易や資本取引を活発にし、ドルに対する**demand**（需要）を高め、過度なドル安を防止しておく**destiny**（宿命）があるのです。

よく言われる米ドルの基軸通貨としての**supremacy**（覇権）は、アメリカの軍事を含めた**hegemony**（政治的・経済的覇権）とアメリカ経済の健全性によるところが大きいのです。**A strong dollar is in the U.S. national interest**.（強いドルは米国の国益）と、米国の高官が発言するのは、基軸通貨の役割の重要性を意識したものと思われます。

ドルの価値と日本企業の業績

為替レート、特に対米ドル、対ユーロの**exchange rate**（為替レート）のニュースには毎日といってよいくらい接します。日本の主要企業が業績を為替水準に応じて**estimate**（勘案）しているのも事実です。これらの為替レートが日本経済に与える影響は甚大です。日本を代表する**multinational corporation**（多国籍企業）のうち、自動車関連企業の円安に対する業績影響度は大きく、たった**1**円のドル、ユーロ円レートの変化で業績は変動してしまうのです。

budgeted/assumed exchange rate（想定レート）は、企業が業績の見通しを算定するときの為替レートです。影響額は、円が米ドルとユーロに対してそれぞれ**1**円**fluctuate**（変動）した際に受ける**operation profit**（営業利益）で表されます。アメリカ向けの輸出やアメリカでの現地生産が多く、輸出決済が主に米ドルで行われている**automobile industry**（自動車産業）には、米ドルの影響が大きいことがわかります。（実際には輸出企業は特に見込まれる輸出金額に対しての**future contract**（為替予約）を行っているために、企業が発表する想定レートどおりに為替を予約しているならば、更なる業績変動は理論的には起こりません。）

米ドルの価値が高ければ、一定量の輸出を行っている企業はドルの価値の上昇により恩恵を受けることになり、輸出主導型の経済では円安の恩恵が大きくなっていくのです。一方、円高になっても輸入原材料の低コスト化などメリットも生じます。産業構造によって**terms of trade**（交易条件、輸出品の数量一単位に対して入手できる輸入品の数量。輸出物価指数を輸入物価指数で割った数値）の変動もありますので、円安が良いとは一概には言えません。

大切なことは、米ドルの価値の重要性です。実際の世界経済には多くの国の通貨が流通しており、それぞれ米ドルとの相対取引が行われています。これらの**diversified**（多面的）な世界の通貨との関係を表した数値に**dollar index**（ドルインデックス）と呼ばれる指標があります。ドルインデックスは主要な**6**通貨ペア（ユーロドル、ドル円、ポンドドル、ドル・カナダドル、ドル・スェーデンクローネ、ドル・スイスフラン）を**weighted average**（加重平均）した数値で、ニューヨーク商品取引所（**NYBOT**）のドルインデックスのウェイトは下記の通りです。

ユーロドルレート	57.6%
ドル円レート	13.6%
ポンドドルレート	11.9%
ドル・カナダドルレート	9.1%
ドル・スェーデンクローネ	4.2%
ドル・スイスフランレート	3.6%

※欧州の通貨統合で、ユーロドルレートの比重が非常に高くなっています。

ドルの価値～ビッグマック理論と購買力平価

PPP：Purchasing Power Parity（購買力平価、購買力の均衡）は、国家間のexchange rate（為替レート）を決定する大きな要因のひとつです。同じものであれば同じ価値を持つという前提で、そのときの実際の為替レートを推し量る指標となります。世界にひとつしかないproper price（適正価格：物の値段）を基準に、適正為替レートを計算することができます。subsidy（補助金）やtax system（税制）によってモノの本来的価格が比較できないものもあります。

そこで考え出されたのがEconomist（エコノミスト誌）によるBig Mac Theory（ビッグマック理論）です。MacDonald's（マクドナルド）は世界的に同じ品質のhamburger（ハンバーガー）を同じ価値で提供しているということを前提とします。そして世界中で売られているBig Mac（ビッグマック）の単価を基に、本来あるべき為替レートを示そうとした考え方です。

実際の為替レートが1ドル＝150円で、アメリカで1ドルのビッグマックが日本では200円で売られていた場合、アメリカのビッグマックが割安ということになります。本来モノの値段は1つだけですので、その場合の適正な為替レートはビッグマック理論では1ドル＝150円ではなく、1ドル＝200円ということになります。実際にはビッグマックに対するdemand（需要）、cost of material（原材料費）やpersonnel cost（人件費）、logistic cost（物流費）などが、その国の市場毎に変わってくるため、これはかなり乱暴な理論と言われるのですが、意外と的を射ていることも多いようです。

IRR, NPV, ROI, EBIT, EBITDA, EVA

●IRR（内部投資収益率）：Internal Rate of Return

投資にまつわるすべての収支を勘案するのが**IRR**（内部投資収益率）の考え方です。

IRR（内部投資収益率）とは投資した総金額に対して、分配金を現在価値に引き直して複利計算し、その結果を年率で表示します。そして**exit**（完了）した時の収益をすべて合計します。

IRR（内部投資収益率）は投資期間中の資金のすべての出入りに注目しますので、金銭加重平均方法とも呼ばれることもあります。企業が、より多くの効率的な**IRR**の投資案件を抱えているということは、より多くのキャッシュ・フローをもたらすため、経営の世界では評価されるのです。

以下で**IRR**の計算の具体例を見てみましょう。

例えば投資案件**A**は、**200**万円を設備投資したときに得られる手許現金（キャッシュ）とします。

（単位：万円）

	現在	1年目	2年目	3年目	4年目
投資案件A （設備投資）	−200	40	40	40	104
投資案件B （債券）	−200	6	6	6	206

Aでは年利**3**％、毎年**40**万円のキャッシュを回収でき、**4**年目のキャッシュ回収時点で設備を**104**万円で売却するとします。

一方、投資案件**B**は**A**と同額の**200**万円を、**3**％のクーポンの付いた債券に投資したときに得られるキャッシュとします。**B**では**4**年目の金利を得た時点で、元本

を回収します。

　表を見ると、どちらの投資案件も得られるキャッシュの総額は**224万円**で同じです。しかし、お金には時間的な価値があり、早く手元にあるキャッシュはそれを使ってまた新しい投資をすることが可能になります。このことを考慮して、投資案件A、Bで得られるリターンについて現在価値でみてみましょう。

投資案件A（設備投資）の場合

$$\begin{aligned}\text{キャッシュ総額（現在価値）} &= \frac{40}{1+0.03} + \frac{40}{(1+0.03)^2} + \frac{40}{(1+0.03)^3} + \frac{104}{(1+0.03)^4} \\ &= 205.6万円\end{aligned}$$

投資案件B（債券）の場合

$$\begin{aligned}\text{キャッシュ総額（現在価値）} &= \frac{6}{1+0.03} + \frac{6}{(1+0.03)^2} + \frac{6}{(1+0.03)^3} + \frac{206}{(1+0.03)^4} \\ &= 200万円\end{aligned}$$

　金利を考慮した現在価値で割り引いてリターンを計算すると投資案件Aの方が、**5.6万円**も得をすることがわかります。

投資案件A（設備投資）の場合

$$-200 + \frac{40}{(1+r)} + \frac{40}{(1+r)^2} + \frac{40}{(1+r)^3} + \frac{104}{(1+r)^4} = 0$$

$r = 3.98\%$

投資案件B（債券）の場合

$$-200 + \frac{6}{(1+r)} + \frac{6}{(1+r)^2} + \frac{6}{(1+r)^3} + \frac{206}{(1+r)^4} = 0$$

$r = 3.00\%$

　この結果から、内部収益率（IRR）で見ると、投資案件Aの方が**0.98%**高いことがわかります。

ここでは割引率を債権に投資したときに得られる**3**％で計算しましたが、金利が上昇すると**IRR**には大きな差が出てきます。つまり、高金利の状況であればあるほどキャッシュが早く回収できる優良投資案件へ投資するメリットが大きいということが言えます。

IRRには、次のような**demerit**（デメリット）もあります。
　①　投資環境が変化するリスクが盛り込まれていない。
　②　**WACC**（加重平均資本コスト）や金利の**volatility**（ボラティリティー）を織り込む仕組みがない。（多大な負債を使って**M＆A**をして、買収後に事業を売却するなど、資本構成が大きく変化するような場合）

　一般的には、**NPV**と**IRR**のどちらを見るかの分かれ目には、次のようなものがあります。
　①　単一のプロジェクトを評価する場合は、**NPV**を重視して判断する。
　②　複数の事業に分配することを考える場合は、**IRR**を重視して判断する。

●NPV（正味現在価値）：Net Present Value

　単一事業の投資判断を行う際の基準として、**NPV：Net Present Value**（正味現在価値）が用いられています。**NPV：Net Present Value**（正味現在価値）とは、ある事業から得られる将来の**cash flow**（キャッシュ・フロー）を**cost of capital**（資本コスト）で割り引いた現在価値から、投資額の現在価値を差し引いた金額で表されます。**IRR**は率で表現されましたが、**NPV**は投資金額が完結しているためにプラス・マイナスで見ることができます。

　NPVを活用することは、伝統的な投資判断手法、例えば**ROI：Return on Investment**（投資収益率）と比較して、すべての案件をキャッシュ・フローという共通の軸で測定・評価できる点と、資本コストを用いて時間の概念・リスクの概念を取り入れている点においてメリットがあります。

　企業は、**shareholders' equity**（株主資本）を使って利益を上げることが使命ですが、その株主資本にも配当支払いなどの**cost of capital**（資本コスト）がかかります。この資本コストを上回る事業投資ができているかを見ることが**NPV**の目的で

す。

　NPVがプラスであれば、その事業は、**expected rate of return**（投資家の要求するリターン）を上回っていて、事業による価値を生み出すことを意味しています。

　資本コストを上回るキャッシュ・フローを上げてこそ、企業価値を高めていることになるのです。

NPV（正味現在価値）＝（ある事業から得られるキャッシュフローの現在価値）

$$= \frac{投資1年後のキャッシュフロー(\mathbf{CF_1})}{投資1年後の割引率(\mathbf{1+r})} + \frac{\mathbf{CF_2}}{(\mathbf{1+r})^2} + \frac{\mathbf{CF_3}}{(\mathbf{1+r})^3} + \cdots\cdots \left[\sum_{n=0}^{n} \frac{\mathbf{CF_n}}{(\mathbf{1+r})^n} \right]$$

$-$（ある事業に要する投資額の現在価値）

CF_n：n年度のキャッシュフロー
　r：資本コスト（割引率）
※上の式における割引率rは調達する資本コストで、金利や配当などを加味した資金調達にかかるコストの年率です。

●ROI（投資収益率）：Return on Investment

ROI（Return on investment）投資収益率＝最終利益／投資金額×**100**

　投資金額に対するリターンを表す指標としての基本指標です。分母の投資金額というのは個別のプロジェクトへ投資するキャッシュでも、投資家が金融商品に投資する際の資金でもかまいません。資金効率を示すもっとも単純な指標です。**IRR**や**NPV**と比較して、その投下資本やリターンの時間的価値が加味されていないのが特徴です。あまりリターン金額が大きくない場合や資本コストの同じプロジェクトを単純比較する際に用いられます。

$$ROI（投資収益率・投資回収率）= \frac{最終利益}{投資金額} \times \mathbf{100}（\%）$$

●EBIT（イービット）：Earnings Before Interests and Taxes

　EBITとは、税引前当期利益に支払利息を加算したものです。**debt**（借り入れ）を

含む資本に対して、どの程度の（税引前）付加価値を産み出したかを示す利益の**absolute amount**（絶対金額）です。この場合は、**EBIT** = 税引前当期純利益 + 支払利息と書かれることが多いです。**EBIT** = 税引前当期純利益 + 支払利息 − 受取利息 あるいは、**EBIT** = 経常利益 + 支払利息 − 受取利息、または**EBIT** = 営業利益と表現されるときもあります。

────

●EBITDA（イービットディーエー、イービッダー）：Earnings before Interest, Taxes, Depreciation（減価償却）and Amortization（のれん代償却）

EBITDAとは、税引前利益に支払利息と減価償却費を加算したものです。他人資本を含む資本に対してどの程度のキャッシュ・フローを産みだしたかを示します。国ごとの金利税率会計基準の違いによる見かけ上の企業の利益格差を最小限に抑える指標として利用されることが多いです。**FCF：Free Cash Flow**（フリーキャッシュ・フロー）に近い概念であることから、**FCF**の代替として簡便的に使われることもあります。

EBITDA = 税引前当期純利益 + 支払利息 + 減価償却費、または**EBITDA** = 営業利益 + 減価償却費、あるいは**EBITDA** = 経常利益 + 支払利息 + 減価償却費と表現される場合もあります。

────

●EVA（経済的付加価値）：Economic Value Added

事業活動から得られた利益（税引き後営業利益）から、投下資本にかかる資本コスト相当額を指し引いた経済価値のことを表します。**EVA**は、コンサルティング会社の米スターン・スチュワート社の商標登録となっています。投資した資本に対して、一定期間（短期間）でどれだけのリターンを生み出したかを事後的に計測する企業ファイナンスの指標です。

企業が上げた利益（税引き後営業利益）から全資本コストを差し引いて収益率を算出することで、その企業が作り出した経済価値を把握することができます。この数値が高ければ高いほど、資本コストを越えて付加価値を生み出したことになり、株主に多くの経済的価値をもたらすことになるとされています。

EVA = 税引き後営業利益 − (投下資本 × 加重平均資本コスト：**WACC**)

─────

●**WACC**(加重平均資本コスト)：**Weighted Average Cost of Capital**

　企業価値の計算に用いる割引率や**EVA**の計算に使った資本コストの計算には通常、加重平均資本コストと呼ばれる**WACC**（ワック）を用います。**WACC**は、**shareholders' equity**（株主資本）のコストと**debt**（負債）のコストを加重平均して求めます。これは自己資本（株主資本）と他人資本（負債）のコストを加重平均していることになり、企業が使う資金のコストをあらわします。

$$\text{WACC} = \text{rE} \times \frac{\text{E}}{(\text{D} + \text{E})} + \text{rD} \times (1 - \text{T}) \times \frac{\text{D}}{(\text{D} + \text{E})}$$

　rE　= 株主資本コスト
　rD　= 負債コスト（金利）
　D　= 有利子負債の額（時価）
　E　= 株主資本の額（時価）
　T　= 実効税率

　ここで、**rE** = 株主資本コストの**r**には、**CAPM**理論で取り扱った、**expected return**（投資資産に対する期待リターン）を使います。**r** = 期待リターン（**expected return**）= 無リスク金利 + **beta**（証券のベータ）×（市場全体の期待リターン―無リスク金利）、という公式で表されます。**beta**（証券のベータ）は、**TOPIX**あるいは日経平均に対する株価感応度の公開データ、無リスク金利には日本国債**10**年物、市場全体の期待リターンには**TOPIX**のヒストリカルデータを使用します。

　上の式を見るとわかるとおり、**WACC**における負債コストには金利に対する税金の割戻しを計算に入れています。このことから配当利率と借入資本の金利が同じであれば、実効税率分だけ借入資本のほうが有利な資金調達方法となることがわかります。

MM理論とは

　モジリアニ＝ミラーの定理（**MM理論**Modigliani-Miller theorem）は、発案者がノーベル賞受賞者ということで、難解なものとして扱われがちです。その定理は極めて明快であり、かつ会社の経営を行ううえでは、いやでも向き合う会社の**capital structure**（資本構成）についての定理です。

　借金が少ないほうが良い会社といえるのでしょうか？ **MM理論**では一概にはそうなりません。すなわち、会社が生み出すキャッシュが、その会社が借り受けた**debt**（負債）から生み出されたものか、出資者が投資した**capital**（資本）から生まれたものか、**corporate value**（会社の価値）はその資本調達の方法からは影響を受けないというものだからです。

　本来、負債は返済しなければならない資金、出資された資金は返さなくても良い資金ということで、日本企業には有利子負債を返そうという意識がバブル崩壊後、約**20**年にわたって強かったようです。しかし、この**MM理論**では、企業の価値は資本構成に影響されないとしています。これには下のような条件があります。

1) **Ignoring the tax saving effect of corporate tax, which deducts interest paid on debt** 負債に対して支払う利息を損金扱いされる法人税の節税効果を無視すること
2) **Ignoring the costs of bonds issuance and allotment of new shares** 債券発行や新株割り当てにかかるコストを無視すること
3) **Availability of inexhaustible loans at a fixed rate**（no cost to credit）無尽蔵に定率で融資が受けられること（信用に対するコストがない状態）

　負債は、常に悪いものとは限りません。借り入れを行うことによる支払利息の節税効果と、コーポレートガバナンス意識の高揚、という効果もあります。もちろん株主資本コストとの比較で、借入資金のコストの方が安くなることもあります。適切な資本政策のもと、最適な借り入れと株主資本の構成要素を考えていく必要があるのです。

　最適な資本構成とは**Optimal Capital Structure**（最適資本構成）と表現されま

す。企業は理論上、**credit risk**（信用リスク）の臨界点まで、**tax saving effect**（節税効果）のある借り入れを増やし、**financial leverage**（財務レバレッジ）を効かせたほうが、**corporate value**（企業価値）が高まるとされています。**shareholders**（株主）、**bonds holder/debt holder**（債券保有者）間での**agency problem**（エージェンシー問題）も想起される大変重要な問題です。

　実際は金利動向や業界動向の変化に対し企業経営の**stability**（安定性）を維持するために、株主資本が厚めに保たれている状況も散見されます。また、バブル崩壊後の日本のように企業の**CAPEX：Capital Expenditure**（固定資産への投資を含んだ設備投資）の減少と川下需要の減退が同時に起こった場合、**financial leverage**（財務レバレッジ）の効果よりもキャッシュの不足のリスクのほうが高まってしまうことで、株主資本を厚くし、借り入れを減らそうという経営行動も理解できなくはありません。

　どのような経営環境にあろうとも、企業は株主資本に見合った**Optimal Capital Structure**（最適資本構成）による、**financial leverage**（財務レバレッジ）の有効活用という資本戦略を欠かすことができないのです。

Optimal capital structure
最適資本構成

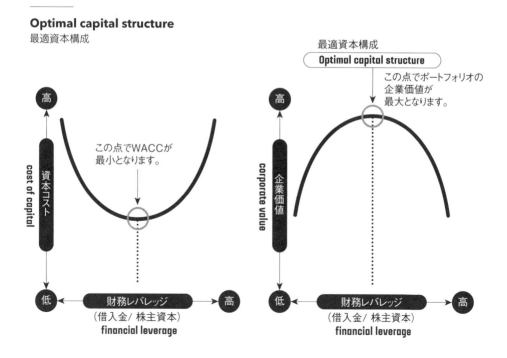

最適資本構成
Optimal capital structure

この点でポートフォリオの企業価値が最大となります。

この点でWACCが最小となります。

6 Organizational Management
組織管理論

　現代の組織管理論は、**Max Weber**（マックス・ヴェーバー）の組織の制度設計についての研究に代表される**classical organizational theory**（古典的組織論）から始まりました。本書では、**organizational management**（組織管理）論を、経営学の**2**つの柱（経営戦略論と組織管理論）の一つとして扱い、ヴェーバーの研究から俯瞰的に見ていくことにします。

マックス・ヴェーバーのbureaucracy（官僚制）理論

Max Weber
マックス・ヴェーバー
（**1864 – 1920**）

　Max Weber（マックス・ヴェー バー）は、**organizational management**（組織管理）論における**bureaucracy**（官僚制）の特徴について、**organization established stability based on rational and legal authority**（合理的・合法的権威を基礎におき、安定性を確立した組織）であるとしました。ヴェーバーは古典的組織論の始祖の一人であり、後の**modern organizational theory**（近代組織論）の巨人である**Bernard**（バーナード）に続く大きな流れを作りました。

Weber（ヴェーバー）によると、組織や集団での構成員の支配には**2**通りあります。
（**1**）　利害状況による支配：**Dominance based on interests**（命令を聞くことが自分にとっても得なので従う）
（**2**）　権威による支配：**Rule by authority**（指揮命令系統によって従属する）

　（**2**）の方が組織における支配は安定的なものになります。ヴェーバーは、（**2**）を重視し組織の**stability**（安定性）を重視する**bureaucracy**（官僚制）を提唱したのです。

近代国家における軍隊や行政組織などには、組織の安定性が求められました。**bureaucracy**（官僚制）の特徴としては、

①　標準化：**Standardization**：**Duties are performed based on rules such as laws.**（法律などの規則に基づいて職務が遂行される）

②　階層性：**Hierarchy**：**The hierarchy in the organization is clear.**（組織におけるヒエラルキーが明確になっている）

③　没人格性：**Impersonality**：**Both rulers and subordinates submit to an impersonal order.**（支配者も服従者も非人格的な秩序に服従する）

などが挙げられます。

官僚制が行き過ぎると**dysfunction**（逆機能）に陥るとされていますが、逆機能とは以下の**3**点です。

（1）　訓練された無能：**Trained incompetence**（変化に対応することなく同じ行動パターンを繰り返してしまう）

（2）　目標の転移：**Transfer of goals**（規則を守り何かをするのではなく、規則を守ることが目的に変化する）

（3）　顧客の不満足：**Customer dissatisfaction**（顧客のニーズに対応した行動がとられず、顧客の不満足を高める）

権力による支配（権限の原則）、一見合理的に見える専門化（合理化）は、各部門の利益ばかりを考える**sectionalism**（セクショナリズム）を生みやすく、**ostrich policy**（事なかれ主義）、**avoidance of responsibility**（責任の回避）、**secrecy**（秘密主義）、**authoritarianism**（権威主義）という問題になりがちです。また、**class system**（身分制度）による行政組織内における上下関係の**hierarchical order**（階層秩序）は、下層に**uninterested/unconcerned/indifferent**（無関心）を生みやすい状態になります。

　これらの**dysfunction**（逆機能）が強まると、本来は**rational**（合理的な）はずの官僚制が、**transformation**（トランスフォーメーション、変革的な組み換え）に対応することができず、**inefficient**（非効率的な）ものとなります。**negative**（ネガティブな）意味での**bureaucracy**（官僚主義）の**evidence**（根拠）となるのです。

組織管理論とマネジメント

　本格的な**organizational management**（組織管理）論は、**Bernard**（バーナード）の『経営者の役割（*The functions of the executive*）』（1938年）から始まりました。その後、サイモン『経営行動（*Administrative Behavior*）』（1947年）、ペンローズ『企業成長の理論（*The Theory of the Growth of the Firm*）』（1959年）、チャンドラー『組織は戦略に従う（*Strategy and Structure*）』（1962年）、そしてポーターの一連の著作『競争の戦略（*Competitive strategy*）』（1980年）、『競争優位の戦略（*Competitive Advantage*）』（1985年）と、組織管理論から**strategic management**（経営戦略論）へと展開していきました。

俯瞰的に「組織とは何か」を考えると次のようになるでしょう。
(1)　会社などの人工的社会組織：**Artificial social organization such as a company：Contribution to a purpose and reward incentive**（目的への貢献・リワード・インセンティブ）
(2)　地域血縁などの共同体：**Communities such as local kinship：camaraderie, humanity, ethics**（仲間意識、人間性、倫理）
(3)　人的資本：**Human capital：value development, human resources：right person in right place**（価値の育成、人的資源：適材適所）
(4)　ボトムアップ：**Bottom-up：executioner's sense of ownership, autonomous action**（実行者の当事者意識、自律的行動）

バーナードの組織の3要素

　Bernard（バーナード）は、**organization**（組織）を独立した人間の集団ではなく相互に影響を及ぼし合いながら成立する**system**（システム）と考えました。バーナードは、**whole person**（全人）とは、**reason**（理性）とともに**feelings**（感情）を持ち、個人としての**personality**（人格）とともに**sociality**（社会性）も持ち合わせ、**rational**（合理的）であろうとはするが、完全に合理的にはなりえないものである。全人としての人間は、**individuals**（個人）では達成困難なことに対して力を合わせる**work**

together（協働をおこなう）と定義しました。

　企業も、**cooperative system**（協働体系）であり、**buildings**（建物）や**production equipment**（生産設備）などの**physical production factors**（物的生産要素）、従業員などの**human production factors**（人的生産要素）、**shareholders**（株主）など**stakeholders**（ステークホルダー）や**business relationships**（取引関係）などの**social factors**（社会的要素）を統合した存在であるとしました。その中核をなしているのが**organization**（組織）であり、**cooperative system**（協働体系）の中核に位置する組織とは、**2**人以上の人々の意識的に調整された活動または諸力の体系であるとしたのです。

　バーナードは、組織を維持することが、経営者の役割であると指摘し、組織を成立させるための十分な条件として、
　①　相互に意思を伝達できる人々がおり、コミュニケーションが成立する～
　　　Communication
　②　それらの人々は行為を貢献しようとする貢献意欲を持っている～
　　　Willingness to serve（contribute）
　③　共通の目的の達成を目指すとき～ **Common purpose**（goals）、
という組織の**3**要素を提唱しました。

　バーナードの功績は、組織を**organization**（オーガニゼーション）ではなく**system**（システム）として評価した点です。経営は**collaborative system**（協働システム）であり、それを**management**（マネジメント：経営管理）することで、組織を成立させることができるとしました。

　バーナードの業績のもう一つの柱は、**authoritarian theory**（権威受容説：権限受容説）と言われるものです。組織において上司の命令で部下が動くのは、あくまでも命令を聞き入れて行動してくれる部下がいる（命令を受容する存在がいる）からであることを意味しました。上司の**authority**（権威）とは、その権威を成立させる**communication**（コミュニケーション、命令伝達）が前提であり、単に**authority**（権威）があるから**order**（命令）が**accept**（受容される）のではないとしました。この理論は現代の**leadership**（リーダーシップ）と**followership**（フォロワーシップ）の関係にも通じるものがあります。

バーナードの理論は、行動科学における**leadership theory**（リーダーシップ論）や**decision theory**（意思決定論）などの**psychological approach**（心理学的アプローチ）、**sociology**（社会学）における**social system theory**（社会システム論）、**information science**（情報科学）を中心とする**industrial engineering**（経営工学）、**management informatics**（経営情報学）の考え方に先駆けたものだったのです。

さらに、バーナードの組織に対する**closed system**（クローズド・システム：閉鎖体系）ではない**open system**（オープン・システム：開放体系）とする考え方は、のちの経営戦略論における**network externality**（ネットワーク外部性）あるいは**DSIR：Demand Side Increasing Return**（需要サイドの逓増効果）に間接的に影響を与えているといっても過言ではないでしょう。また、外部環境と内部環境を均衡させようという視点は**1960**年頃から盛んになる、**strategic transformation in business environment**（環境変化に対応するための経営戦略）の基本となりました。

サイモンの意思決定論

decision making（意思決定）について、精緻な**argument**（議論）を展開したのが、**Herbert Simon**（サイモン）です。サイモンは、"**Administrative Behavior**"（**1947**年）という著書で、意思決定論について、代替的な選択肢の中から選択することであり、完全な情報を持つことは不可能であるため、最善の選択肢は存在しないと考えました。意思決定者は**bounded rationality**（限定合理性）に基づいて行動し、意思決定者は**satisficing**（満足化）という戦略を用いると述べました。これは、最大の利益を追求するのではなく、最小限のリスクや複雑さを伴う目標や選択肢に満足度を求めるということです。

組織管理論と競争優位性の確立

バーナードやサイモンらによる近代組織論は、協力関係に基づいた組織運営という考え方を経営者に植え付けました。組織の維持のためには組織内で**communication**（コミュニケーション）が円滑におこなわれる必要があります。さらに経営者は、伝達される情報を**accepted as authoritative**（権威あるものとして受

容) する部下の協力的姿勢を、組織における意思疎通のレベルまで引き上げられるよう努めるべきです。

　この考え方を現代の組織運営に必要なノウハウにまとめるとおおよそ次のようになるでしょう。

(1)　**Three elements of an organization**（組織の3要素）
　　　A　**Communication**（コミュニケーション）
　　　B　**Willingness to serve（contribute）**（貢献意欲）
　　　C　**Common purpose（goals）**（共通目的）
(2)　**Organizational Effectiveness-Collaborative System**（組織の協働体系）
(3)　**Organizational efficiency–satisfaction of individuals in the organization**（組織の効率性 – 組織における個人の満足）

そして、経営者の役割を、組織の**3**要素を確保し、組織の有効性と能率を高めることとし、
　　①　**Moral leadership related to organizational processes**（組織過程に関わる道徳的リーダーシップ）
　　②　**To foresee**（予見すること）
　　③　**Creating a long-term goal**（長期目標を作成すること）
　　④　**Having lofty ideals**（高遠な理想を持つこと）
という組織運営における経営理念重視型の考え方につながっていきます。

企業・事業・組織の関係

　corporation（株式会社）は**business**（事業）を担い、事業は企業の**organization**（組織）なくしては成り立ちません。これら**trinity**（三位一体）となった企業・事業・組織の関係を検討してみましょう。

　企業・事業・組織は、**value chain**（バリューチェーン）から考えましょう。業界の特性・事業の分類をし、**vertical integration**（垂直統合）・**horizontal division of labor**（水平分業）・**diversification**（多角化）などの**business**

236

strategy（事業戦略）を検討します。

事業分類 business taxonomy

事業の分類法には、様々な部類法があります。モノづくりなのかサービス業なのか、金融業なのか、**value chain**（バリューチェーン）の大まかな分類から検討すると単純化が可能です。

【例】鉄鋼事業の場合：**Steel business**

製造業　→　鉄鋼業　→　高炉製鉄業
Manufacturing industry → Steel industry → Blast furnace steel industry

① 成分・素材（普通鋼・特殊鋼）**Components/Materials**（common steel/special steel）
② 製造法（熱間圧延、冷間圧延、鋳造、鍛造）**Manufacturing method**（hot rolling, cold rolling, casting, forging）
③ 形状（条鋼、鋼板、鋼管）**Shape**（long steel, steel plate, steel pipe）

自動車産業の重要性

自動車産業は、ビジネスにおいて最も広範囲な**industrial structure**（産業構造）を持つ典型例です。その**value chain**（バリューチェーン）は、**complex**（複雑）で実に**wide base**（広い裾野）をカバーしているのです。

Cast iron：Engine parts such as cylinder blocks
鋳鉄：シリンダーブロック等エンジン部品
Ordinary steel：car body, frame, wheel parts
普通鋼：車体、フレーム、車輪部品
Special Steel：Gears, Axle Shafts, Crankshafts, Fuel Injectors

特殊鋼：歯車類、アクスルシャフト、クランクシャフト、燃料噴射装置

Copper：electrical equipment, radiators, electric wires

銅：電装品、ラジエター、電線

Lead/tin/zinc：engine metals, solder, decorative parts, batteries

鉛・錫・亜鉛：エンジンメタル類、ハンダ、装飾部品、バッテリー

Aluminum：Pistons, engine parts such as cylinder heads, wheels, car bodies

アルミニウム：ピストン、シリンダーヘッド等エンジン部品、ホイール、車体

Precious metals：Exhaust gas cleaning parts

貴金属：排出ガス浄化用部品

Other non-ferrous metals：magnets, plating

その他の非鉄金属：マグネット類、メッキ用

Synthetic resin：steering wheel, bumper, radiator grille, body parts

合成樹脂：ステアリングホイール、バンパー、ラジエターグリル、ボディー部

Glass：window glass, mirror, headlight

ガラス：ウィンドウガラス、ミラー、前照灯

Rubber：tires, various sealing parts, anti-vibration parts

ゴム：タイヤ、各種シール部品、防振用部品

Ceramics：plugs, electronics parts, sensors, exhaust gas cleaning parts

セラミックス：プラグ、エレクトロニクス部品、センサー、排出ガス浄化用部品

Textiles：for seats, linings, seat belts

繊維：シート、内張用、シートベルト

価値連鎖と垂直統合戦略

　value chain（バリューチェーン）をvertical（垂直的）に検討すると、**2**つのことがわかります。一つはバリューチェーンの川上では、各機能間での**transaction cost**（トランザクション・コスト：取引コスト、工程間の受け渡しにかかるコスト）を削減することで低コスト化が可能になります。

川下では、より**customer**（顧客）との**communication**（コミュニケーション）に力を入れることで、新規の顧客や**market creation**（市場を創造すること）が可能になります。これは低コスト化というより、**opportunity cost**（機会コスト）の削減につながり、ニーズの高い商品やサービスを**sustainable**（持続的な）付加価値のあるレベルの価格で販売することが可能になります。

(1) **upstream of value chain**（バリューチェーンの川上）：**standardization**（標準化）、**homogenization**（同質化）、**process innovation**（工程革新）→**low cost**（低コスト）

(2) **downstream of the value chain**（バリューチェーンの川下）：**individualization**（個別化）、**segmentation**（セグメント化）、**differentiation**（差別化）、**product innovation**（製品革新）→**value creation**（価値創造）、**market creation**（市場創造）

垂直統合と多角化

① 単一事業 **stand-alone business**
一つの機能に集中して事業を遂行することです。ここでの**competitive advantage**（競争優位性）の構築は**economy of scale**（規模の経済）といわれる生産や販売の量の拡大による効率化の結果生じる**high profit structure**（高収益体質）です。

② 垂直統合 **vertical integration**
バリューチェーンの統合で、機能間における**transaction cost**（トランザクション・コスト：取引コスト、工程間の受け渡しにかかるコスト）を削減することで事業の効率化を実現し、高収益体質を構築しようとするものです。

③ 多角化企業 **diversified business**
horizontal division of labor（水平分業）で、ある一つの事業における強みを多方面に生かそうとする事業体のことです。**related diversification**（関連多角化）とも言います。**economies of scope**（範囲の経済）と言われる、事業分野が多岐にわたっても、競争優位性としての**profitability from the core**（収益の源泉）は同じということを強みとします。開発費用の削減と**customer value**

creation（顧客価値創造）を同時に行うことで、高収益体質を確保しようとするものです。

規模の経済（Economies of scale）

生産量の増加にともない**efficiency**（効率）が上昇し、**profitability**（利益率）が高まることを言います。**matured market**（成熟市場）では、**selection and concentration**（選択と集中）に基づく効率的な投資が競争戦略において重要です。**economies of scale**（規模の経済）とは、生産量の増大につれて平均コスト（生産単位当たりの**fixed cost + variable cost per production unit**、固定費＋変動費）が減少する結果、利益率が高まる傾向のことです。これは規模に関する**increasing returns**（収穫逓増）、**decreasing cost**（費用逓減）ともいいます。

費用（コスト）を資本、**labor**（労働）、**low material**（原材料）に分け、**production scale**（生産規模）との関係に注目して、規模の経済を分析することができます。原材料については、生産単位当たりの**fixed cost + variable cost per production unit**（平均コスト）が一定となるため、生産規模にかかわらず収穫・費用のいずれも一定となります。**labor**（労働力）については、規模の経済が大きく作用します。また、規模の経済は**size of the capital**（資本力）にも影響を受けます。日本の高度成長期の鉄鋼、石油化学などの**equipment industry**（装置型産業）は、その典型でした。

成熟市場の場合は、早期に資本を**depreciate**（償却）し、新規分野に**investment**（投資）を**selection and concentration**（選択と集中）することが、戦略上重要です。**AI**などの先端分野において、規模の経済の利益を享受するためには、**investment**（投資）を**sales**（収益）にいち早く転換する必要があります。**amortization and depreciation**（償却）をいかに早く行えるかがカギとなるのです。新規事業の分野では、**preemptive**（先行）して投資した企業による独占というメリットの享受が可能となります。先行投資した企業が享受できるメリットのことを**preemptive advantage**（プリエンプティブ・アドバンテージ、先行者利益）と言います。（第3章でもとりあげました）

範囲の経済（Economies of scope）

　企業が競争優位性を生かして、製品数を増加させ、事業を**diversification**（多角化）するほど、一つの事業あたりの**development**（開発）・**production**（生産）・**sales**（販売）コストが低下するという考え方です。

　economies of scope（範囲の経済）を説明するために、**1990**年代に世界的に使われていた日本企業の**case study**（ケーススタディー）は**Canon Inc.**（キヤノン）の**high profit structure**（高収益体質）でした。キヤノンはカメラや**office equipment**（オフィス機器）のメーカーとしてのイメージがありますが、**optical technology**（光学技術）を**competitive advantage**（競争優位性）として、他分野の**business domain**（事業領域）でも生かすことで、開発コストを効率化しています。結果、多事業で複数の製品を生産し、複数の分野の異なった事業に取り組む場合でも、**total cost**（総コスト）は低くなります。

　キヤノンは、**optical technology**（光学技術）をカメラだけではなく、**xerox**（コピー）や**projector**（プロジェクター）に**divert**（転用する）ことでメリットを得ています。**economies of scope**（範囲の経済）が、製品の**line up**（ラインナップ）を広げ**diversification**（多角化）を志向させる根拠と言われています。

　どのような場合も範囲の経済性が働くわけではありません。組織管理論における、組織構造を精査し、事業領域の**synergy effect**（シナジー効果、相乗効果）を目指すべきです。

持続的な競争優位性

inimitable（真似されにくい）、**sustainable competitive advantage**（持続的な競争優位性）を構築するためにはどうすればよいでしょうか。

① 組織能力基盤の優位性における複雑性：**Complexity in organizational architecture and capabilities of competitive advantage**

② 組織能力基盤の暗黙知：**Tacit knowledge in organizational**

architecture and capabilities of competitive advantage

　以上2つの要素を組織内に組み込むことができれば、企業組織の競争優位性を持続可能で模倣困難なものにすると言われています。

経験曲線（ラーニングカーブ）

　learning curve effect（ラーニングカーブ：経験曲線）は、**production**（生産量）が増えると**manufacturing know-how**（製造ノウハウ）に対する**accumulation of the knowledge**（経験則が積上げられ）、**efficiency**（効率性）が高まっていくという考え方です。

　事業における**cumulative production**（累積生産量）と、その時点における**marginal cost**（マージナルコスト、単位コスト）の**correlation**（相関）を表した曲線のことでもあります。**learning curve**（経験曲線）で考えられている**productivity improvement effect**（生産性向上効果）を**experience curve**（経験効果）とも呼びます。経験効果は、**economies of scale**（規模の経済）により**fixed cost**（固定費）が軽減されるコスト低減とは異なる考え方です。経験効果がもたらす**marginal growth rate**（マージナル・グロース・レート：限界成長率）は、生産開始直後においては高く、その後徐々に低下していく**tendency**（傾向）があります。

シナジー効果

　2つ以上のものが**organically**（有機的に）**integrate**（結合する）ことで、**just a sum**（単なる総和）以上の効果を発揮することです。
syn（共に）**+ energy**（力）が語源と言われている**synergy**（シナジー効果）　は、アンゾフが企業の多角化戦略の一環として提唱しました。

types of synergy effects（シナジー効果の種類）
(1)　販売シナジー：販売チャネル、倉庫などの共同利用、販売組織 **Sales synergies : sales channels, joint use of warehouses, sales organization**

⑵　生産シナジー：工場、工具などの共同利用 **Production synergy**：**Shared use of factories, tools**

⑶　投資シナジー：原材料、ブランド、部品などの共同利用、共同投資 **Investment synergies**：**Joint use and joint investment in raw materials, brands, parts**

⑷　経営シナジー：経営管理の共同運営 **Management synergy**：**Joint operation of business management**

特に**management synergy**（経営シナジー効果）には、コストを削減し、効率的な運用が可能になると同時に、製品における**barren**（不毛な）**price competition**（価格競争）を防ぐ役割があります。需要の落ち込む不況期には競争優位性の構築よりも、経営ビジネス統合効果の方が**immediate effect**（即効性）があります。

組織間関係の重要性

組織間の関係性を表す用語は**1970**年代より使われるようになってきました。

①　アライアンス・連携 **Alliance**

②　アウトソーシング・外注化 **Outsourcing**

③　相手先ブランドによる生産 **OEM**：**Original Equipment Manufacturing**（**EMS**：**Electronics Manufacturing Service**　電子機器の受託製造、**OEM**とほぼ同義ですが、電子機器分野のロット別専属委託生産の場合に使われます）

④　技術移転 **Technology transfer**

⑤　合弁企業 **Joint venture**

その他、組織相互依存関係の摩擦を和らげる**alliance strategy**（アライアンス戦略）としては、次のようなものがあります。

①　**M&A**、**affiliation**（系列化）、**vertical integration**（垂直的統合）

②　**recruitment of executives**（役員の受け入れ）、**joint venture**（ジョイントベンチャー、合弁企業）

③　**establishment of industry groups**（業界団体の設立）

④　**improving efficiency within the organization**（組織内の効率化）

競争に勝つための組織設計

　具体的に、競争に勝つための**design of the organization**（組織設計）をするためには何が重要でしょうか？

　Chandler（チャンドラー）は「組織は戦略に従う」と唱えたのに対して、**Drucker**ドラッカー「戦略は文化に従う」と言いました。つまり、**culture**（組織文化）＞**strategy**（戦略）＞**organizational structure**（組織構造）、なのです。ここでの**corporate culture**（組織文化）とは、企業文化であり企業の**DNA**と言っても良いものです。ただし、企業文化を構築するのには大変な時間と労力がかかりますので、ここではまず、基礎となる**organizational structure**（組織構造）からみていきましょう。

　organizational structure（組織構造）は大別して、
  1）　生産や販売など収益を生み出す組織：ライン組織（プロフィットセンター）
  2）　生産や販売を補佐する組織：職能組織（コストセンター）
　に分けられます。

●ライン組織（プロフィットセンター）の特徴 Characteristics of line organization

strengths（長所）：命令・指示をシンプルに早く**convey**（伝える）**structure**（構造）。**authority**（権限）・**responsibility**（責任）が明確。**organizational disruption**（組織的混乱）が少ない。

weaknesses（短所）：上司が事案を過大に抱え込む。組織の肥大化とともに**communication**（コミュニケーション）が**slows down**（緩慢）になる。

●職能組織（コストセンター）の特徴 Characteristics of the functional organization

strength（長所）：**specialized management**（専門領域に特化したマネジメント）が可能。専門化が進められる。**train specialists**（スペシャリストの養成）がしやすい。

weakness（短所）：指揮命令系統が**complicated**（複雑）になりやすい。

　日本の企業ではほとんどが、ライン組織と職能組織を組みあわせた**line and staff**（ラインアンドスタッフ）組織を採用しています。

———

●ラインアンドスタッフ組織の特徴 Characteristics of line and staff organization

　ほとんどの日本企業で採用されている。**line organization**（ライン組織）と**functional organization**（職能組織）が併用されている。職能組織のことをスタッフ組織ともいう。**regular employee**（平社員）からみると、ラインの上司（課長や部長）からの指示もあれば**functional organization**（職能、経理や財務の課長や部長）からの指示を受けることもある。似たような構造に**matrix organization**（マトリクス組織）がある。

競争優位性構築のためのTIPS

———

●模倣困難性〜参入障壁は**regulations**（規制）や**patent**（特許）だけではない

　組織の**capability**（ケイパビリティー、組織能力）を生かして、**regulations**（規制）や**industry order**（業界秩序）、参入障壁としての**sunk cost**（サンクコスト）となる**amount of capital investment**や、**CAPEX：Capital Expenditure**（資本的支出：固定資産への投資を含む設備投資）の**quantity**（多寡）にとらわれず、市場環境の微妙な変化にも対応し柔軟に戦略を変更することで**inimitability**（模倣困難性）を確保し続けることが可能になります。

———

●バリューチェーンの低コスト化

value chain（バリューチェーン）における**bottleneck**（ボトルネック：ビジネスの流れにお

ける障害)の発見はとても重要です。ボトルネックを取り除くことで仕事全体の流れが効率化されます。また、大企業の場合は特に、各領域の強み**positional advantage**（ポジショナル・アドバンテージ地位的競争優位性）、**capability advantage**（ケイパビリティー・アドバンテージ、組織能力的競争優位性）を整理することで、異なる事業が社内で競い合う**cannibalization**（カニバリゼーション、共食い）を回避できます。**bottle neck**（ボトルネック）も、カニバリゼーションの回避も収益性につながります。

●戦略立案の要素（内的なものを深堀）

　競争優位性のうちの**positional advantage**（ポジショナル・アドバンテージ、地位的競争優位性）を伸ばすことで、**barrier to entry**（参入障壁）として機能させることも可能です。例えば、自社規格を**global standard**（業界標準）とすることで、ライバルの新規参入に多大な商品開発のコストを強いることになります。

　市場が大きく変化するときには、競争優位性を変化に対応させる組織的な能力が問われることになります。組織内の資源を**orchestration**（オーケストレーション：再構成）をすることで、競争優位性における**capability advantage**（ケイパビリティー・アドバンテージ：組織能力的競争優位性）を構築するものです。

●独自組織能力（distinctive competence）

　その企業の組織能力が、**value chain**（バリューチェーン）の確立を経て、**sustainable**（持続的な）**competitive advantage**（競争優位性）に結びついているかという分析が必要です。**complex**（複雑）で**inimitable**（まねされにくい）**distinctive**（独自の）、**sustainable**（持続的な）競争優位性を維持するにはどうすればよいでしょうか。それには**tacit knowledge**（暗黙知：匠の技のように承継しにくいもの）や、企業の競争力の源泉としての**causal ambiguity**（因果曖昧性：原因と結果の関係が不明確であること）を意図して構築しておく場合もあります。

企業の内的要因の分析〜 ARCで企業の内的要因を分析する

組織的に優れた企業を設計するためには次の**2**つの視点が重要です。

① 組織構造（適材適所の人員配置）をどうするか？ **What should be done about the organizational structure?**

② 組織構成員のインセンティブ・モチベーションをどう与えるか？ **How to provide incentives and motivation for organizational members?**

　これらの視点を生かして実際に**organizational design**（組織設計）をする場合、**ARC**というフレームワークが有効です。**ARC**は、組織を

A　Architecture（structure）　アーキテクチャー（構造）

R　Routine（specific daily work）　ルーチン（具体的な日常業務）

C　Culture（corporate culture）　カルチャー（企業文化）

の三つの側面から分析します。

① アーキテクチャー　**Architecture**（組織構造）

　企業がどのような部門に分かれているか、部門間の関係、公式・非公式の**link**（リンク）、**hierarchy**（ヒエラルキー）、**rules**（ルール）、**recruitment**（採用）、**salary system**（給与体系）など、企業の戦略の方向性と結びついた**organizational design**（組織デザイン）がますます重要になっています。戦略と連動した組織作りの重要性を示したチャンドラーや、**Galbraith**（ガルブレイス）の『経営戦略と組織デザイン "**Strategy implementation：the role of structure and process**"』（**1978**年）などで、戦略を実行するための組織の多面的要素と、適合（**FIT**）を重要な点として扱っています。

② ルーチン　**Routine**（組織設計の課題）

　組織では一般に、組織デザインにおいて**coordination**（適材適所）と**incentive/motivation**（インセンティブ／モチベーション、動機づけ）の**2**つの問題が生

じます。

　coordination（適材適所）とは、社員全員が企業の目的を自分の目的としても
理解し、それを達成するには組織とどのように協調するかという問題です。つま
り、企業がその資源をどう獲得し、活用するか、specialty（専門性）と
integration（統合）のbalance（バランス）、などdecision making process（意
思決定プロセス）の設計の問題です。HR（人的資源）と考えるとわかりやすいでしょう。
ヒトだけではなく、モノ・カネという企業のmanagement resource（経営資源）
をどのように生かすのか、まさにright person in right place（適材適所）が問
われます。

　Incentive（インセンティブ）とは、企業とは違う目標を持つ個人に働き掛けて、
企業の目標に沿った行動をさせるという問題です。個人のincentive/
motivation（インセンティブ／モチベーション、動機づけ）をどのように行うのか、適切な
組織デザインが必要となります。企業はcoordination（適材適所）とincentive
（インセンティブ）の2つの問題を解決するために組織設計を行うべきなのです。

③　カルチャー　Culture（組織文化）構築の重要性
　カルチャーは組織内の個人がもつvalues and beliefs（価値観や信念）の集合体
であり、組織全体としても意思決定の判断基準となります。

ARCで企業の色を見分ける

　企業をARCで分析していくと、おおよそすべての企業は2つのタイプの
organizational culture（組織文化）に分けることができます。
　一つはexploit（活用）型といわれる組織形態で、もう一つはexplore（探索）型と
いわれる企業組織です。exploit（活用）型の企業の代表例としてはトヨタ自動車を
はじめ、日本の大企業のほとんどがこの部類に属するといわれています。
explore（探索）型の企業の例としては、日本ではstart-up（新興企業、ネットベンチャー、
Eコマース）に多いとされています。海外に目を向けると、3M（スリーエム）がexplore（探
索）型の企業として有名ですが、最近ではGAFA：Google/Amazon/
Facebook/Appleなどのplatform（プラットフォーム）型のネット企業も探索型と
して評価されています。

経営機能と管理機能、マネジメントプロセス

●Strategic Planning（戦略立案）とBusiness Administration（経営管理）の関係

　external context（外的環境）を中心としたPEST分析やfive force（ファイブ・フォース）分析、SWOT分析やinternal context（内的環境）のVRIO分析やARC分析を行っていく過程は、strategic planning（戦略立案）です。一方で、management resources（経営資源：ヒト・モノ・カネ・情報・ブランド）を資産としてどのように生かすのかを考えるのがbusiness administration（経営管理）という関係です。

●所有（資本）と経営の分離

　「経営資源としての資本の所有」と「経営責任を負った形での経営戦略の実践」を同一人物が行わないようにすることをseparation of ownership（capital）and management（所有と経営の分離）と言います。これは、corporate governance（コーポレートガバナンス）の観点から、企業の所有（株主）と経営（執行役員）を分離する仕組みです。

　voting rights（議決権）を持つ株主が経営をすると、経営のobjective（客観的な）evaluation（評価）ができず、株主経営者の独断を許す危険性があります。これを防ぐため、owner（所有：株主）とmanager/director（経営陣）を分離し、株主は経営を客観的に評価する立場で、management soundness（経営の健全性）を保つことができます。

●リーダーシップとマネジメント Leadership and management

① 　leadership（リーダーシップ）：setting goals（目標設定）、making decision（意志決定）、coordinating activities（活動の調整）、communicating（意志の疎通）、

directing（指揮）、directing（指示）、ordering（命令）、persuading（説得）、motivating（動機付け）

② management（マネジメント）：planning（計画）、organization control（組織管理）

business administration（経営管理）とは、①リーダーシップと②マネジメントを組み合わせたもので、organization control（組織管理）を最終目標にします。

———

●マネジメントサイクル Management cycle：PDCA

PDCA（Plan-Do-Check-Action,計画・実施・確認・行動サイクル、Plan（計画）-Do（実施）-See（審査）サイクルも同義）を組織の活動に置き換えると、Plan（計画）-Do（実施）がOrganization（組織）に置き換わり-See（審査）がControl（管理）に置き換わります。PDCAもorganization control（組織管理）を最終目標にします。

———

●経営計画の立て方 Management planning

1) mission（ミッション）・vision（ビジョン）・value（バリュー）を定める
2) target achievement period（目標達成期間）を定める：medium-term management plan（中期経営計画）など、G2030などのネーミング
3) business level（事業レベル）ごとに具体的成果を決める：allocate the budget（予算を各事業部に下ろして）いく
4) management plan（経営計画）に基づいた、いくつかのalternatives（代替案）を考案しておく（アンゾフのマトリクスが有効）

組織構造

① 職能別組織

functional organization（職能別組織）とは、機能別組織とも呼ばれる組織構造の1つで、社員を会社の特定の機能にグループ化した組織のことを言います。sales section（営業課）、personnel section（人事課）、general affairs section（総務課）など、職種に応じて部課を分けています。

　現代の企業では、その規模に応じて同じ職能でも様々な機能に分かれている場合があります。営業職でも、新しいビジネスに創造的に取り組んでいく**sales planning**（営業企画）もあれば、決められた**routine**（ルーティーン）を正確にこなす営業もあります。職能別組織では、利益を生み出す営業部隊を**profit center**（プロフィットセンター）として、管理に回る職能部分を**cost center**（コストセンター）として、包括的に組み入れる場合があります。職能別組織は、経営トップがマネジメントしやすい反面、販売する製品やサービスが増えた場合、水平的な多角化においてシナジーを生みにくい性質があるとされています。

Functional organization
職能別組織

② 事業部制組織

　divisional organization（事業部型組織）は、事業部ごとに**functional organization**（職能別組織）が完結する姿です。事業毎に経営に関する**decision making process**（意思決定のプロセス）が異なるような中堅企業から大企業に、この形態が良く見られています。**line and staff**（ラインアンドスタッフ）組織とも呼ばれ、

現代社会では標準的な組織管理形態です。一つの事業には経営についての意思決定を行う事業部長がおり、その下に職能別組織がぶら下がる形態です。

　事業部制組織のメリットは、意思決定が迅速にでき、潤沢な経営資源（ヒト・モノ・カネ・情報・ブランド）へのアクセスが容易に可能になる点です。複数の事業部を束ねる社長は、組織を戦略的に俯瞰し、**economies of scale**（規模の経済）、**economies of scope**（範囲の経済）、**economies of co-specialization**（共特化の経済：異なる性質のものが特定の組み合わせの時のみ効果を発揮する）など**synergy**（シナジー）を追求することで、資本の効率性を実現すべく、経営上の意思決定をすることが可能になります。

Divisional organization
事業部制組織

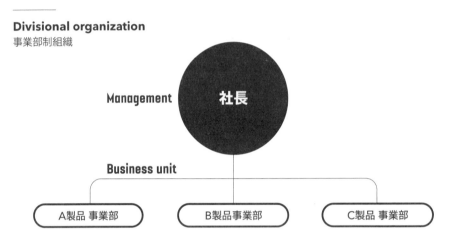

③　カンパニー制組織

　company system（カンパニー制）組織は、事業部制における事業部長に経営上の最終決定権を持たせ、さらに迅速で自由な経営上の意思決定ができるようにした組織です。各カンパニーのリーダーには**CEO**、**CIO**、**CFO**などの経営責任者が、**virtually**（仮想的に）置かれます。組織構造も各カンパニー独自の業界構造に応じて柔軟に設定できるため、**rational staffing**（合理的な人員配置）**, clarification of responsibility for performance**（業績に対する責任の明確化）**, job-based staffing**（ジョブ型の人員配置）などが容易になります。

　これは、企業の戦略上においても、外的環境に対する**organizational flexibility**（組織的柔軟性）、**agility**（アジリティー、俊敏性）、**creativity**（創造性）の確保に

も貢献すると言われています。

　カンパニー制には、問題点もあります。カンパニーが異なることで、同じ企業なのに同一顧客に同一商品を売りこんでしまうような**cannibalization**（カニバリゼーション、共食い）、同じ企業に属しながら**salary system**（給与体系）の差異や、企業としての組織文化構築のための**personnel exchange**（人事交流）が希薄になる点などが、挙げられるようになりました。

　日本でも**2000**年前後にはカンパニー制を導入する企業が増加しましたが、構造改革の効果が欧米企業並みにみられないことや、**Japanese-style management**（日本型経営）の特徴である**seniority system**（年功序列）、**lifetime employment**（終身雇用）、**company-based labor unions**（企業別労働組合）のメリットが見直される機運もあり、最近では下火になっています。

●カンパニー制導入の基本理念 Basic Philosophy for Introduction of Company System

1)　**company system**（カンパニー制）組織により、**divisional system**（事業部制）よりもさらに分権経営を徹底する。

2)　カンパニー単位で子会社も連結した**integrated business system**（事業一貫体制）を構築し、**business consolidation**（事業連結）による業績責任を徹底する。

3)　新事業の早期確立に向けた体制を強化する。

4)　カンパニーの**splitting the company**（分社化）と**holding company**（持株会社）設立を視野に入れる。

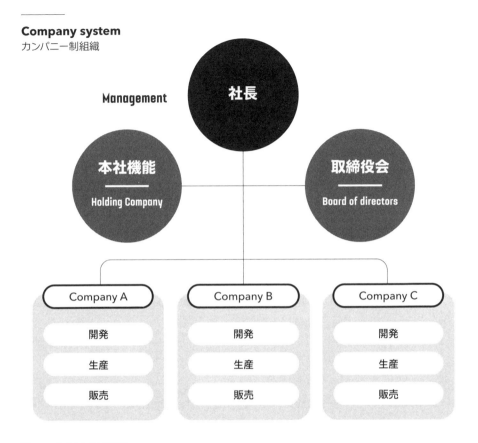

Company system
カンパニー制組織

Management

社長

本社機能
Holding Company

取締役会
Board of directors

Company A

開発

生産

販売

Company B

開発

生産

販売

Company C

開発

生産

販売

④　マトリクス組織

　　matrix organization（マトリクス組織）とは職能（機能）別、事業別、地域エリア別
など、異なる組織形態の長所を掛け合わせ、組織としての成長戦略を達成しよう
とする組織形態です。

　　matrix（マトリクス）は数学の行列のことで、組織形態に縦と横の関係を持ち込ん
だものです。この構造をとることで、レベルの異なる複数の目的を追求する組織と
なります。

　　総合商社では事業部ごとに各国の駐在事務所が必要になりますが、各国の駐
在事務所長は、多くの場合、本社から送られてきています。ヒラの駐在員には、二
人の上司（所属する日本の本社の事業部長、駐在事務所長）ができることになるのです。それ
ゆえ、マトリクス組織では、縦横の**adjustment of interests**（利害調整）が課題

になります。予算編成では、駐在事務所の予算と所属する事業部の予算があり、どちらも達成する必要が出てきます。組織としては複眼的な**restraint function**（牽制機能）が働くともいえ、緻密な経営管理には適しています。同一の生産プラットフォームを国際展開しながら建設する海外プラント事業などを手掛ける企業に適した組織構造と言えます。一方で、業界の**disruptive innovation**（破壊的イノベーション）が起こるような事業環境には適しているとは言えないでしょう。

Matrix organization
マトリクス組織

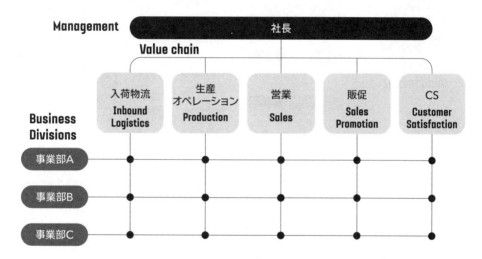

⑤　チーム制組織

team organization（チーム型組織）とは、**permanent**（恒常的な）組織構造とは異なっています。プロジェクト毎に、社内組織から適材適所の人員が集められます。長期的に同じメンバーでプロジェクトを行う組織ではなく、**SBU：Strategic Business Unit**（戦略的組織単位）などのように、一時的なプロジェクトの遂行のための組織構造です。

　各部署・チームから任意のメンバーが招集され、プロジェクトの遂行が完了すれば解散となる場合が多いです。戦略コンサルティング会社などではプロジェクトチーム制がとられていますが、顧客からの要望に瞬時に高いレベルで答えなければならないため、社内の雰囲気は常に緊張感が張り詰めています。社員ひとりひとりにも何らかの**specialized field**（専門分野）や得意分野があり、良い顧客の

プロジェクトに任命されれば**incentive**（インセンティブ）が付くなどの個人別の能力が高く評価される仕組みとなっています。

Team organization
チーム制組織

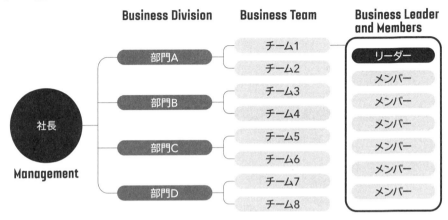

⑥　ネットワーク型組織

　network organization（ネットワーク型組織）とは、組織を統括する**leader**（リーダー）や直属の**boss**（上司）を作らず、組織の構成員が平等な立場で仕事をこなしていく組織のことです。自由に意見を言え、立場を気にせずに仕事に取り組める点がメリットと言われています。ネットワーク組織には主に**3**つの構造があります。

　（A）　組織の**center or top**（中心やトップ）が存在しない組織:**de-pyramidal/ de-hierarchical**（脱ピラミッド型・脱ヒエラルキー組織）

　（B）　**equal inter-organizational relationships**（対等な組織間関係）、内部関係（企業の枠を超えて**business alliances**（ビジネス・アライアンス）を形成

　（C）　企業内の**specialized**（特化した）**intranet**（イントラネット、内部ネットワーク）

　また、ネットワークの形態には、**star type**（スター型）、**tree type**（ツリー型）、**ring type**（リング型）、**spider web type**（蜘蛛の巣型）などがあります。これらの形態は属する業界の構造に対応した最適なものが決められます。

Network organization
ネットワーク型組織

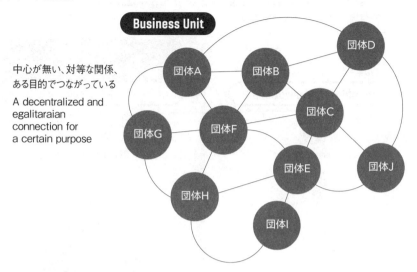

中心が無い、対等な関係、
ある目的でつながっている

A decentralized and
egalitaraian
connection for
a certain purpose

⑦　ティール型組織

　teal organization（ティール組織）とは、個々の社員に最終的な意思決定権があ
り、プロジェクトの最終責任を個別社員が担う組織構造のことを言います。ティー
ル組織では、**hierarchy**（ヒエラルキー：階層的職責）による組織マネジメントをとりま
せん。予算・売上の目標設定、ミーティングの開催等、従来の組織の慣例を撤廃
することができます。

　ティール型組織には**5**段階に分けられた組織モデルが存在します。これまでの
進化の過程で生み出された古典的な組織構造を内包していくことで、新しいティー
ル組織が作られていくのです。

　古典的な組織構造から、ティール組織の形態は、

Five stages of evolution：

　　1）　**Red**（impulsive）レッド（衝動型）

　　2）　**Amber**（adaptive）アンバー（順応型）

　　3）　**Orange**（achieving）オレンジ（達成型）

　　4）　**Green**（multiple）グリーン（多元型）

　　5）　**Teal**（evolving）ティール（進化型）

の**5**段階の進化形があるとされています。

Defferences between Hierarchical and Teal organization
ヒエラルキー型組織とティール組織の違い

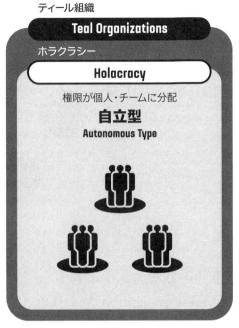

⑧　新しい組織論　〜 holacracy（ホラクラシー）理論

　ティール組織と混同されがちな理論として、**2007**年に米国の**Robertson**（ロバートソン）によって提唱された、**holacracy**（ホラクラシー）理論が挙げられます。ティール組織と異なっている点は、組織内における**hierarchy**（ヒエラルキー）を排した、**flat**（フラット）な組織構造に、より厳密にこだわる点です。ホラクラシー理論では、意思決定が**top down**（トップダウン）で行われるヒエラルキー組織に対し、チーム毎に意思決定権が自律的に存在しています。ホラクラシーではいわゆる管理職は存在せず、組織全体が**self-control**（自律）しています。

組織文化の改善効果

　組織の構造には**tangible**（目に見える）構造以外に、**intangible**（目には見えない）**organizational culture**（組織文化）があります。組織文化の改善効果として、

acceleration of decision-making（意思決定の高速化）、improvement of cohesiveness/organization members' sense of belonging to the organization（凝集性の向上、組織構成員の組織への帰属意識の高まり）、freedom/authorization（自由、権限の付与）、crystallization effect of wisdom/creativity（知恵、創造性の結晶効果）、push forward with diversity（多様性の邁進）/improvement of ability to respond to change（変化への対応力の向上）、agility（アジリティ、俊敏性）の向上、などが挙げられます。

HRマネジメント：ヒューマンリソースマネジメント（人的資源管理）

　human resource management（HR：人事マネジメント）では、企業組織の構成員をhuman resource（人的資源）として捉えます。企業の経営資源におけるヒトは、それぞれpersonality（個性）、appropriateness（適正）、individual ability（個別能力）を持っています。それらを組み合わせることで、新たな価値を生み出すことがHRマネジメントの目標です。

　人的資源とは、モノ・カネ・情報・ブランドといったその他の経営資源と効果的に組み合わせて活用すること、economy of co-specialization（共特化の経済）によって、企業にとって新しい価値を生み出す仕掛けとなります。

　人的資源管理は、様々なstakeholder（ステークホルダー）考慮し意思決定を行っていきます。人事担当者だけではなく、その他の部署の関係者の意見もとり入れます。経営戦略の変化に対応して組織構造を変容させ、人的資源管理を行うことは、組織のorchestration（オーケストレーション）の一例です。組織のオーケストレーションの適切な実行のためには、

1）　ビジネス構造のcommon understanding（共通理解）、job description（ジョブディスクリプション、採用時に仕事の役割や報酬が細かく決められていること）の明確化

2）　専門性を生かしたright person in right position（適材適所）の人員配置

3）　evaluation（評価）におけるfairness（公平性）、transparency（透明性）の確保

4）　関連部門のhuman resource management process（人的資源管理マネジメントプロセス）への積極的関与

5） **output indicators**（業務成果指標）の共有化

が重要です。

human resource management（HRマネジメント）の目的は、

① **recruiting**（リクルーティング）：優秀な人材を募集・選考

② **coordination**（コーディネーション）：適材適所に役割に応じて配置

③ **incentive**（インセンティブ）：適切な昇進・昇給を管理、報酬で社員のモチ
ベーションを高めることで人材を有効に活用し育成していくこと

にあると言えます。

ARCを使ったHRマネジメント

ARC分析は、**Human resource management**（HRマネジメント）にも使用可
能です。

A Architecture（structure）= **organizational structure** アーキテクチャー
（構造）= 組織構造組織

構造を決定することで、コーディネーション（社員に対する役割の割り当て）が行われま
す。この時に注意しなければならないことが適材適所の人材配置となります。
経営戦略を実現できる組織構造を規定することを最優先します。

R Routine（concrete daily work）= **personnel system**ルーチン（具体的な日常業
務）= 人事システム

人事システムは、採用・配置・評価・育成等、人事部が日常的に行う業務と
重なります。マネージャーは人事システムを通じて、従業員に組織として何を期
待し、どのように行動すべきかを伝えています。この意味で個人の成果主義的
な人事システムを導入するか、組織のパフォーマンスを評価する人事システムを
とるのかで従業員の行動は変わってくるのです。

C Culture（corporate culture）= **organizational culture**（組織文化）=（組織風土・
社風）

組織構造や人事システムは明文化された社内ルールですが、無意識のうちに社
員の行動を規定しているものが組織文化です。組織文化は**corporate
culture**（組織風土や社風）と言われることもあり、一朝一夕で作ることはできませ

ん。また、組織文化は、**founder's thoughts**（創業者の想い）や**vision**（ビジョン）、**philosophy**（哲学）、そしてその企業の**historical background**（歴史的背景）の影響を受けています。いかなる組織文化でも、その文化に従うことができなければ組織のメンバーとして役割を果たすことは不可能です。

ARC framework
ARCフレームワーク

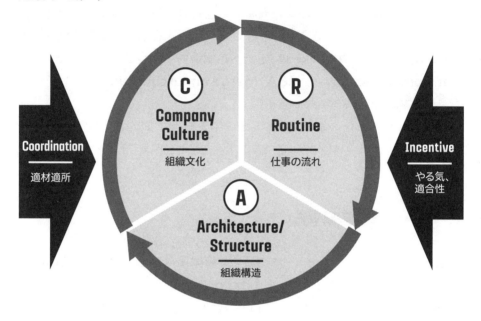

7 Operational Management and Grobal Management

オペレーション（生産管理）とグローバル・マネジメント

　北米のビジネススクール（**MBA**）のカリキュラムでは、主要な**3**領域（**marketing**マーケティング・**accounting**アカウンティング・**finance**ファイナンス）をマスターした後、**strategy**（経営戦略論、ストラテジー）に取りくみながら、組織論を学び、職能領域（**human resource**人事、**IT**、**law**法務、**ethics**倫理）などへと領域も広がっていきます。その中で**entrepreneurship**（起業）、**M&A：Merge and Acquisition**（合併と買収）など、扱うテーマは専門的になっていきます。

　operation（オペレーション、生産管理）はその中でも、専門的ながらも様々な分野と幅広く関連性を持つ科目です。これまで学んだことを押えて知識とスキルを身に着けていきましょう。

オペレーションの重要性

　supply chain（サプライチェーン）の多くが新興国に移っている現在の**global business**（グローバルビジネス）で、**headquarter**（本社）のマネージャーが**operation**（オペレーション、生産管理）に精通していることが経営上の武器になります。なぜなら、**product development**（商品開発）、**product planning**（商品企画）、**cost control**（コスト管理）、**sales management**（収益管理）、**marketing**（マーケティング）、**competitive strategy**（競争戦略）は、おおよそ**operation**（オペレーション、生産管理）の巧拙に影響を受けるからです。

　ここでは、オペレーションの基礎科目、**operational management**（生産管理マネジメント）を取り上げ、最大のテーマである**Toyota Production System**（トヨタ生産方式）を**case study**（ケーススタディー）として、オペレーションの神髄を学びましょう。

オペレーショナル・マネジメント

operational management（生産管理マネジメント）は**production control**（生産管理）領域の**fundamental subject**（基礎的科目）です。その内容は、**functional strategy**（機能戦略）と、**business strategy**（事業戦略）を含みますので**process of strategic planning**（戦略立案のプロセス）の理解が必要です。

　process of strategic planning（戦略立案のプロセス）をバリューチェーンとして理解することは、マネジメントの基本です。プロセスをコントロールし、機能戦略、事業戦略を磨き上げ、**productivity**（生産性）を向上させることが、戦略の最終ステップの**corporate strategy**（企業戦略、コーポレートストラテジー）につながります。

　オペレーションズ・マネジメントは、企業組織における**input**（インプット）→**process**（プロセス）→**output**（アウトプット）と表現可能です。これは**value chain**（バリューチェーン）によく似た構造です。**maker**（メーカー）ですと、原材料→製造・加工→製品→販売マーケティング・アフターサービスとなります。**advertisement agency**（広告代理店）であればメディアの広告枠購入→広告契約獲得→クリエイティブデザイン→**CF**などとしてアウトプット、**travel agency**（旅行代理店）であれば、交通手段予約枠購入と宿泊施設予約枠購入→旅行としてパッケージング企画→顧客販売、という流れになります。このバリューチェーンは、利益を追求する企業組織には必ず存在します。

　オペレーションズ・マネジメントは、実務上は下記の**flow**（フロー）に従うことが多いです。下記に学ぶべきオペレーション・マネジメントの具体的枠組みを記します。

1）　**business strategy**（what is the goal of the business unit?）ビジネス・ストラテジー（事業部の目標は？）

2）　**operational capabilities**（ability to link organizational processes to goal achievement）オペレーション・ケイパビリティー（組織のプロセスを、目標達成につなげる能力）

3）　**process design**（concretizing the process into organizational coordination and incentives）プロセスデザイン（プロセスを組織のコーディネーションとインセンティブに具体

化)、生産方式の具体化

4）　**process management**（routine）**ERP system：Enterprise**（企　業）**Resource**（資源）**Planning**（計画）の略で表現される、経営資源（ヒト・モノ・カネ・情報・ブランド）を適切に分配し有効活用する。業務統合プロセスの一つである**RPA**（Robotic Process Automation）を活用することでルーチン化

5）　**quantitative management**（profitability as output）量的マネジメント（アウトプットとしての収益性）

6）　**quality management**（ensuring quality and efficiency）質的マネジメント（質と効率性の確保）

ビジネス・ストラテジーとオペレーション

　operation management（オペレーション・マネジメント）の**business strategy**（事業戦略）との**matching**（マッチング）を確認しましょう。マッチングのことを経営戦略論では**strategic fit**（戦略的整合性）と言います。**strategic fit**（戦略的整合性）とは、組織が自らのリソースや能力を外部環境（ここではステークホルダーから企業に対する要求）に適合させる度合いのことです。

　そのうえで**efficiency**（効率性）、**flexibility**（柔軟性）、**effectiveness**（効果）、のうち、どれを優先するか決定していきます。マネージャーは組織のメンバーに対して戦略を理解するように**consistency**（一貫性）をもって説明すべきです。

　一方で、フォロワーシップの伴わない人員がいた場合、深刻な状況を招く場合もあります。例えば、競争優位性の構成要素の一つである**positional advantage**（地位的競争優位性）では、優先的競争力としてもともと優位性を確保できている場合でも、長期的に**strategic fit**（戦略的整合性）の獲得に至らないことが多く見受けられます。その組織の重要要素である**ARC：Architecture**（構造）、**Routine**（ルーチン）、**Culture**（文化）は機能しなくなり、競争優位性のもう一つの要素である**capability advantage**（組織能力的競争優位性）の構築にも至りません。

オペレーション・ケイパビリティー

　operational capabilities（オペレーション能力）は、**efficiency**（効率性），

flexibility（柔軟性）, **effectiveness**（効果）という**3**つの要素で成立しています。**operational capabilities**（オペレーション能力）は個人の能力というよりも、マネジメントにおける組織的能力を指します。

　efficiency（効率性）とは、**business goal**（ビジネスの目的）として**low price**（低価格）、**speed, cheap, fast**（スピード、安い、早い）を実現させることです。例として挙げられる業界は、**LCC**など格安航空、牛丼チェーン、ファストファッションなどとなります。

　flexibility（柔軟性）とは、**business goals**（ビジネスの目的）として**product variety**（製品の種類の豊富さ）、**customization**（カスタマイズ）、**responding to fluctuating demand**（変動する需要への対応）、を可能にしていくことです。代表的な業態としては**PC**のカスタム販売、オーダーメード商品提供などです。

　effectiveness（効果）とは、**business goal**（ビジネスの目的）として**quality stability**（品質の安定性）、**delivery accuracy**（納期の正確さ）を実現するためのものです。代表的な業態としては物流企業、運輸企業、旅行代理店などが挙げられます。

プロセスデザイン

　process design（プロセスデザイン）の目的は、企業組織を**coordination**（組織設計のコーディネーション）問題と**incentive**（組織設計におけるインセンティブ）問題を考慮しながら生産活動の**3**つの型、①**Line Flow**（ライン生産方式）、②**Job Shop**（ジョブショップ形式）、③**Project**（プロジェクト型）、に分けることです。

●Line Flow（ライン生産型）

ライン生産型の生産方式は、単一の製品を大量に製造するのに適しています。工程間の複雑化へもある程度対応可能になります。その条件として、下記の**4**つがあるとされています。

1）　**clarification of jobs**（content, sequence, timing, results）ジョブの明確化
　（内容、順番、タイミング、結果）

2) **synchronizing all processes** 全ての工程のシンクロナイジング
3) **process alignment** プロセスの直線化
4) **kaizen must be scientific** カイゼン活動を科学的に取り扱うこと

●Job Shop（ジョブショップ型）

　ジョブショップ型の生産方式は、ビジネスにおける**functional strategy**（機能戦略）の基本になります。同様の生産工程や作業グループを**grouping**（グループ化）した**shop**（ショップ、工程）で、**flexible**フレキシブルに生産を行います。似ている機械設備や作業工程をまとめるため、マネジメントの責任は明確化されます。同時に、製品製造やサービス供給は**customer orientation**（顧客志向）へと対応が可能になります。マネジメントはしっかりと各々の**job**（ジョブ、仕事）の、**utilization rate**（稼働率）や**lead time**（リードタイム）を管理する必要があります。

●Project（プロジェクト型）

　project（プロジェクト型）の生産方式は**project management**（プロジェクトマネジメント）とも言われ、システム全体を**creative**（創造的）にするのか、**efficient**（効率性）を重視するのか判断します。このマネジメント手法では、責任者は**conflict resolution**（利害の解決）を行う必要があります。すなわち**organizational culture**（組織文化）を作り直す全体の改革か、部分的な**bottle neck**（ボトルネック、障害）の解消かという判断が必要です。

　その上で、創造性重視の場合は、**sunk cost**（サンクコスト、埋没コスト）の処理が必要となります。新しいことを始めるのに過去のサンクコストの思い切った処理が必要だからです。また、効率性重視であれば、市場の変化によって新しく生み出されるビジネスの機会を逃すことのないように**opportunity cost**（オポチュニティーコスト、機会コスト）の削減に努めるべきです。

Job shop type production
ジョブショップ型の生産方式

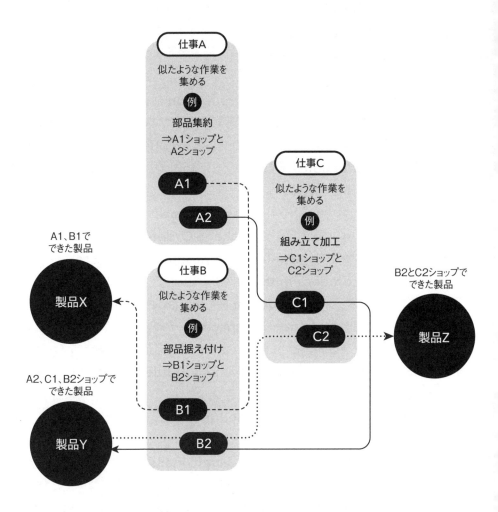

プロセスマネジメント

process management（プロセスマネジメント）は、業務の流れを**ERP system：Enterprise**（企業）**Resource**（資源）**Planning**（計画）、によって経営資源（ヒト・モノ・カネ・情報・ブランド）を適切に分配し有効活用する業務統合プロセスの一つです。

→**RPA**（Robotic Process Automation）を活用することでルーチン化していくことが可能になります。下記の**3**つの流れがあります。

1) **lean production** リーン生産方式
2) **queue**（line）**management** キュー（行列）マネジメント
3) **knowledge management** ナレッジマネジメント

　第**1**のプロセスマネジメントは、**lean production**（リーン生産方式）で、トヨタ生産方式（TPS）の別名です。プロセス管理を効率化することで、従来の**mass production**（大量生産方式）と同等以上の低コストを維持しながら、**high-mix low-volume production**（多品種少量生産）を可能にします。ムリ・ムラ・ムダを省き、作業時間や在庫量を削減することで、低コスト化できることもその特徴です。**lead time**（リードタイム）を短くする**Make to Stock**（プッシュ型、見込生産型）、**inventory loss**（在庫ロス）を少なくする**Make to Order**（プル型、受注生産型）の違いがありますが、プッシュ型では**emphasis on production process**（生産工程重視）、プル型では**customer orientation**（顧客志向）の生産方針となります。

　第**2**のプロセスマネジメントは、**queue**（line）**management**（キュー、行列マネジメント）です。**demand trend**（需要動向）、**capacity**（キャパシティー、設備や人）を勘案し、別の工業製品を受注する際でも、工場の稼働率に注意を払って納期とコスト管理をする方法です。無規律な受注を避け、生産工程の**bottleneck**（ボトルネック、障害）を極小化します。

　第**3**のプロセスマネジメントは、**knowledge management**（ナレッジマネジメント）です。ナレッジマネジメントの特徴は、組織内に**tacit knowledge**（目に見えない知恵）が蓄積されるという点です。いわゆる**craftsmanship**（匠の技）はこの部類に入りますが、これを誰でも取り扱える知恵にしていくことがポイントです。これは**conversion from tacit knowledge to explicit knowledge and manualization**（暗黙知から形式知への転換とマニュアル化）です。ナレッジマネジメントの効用には、**learning curve effect**（ラーニングカーブ効果）に代表される組織が知恵を蓄えていくことで効率性が上がるという現象が挙げられます。

量的在庫管理マネジメント

MBAで学ぶ基本的な**quantitative inventory management**（量的在庫管理）は、次の**3**ステップにまとめられることが多いです。

1 在庫処理能力**Capacity Management**
2 在庫管理実務**Inventory Management**
3 需要管理**Demand Management**

1 Capacity Management（在庫処理能力管理）

Throughput Time（TPT、スループット）、**Order-to-Delivery Lead time**（OTDLT：対応可能納期）という**2**つの在庫処理能力を計測します。**TPT：Throughput Time**とは、一定期間当たりの処理スピード**output**（産出量）のことです。**OTDLT：Order-to-Delivery Lead time**は対応可能納期と呼ばれ、おおよそ**lead time**（リードタイム、納期）のことです。**TPT**の最大化と**OTDLT**の短縮化は、売上機会の確実な捕捉を実現し**opportunity coat**（機会コスト）を低減しますので、結果として在庫回転率の上昇、売り上げの伸長による**topline growth**（トップライングロース、業績の拡大）につながります。売り上げの極大化のためには**value chain**（バリューチェーン）における**bottleneck**（ボトルネック、障害）を除去する必要があります。

2 Inventory Management（在庫量管理）

inventory（在庫）には、すぐにはキャッシュにすることのできない**non-performing asset**（不稼働資産）である性質と、売り上げとしてキャッシュにするための**treasure**（宝物）という考え方の**2**つがあります。故に、在庫管理に関する指標としては次の**2**つが有効です。

① **Cycle Stock**：サイクル在庫量：納品**1**回当たりの製品・部品の数量
② **Safety Stock**：①を繰り返した場合でも欠品することのない最少安全在庫

この2つの指標をもとに、**total cost**（トータルコスト）を最小化する**EOQ：Economic Order Quantity**（経済的発注量）を計算します。**Safety Stock**に達する直前で、**ROP：Reorder Point**（追加発注をかける在庫量）を決定します。この考え方は後述するトヨタ生産方式のカンバン方式から導き出されています。

3　Demand Management（需要管理）

　日本企業の多くで**option control**（オプション管理）といわれる手法です。**demand forecast**（需要予測）として使われています。企業毎に計算方法は異なりますが、基本的には**moving average**（移動平均法）あるいは**exponential smoothing**（指数平滑法）が使用されており、これは**MBA**で学ぶ**finance**（ファイナンス）からの理論の実際への応用ともなっています。

質的在庫管理マネジメント

　qualitative inventory management（質的在庫管理）は、帳簿上の仕入れ計画だけではなく、生産プロセスに直結します。バリューチェーンを考慮しながら製品・サービスの生産プロセスを**leveling**（平準化）します。

　specification（製品スペック）に収まる製品・サービスを、**yield rate**（歩留まり率）を高めることを最優先にして、**process management**（プロセスマネジメント）を行います。このプロセスマネジメントには**precision**（予見すべき精度）と**accuracy**（実測精度）という2つの指標を使います。

　semiconductor（半導体）などの精密性が求められる生産現場では、この2つの指標を調整し、それが**durability**（耐久性）に直結するという前提で、生産する製品**lineup**（品揃え）を決定しています。

　MBAで学ぶ**quality control**（品質管理）の有効な手法の一つである**Six sigma**（シックスシグマ）は、製造部門だけではなく、営業部門や企画部門などとの連携において、適用される生産管理手法です。**Six sigma**（シックスシグマ）は、**statistics**（統計学）で**standard deviation**（標準偏差）の**sigma** σ（シグマ）が起源です。**100**万回の作業を実施しても、不良品の発生率を**3.4**回に抑えることを目標としてシックスシグマが提唱されました。

　1980年代にモトローラ（**Motorola, Inc**）の技術者**Bill Smith**（ビル・スミス）によっ

て提唱されたシックスシグマは、日本の製造業の**QC circle**（サークル）に酷似しています。組織のボトムアップの**QC**サークル活動に対して、シックスシグマはトップダウンです。

　General Electric、**GE**（ゼネラル・エレクトリック社）の**Jack Welch**（ジャック・ウェルチ）が、シックスシグマを実際に経営に取り入れ、成功をおさめます。製造業から金融業にいたる幅広いビジネス展開を行っていた**GE**は、全ての事業用域でシックスシグマを横展開しました。品質を向上させることで**customer satisfaction**（顧客満足）度を上げ、ブランド力を向上させて利益を最大化しました。

　自動車産業では、部材の規格決定段階から最終的な車の**product design**（プロダクトデザイン）、**marketing strategy**（マーケティング戦略）、**safety performance**（安全性能）や**environmental performance**（環境性能）までが、総合的に管理されています。

　アパレルやファッションでも**material**（素材）から、**woven**（布帛、織物）、**cut and sew**（カットソー）、**knit**（ニット、編み物）という生産プロセスに、デザインやブランドとの整合性、コスト、サイズ、耐久性など様々な**value proposition**（バリュープロポジション）が考慮され、目に見える一つの製品となるのです。

優先的競争力competitive priorities

　competitive priorities（優先的競争力）とは、市場における自社の**competitive advantage**（競争優位性）を上げるための能力のことです。

　競争優位性には、**positional advantage**（ポジショナル・アドバンテージ、地位的競争優位性）と**capability advantage**（組織能力的競争優位性）と呼ばれる**2**種類の競争優位性が存在します。

　positional advantage（ポジショナル・アドバンテージ、地位的競争優位性）は、すでに兼ね備えている自社の努力に依らない強み（社歴や確立されたブランド、規制や特許で守られた市場における独占状態など）から主に成り立っています。その一部には、自らの努力で構築しうる**competitive priorities**（優先的競争力）もあります。例えば、自社製品の市場性を上げることで獲得しうる**de facto standard**（標準規格）はその一例です。

　もう一つの競争優位性である**capability advantage**（組織能力的競争優位性）は、

competitive priorities (優先的競争力) が組織的に醸成されたものとなります。competitive priorities (優先的競争力) が自らの (組織的な) 努力で構築しうる条件は、次の**5**つのようになります。

① **low cost** (低コスト)：製品やサービスを低コストで提供する能力です。コストを低く抑えることで、価格を下げて顧客に魅力的になるか、利益率を高めて経営効率を上げることができます。

② **flexibility** (柔軟性)：製品やサービスの種類や量を変更する能力です。柔軟性が高いと、顧客のニーズや市場の変化に素早く対応することができます。

③ **quality** (品質)：製品やサービスの顧客満足度が高いか、性能が高いかを示します。品質が高いと、顧客の満足度や信頼性が向上し、リピートや口コミにつながります。

④ **delivery capability** (納期対応力)：製品やサービスを必要な時期に提供する能力です。納期対応力が高いと、顧客満足度が上がります。

⑤ **innovation** (革新性)：新しい製品やサービスを開発する能力です。革新性が高いと、市場に先駆けて競争力のある製品やサービスを提供することができます。

　優先的競争力は**Porter** (ポーター) の**generic strategy** (ジェネリック・ストラテジー、基本戦略) などによって実践が可能です。ジェネリック・ストラテジーとは、**cost leadership** (コスト・リーダーシップ) か**differentiation** (差別化)、あるいは**focus strategy** (集中戦略) かという**3**つの基本戦略です。コスト・リーダーシップとは、業界最低コストの製品やサービスを提供する戦略です。差別化とは、他社とは異なる特徴や付加価値を持った製品やサービスを提供する戦略です。集中戦略とは、特定の顧客層に対して特定の手法で、コスト・リーダーシップあるいは差別化戦略を実行することです。

オペレーション・マネジメントとバリューチェーン

　operation management (オペレーション・マネジメント) では、主に**value chain** (バリューチェーン) を活用し、ビジネスの過程を分析します。バリューチェーンを

包括的に捉えて、事業戦略や企業戦略との兼ね合い、方向性が**business logic**（ビジネス・ロジック）に基づいたものとなっているかについても確認します。

business logic（ビジネス・ロジック）は、論証において**deductive**（演繹的）でも**inductive**（帰納的）でもかまいません。**3**つの戦略（**functional strategy**機能戦略・**business strategy**事業戦略・**corporate strategy**企業戦略）が**synergistically**（相乗的）に効果を上げているのか、検証します。

結果としての**ROE**上昇はもちろんのこと、**ESG：Environment**（環境），**Society**（社会），**Governance**（企業統治）などへの**stakeholder**（ステークホルダー）からの要求である**strategic fit**（戦略的適合性、フィット）に問題はないか、確認することが重要です。

同時に、バリューチェーンの、顧客の**purchase value/ willingness to pay**（購買価値）を生み出していく仕組み＝機能からの検証も重要です。個々の組織行動を、**business logic**（ビジネス・ロジック）に結びつけるよう仕向けて行くことも、マネージャーとしての役割です。

トヨタ生産方式の現場主義

トヨタ生産方式における**Just in time**（ジャスト・イン・タイム）と**Autonomation**（自働化）は、**business logic**（ビジネス・ロジック）に沿ったものです。さらに**3**つの戦略（**functional strategy**機能戦略・**business strategy**事業戦略・**corporate strategy**企業戦略）、それぞれとの整合性もあります。トヨタ生産方式を学びながら、ビジネス・ロジックと**3**つの戦略の本質を見ていきましょう。

トヨタ生産方式は、大野耐一『トヨタ生産方式—脱規模の経営をめざして』（**1978**年）によって紹介されました。以来、今や多くの製造業はもちろん非製造業の企業でも採用されています。

トヨタ生産方式の最大の目的は、「脱」**economies of scale**（規模の経済）です。**economies of scale**（規模の経済）は、生産規模を高めることで、単位当たり固定費が低減されるため、全体のコストも低減されることです。これは、機能戦略が確立されていなかった時代に、事業戦略として考え出されたものでした。一方で、トヨタ生産方式は機能戦略の充実を行うことで、**economies of scale**（規模の経済）に頼ることなく多品種少量生産にも低コスト化を実現し、顧客の**purchase** value/ willingness to pay（購買価値）を高めることに成功しました。

　excellent quality（品質の良さ）とshort lead time（短納期）、productivity（生産性）を上げつつ、効率重視のオペレーションを行うことで、ビジネス・ロジックを伴った低コストのバリューチェーンの構築に成功したのです。これは、lean production（リーンプロダクション、リーン生産方式）とも呼ばれます。

　トヨタ生産方式は、そもそも米国フォード車の生産ラインを手本にしていました。フォード生産方式はFordism（フォーディズム）とも呼ばれ、belt conveyor（ベルトコンベヤー）、division of labor（分業化）されつつも、労働システムのintegration（統合化）された管理主体のsupply chain（サプライチェーン）の導入によって世界的な製造業の標準となっていました。そこにはeconomies of scale（規模の経済）が大きく君臨していたのです。

　1960年年代以前の日本企業は、production volume（生産量）ではまだまだ足元にも及ばず米国企業の競争相手ともみなされていませんでした。必然的に多品種少量生産に対応できる生産ラインの構築が求められたのです。

　トヨタ生産方式には、経営陣によるcommitment（コミットメント）、全従業員による生産方式の理解と実践、卓越した技術を社内で伝承するcraftmanship（熟練工）などの、今日における機能戦略、事業戦略、企業戦略すべてに必要な要素が詰まっています。

　特にトヨタ生産方式のGenchi genbutsu（現地現物・三現主義）は理論よりも実践に焦点を絞り、functional strategy（機能戦略）のframework（フレームワーク）の一つとなっています。機能戦略が、重視するのはバリューチェーンの各段階における顧客のpurchase value/ willingness to pay（購買価値）の極大化です。

　トヨタ生産方式の「現地現物」「三現主義」は、現地・現物・現実の「3つの現」を重視し、Kaizen activities（カイゼン活動）として製造現場における問題解決を行いました。バリューチェーンの特定のステージだけではなく、調達と生産、生産や販売といった異なるバリューチェーンの活動にまたがって顧客価値のintegration（統合化）に貢献したのです。

トヨタの三現主義

Sangen Principle（Three Reals Philosophy）
三現主義

机上の空論では
問題解決はできない
Informal speculation
does not solve the problem.

必ず現場に行き、現物を触り、
現実を知ることで問題解決を
行っていく。
Always go to the site,
touch the actual product,
and know the reality
to solve the problem.

トヨタ生産方式のジャスト・イン・タイムと自働化

　トヨタ生産方式を理解することは、単なる**operation**（オペレーション）の効率化を学ぶことではありません。顧客のためにできるすべてのことをオペレーションで体現可能なこととして学ぶことなのです。それゆえトヨタ生産方式は、自動車の組み立てだけではなく、製造業はもちろん、サービス業にも応用可能なのです。

　トヨタ生産方式では、顧客価値を創造するために主に**2**つのコンセプトが存在します。**Just in time**（ジャスト・イン・タイム）と**Autonomation**（自働化）です。

　ジャスト・イン・タイムはムリ・ムラ・ムダを排し、生産の**levering**（平準化）を通じて**in-process inventory**（仕掛在庫）を極小化、生産の効率性と高い品質の両方を求めるものです。

　Autonomation（自働化）は、ヒトが中心の**information sharing**（情報共有）、**originality and ingenuity**（創意工夫）などのカイゼン活動を通じた、品質管理

と製造工程の一体化のことです。

The two concepts of the Toyota Production System
トヨタ生産方式の2つのコンセプト

ジャスト・イン・タイムとかんばん

Just in time（ジャスト・イン・タイム）は邦訳すると「ちょうどよいタイミングで」という意味です。工場内における、各ラインに必要な部品が滞留なく用意されることを示します。これによって**in-process inventory**（仕掛在庫）を削減し、**operation**（オペレーション）の効率化が実現します。工場のラインは、部品の**shortage**（欠品）や**defect**（不備）などにより決して止まることがあってはなりません。通常であれば部品をできるだけ確保することで生産の流れを確保したいところとなりますが、前述した**EOQ：Economic Order Quantity**（経済的発注量）によって**safty stock**（最少安全在庫）を確保することになります。

ジャスト・イン・タイムは、サプライチェーンの高度化によって、**in-process inventory**（仕掛在庫）の極少化と安定的な部品供給を両立させたシステムとも言えます。工場内に仕掛部品が少なくなることで、工場スペースの削減やラインの短縮化も図ることができるのです。

この役割を担うのが、かんばんと呼ばれる部材の流れをコントロールする仕組みです。かんばんと言っても、初期はそれこそ木製のものでした。工程間での部品の引き取りや、生産指示など様々な種類がありました。トヨタの工場に部品が納入されるたびに、かんばんは前に納品された空箱とともに前工程や部品業者に戻され、**repeat order**（リピートオーダー）の**order sheet**（発注書）としても機能します。現在のかんばんは電子化されていますが、その目的が生産の**levering**（平準化）にあることに変わりはありません。

levering（平準化）は、**TT：Takt Time**（タクト・タイム）と呼ばれる一定のペースに生産を固定化することで稼働の負荷（ムリ・ムラ・ムダ）を削減することを目的にしています。工場内における川下の工程の需要をもとに川上の工程が部材を供給する仕組み（プル・システム**pull system**）を取ることで、工場内における滞留・仕掛在庫を極力減らす工夫がなされています。トヨタ社内では**Post-process is our customer.**（後工程はお客様）と言われ、**bottle neck**（ボトルネック、障害）を作らないための知恵として使われます。

かんばんは**levering**（平準化）を支える**hardware**ハードウェアということが理解できるでしょう。同時に、これらを生産に参加する人員は**multi skilled**（マルチ・スキル、多能工）と呼ばれる様々な役割を一人何役もこなしています。ジャスト・イン・タイムを、システムとして理解することでタクトタイム、プル・システムによって、**bottle neck**（ボトルネック、障害）のない**continuous-flow processing**（連続的オペレーション）を**software**（ソフト・ウェア）として機能させていることがわかります。

かんばん方式はトヨタにおける**means of communication**（情報伝達手段）ともいえます。現代では多くの小売店舗で**POS：Points of Sales**（販売時点情報管理）システムが備えられています。これはかんばんの電子版であり、大野耐一はこのシステムをスーパーマーケットにおける販売方式から見出したといわれています。店頭で顧客が商品を購入するごとに商品が補充される仕組みを、生産工場での部品供給に見立てているのです。欠品の縮減、鮮度の保持、品質の維持などがなされることで、バリューチェーンにおける顧客価値の創造にすべてが帰結することを示しているでしょう。

自働化とアンドン

　トヨタ生産方式のもう一つの**concept**（コンセプト）は、**autonomation**（自働化）と呼ばれる、ヒトが中心の**information sharing**（情報共有）システムです。自働は**function by itself**（自ら機能する）という意味を込められての自動化ということなので、トヨタ生産方式の自働化の動にはニンベンが付きます。**Automation**（自動化）ではなく、**autonomation**（自働化）と表現されます。

　自働化は、問題が起こった時に、機械だけではなく工具も一体となってラインを止めて問題を解決することを前提とします。それは、機械が異常を感知した時に、工具が稼働停止を判断、**andon**（アンドン）と呼ばれる**information sharing display**（情報共有表示版）を通じて判断を行います。機械任せでも人任せでもない人馬一体のシステムなのです。

　アンドンはこの意味で、品質管理を工程に効率的に組み込む**hardware**（ハードウェア）です。自働化には、このように稼働を一時的にストップして不良や異常の発生の根本原因を即座に検知し、補正するという短期的な機能と、日常からちょっとした工具への改善の工夫などを加えることで生産効率をアップする**kaizen**（カイゼン）と呼ばれる中・長期的な活動があります。カイゼン活動は自働化における重要な**software**（ソフト・ウェア）として機能しているのです。

グローバリゼーションとマネジメント

　企業の活動やビジネスについて、**globalization**（グローバル化）という言葉が使われるようになって四半世紀が経過しました。グローバリゼーションを身近に感じさせる事柄としては、以下が挙げられます。

① 　インターネット、通信インフラ（の発達）
　　　internet, communication infrastructure
② 　企業活動のボーダレス化（国際的な**M&A**や海外進出の増加）
　　　borderless corporate activities（international M&A and overseas expansion）

③ 生産地域、販売地域のすみわけ、あるいは統合（の進展）

separation or consolidation of production areas and sales areas

　企業のグローバル化は、時代とともに変化しています。**1980**年代では、安価な**labor force**（労働力）を求め、**developing countries**（新興国）に進出することで、製造コストを低減させることが目的でした。この流れは**1995**年を境目に加速しました（**Cross border M&A**）。日本からも生産拠点は**labor intensive**（労働集約型）の産業はもちろん、装置産業も**infrastructure**（インフラ）の整備とともに新興国へと進出したのです。現代では労働コストはもちろん、優秀な**Knowledge worker**（ナレッジ・ワーカー）を集めることも、新興国市場が中心になっています。

　knowledge worker（ナレッジ・ワーカー）という言葉は、**Drucker**（ドラッカー）によって用いられた言葉です。それまでの**blue collar workers**（ブルーカラー、肉体労働者）と**white collar workers**（ホワイトカラー、マネージャー、事務労働者）という二項的な考え方から、企業や組織に対して知識による**added value**（付加価値）を与える、**intellectual added value**（知的付加価値）を創造する労働者のことをいいます。この背景には、**labor intensive**（労働集約型）の産業構造ではない、**IT**を使った**platform**（プラット・フォーム）型のビジネスの成長が大きいのです。地域関係なく、英語を操ることができて、**knowledge**（知識）と**skill**（スキル、知恵）のある社員が求められています。

　企業組織のバリューチェーンも、変容を強いられています。研究開発・マーケティング・財務等の従来型ビジネスと、人的資源開発・組織開発等の新規ノウハウ開発に分けて考えられます。

　従来型ビジネスにおけるグローバリゼーションは、**global standard**（国際標準化）という形で**1990**年代に国際標準化機構（**ISO**）や国際会計基準（**IAS**）等を通じて急速に進展しました。

　新規ノウハウ型の企業組織における国際標準の開発において、**global standard**（国際標準）はいまだに明確な形としては存在しません。その要因としては、**uncertainty**（不確実性）が挙げられます。政治や経済の変化があまりに激しく、地政学リスクの対応によって以下の**3**点に象徴される**vicious circle**（悪循環）になっているのです。

① グローバル化の方向性が見えない

unable to see the direction of globalization

② グローバル化をどこまでリスクを取って進めるか不明

unclear how far to take risks in globalization

③ 人材を育てるニーズや方法論の欠如

lack of needs and methodologies for developing human resources

　最近では、**VUCA**と言われる軍事用語がビジネスの世界でも使われるようになっています。**VUCA**は、**Volatility**（変動性）・**Uncertainty**（不確実性）・**Complexity**（複雑性）・**Ambiguity**（曖昧性）の単語の頭文字からきているもので、不確実で、変化が激しい世界を表す言葉です。

グローバル・マネージャーの必要性

　企業組織によっては、グローバリゼーションは**personal**（属人的）であるという前提で、安易に外国人や外部人材を雇って経営しているところもあります。外国人のマネージャーに頼ってしまい、自ら育成することを放棄している会社もあります。**global company**（グローバル・カンパニー）になるためには、企業の規模や業態に関係なく、グローバル・マネジメントのシステムと、その運用をになう**global manager**（グローバル・マネージャー）が必要です。それに必要な資質は次の**3**点です。

① **global scale**（地球規模）で経営の**streamlining**（効率化）、**competitive advantage**（競争優位性）の構築が可能か。**internet infrastructure**（ネットインフラ）や**communication**（コミュニケーション、情報伝達）の活用で、グローバルに製品・サービスを提供・販売ができるか。

② **multinational company**（多国籍企業）で**flexibly**（柔軟に）現地対応を行うことができるか。**cross-cultural**（異文化）コミュニケーション能力があるか。

③ **head office and local branches**（本社・現地支店）間で**knowledge and information**（知識・情報）を共有し、**learning organization**（学習する組織）として実践できるか？限られた**management resources**（経営資源）の有効活用

を行うことができるか。

日本企業とグローバル・カンパニー

企業組織のグローバル化を実現していくためには、次の**5**つのポイントが重要と言われています。

① **corporate philosophy**（企業理念・哲学）を**shared values**（共通の価値観）として**clarifying**（明確化）。

② **human resource strategic vision**（人材戦略におけるビジョン）、**mission**（ミッション）、**value**（バリュー）の明確化。

③ **personnel system**（人事システム）・**personnel evaluation**（人事考課）などの制度設計：**coordination**（コーディネーション）問題と**incentive**（インセンティブ）問題の解決。

④ **human resource development system**（人材育成制度）としてのグローバル・マネージャーやグローバル・リーダーに求められる**competency**（コンピテンシー、競争力）の開発。

⑤ **utilization of flexible personnel allocation**（柔軟な人材配置）、**project team system**（プロジェクト・チーム制）の活用。

ハイ・コンテクスト問題

communication（コミュニケーション）における**context**（コンテクスト）とは、**meaning of messages**（メッセージの意味）、**relationship between messages**（メッセージとメッセージの関係）、**social environment of the place and time in which language was uttered**（言語が発せられた場所や時代の社会環境）、**language transmission**（言語伝達）を意味しており、意思疎通の背景や状況そのものを指します。

Communication differences between Japan and Europe/ the U.S.
日本と欧米のコミュニケーションの違い

欧米	日本
コンテンツ重視	**コンテクスト重視**
Content Information that can be recognized by perception, such as numbers, images, and videos **コンテンツ** 数字や画像、映像など知覚で認識する情報「身振りや文字でしっかり伝える」	**Context** context, atmosphere, unwritten and invisible conventions **コンテクスト** 文脈や雰囲気、明文化されていない目に見えないしきたり「空気を読む」「場の雰囲気に従う」「ハイ・コンテクスト」

日本は**high context**(ハイ・コンテクスト)のコミュニケーション文化と言われています。これは、**tacit understanding**(暗黙の了解)、**be quick to grasp**(一を聞いて＋を知る)という前提でのコミュニケーションが行われていることを意味します。

欧米諸国では**context**(コンテクスト)よりも**contents**(コンテンツ、**visual information such as colors and numbers**色彩や数字など、目に見える情報)が重視され、実際に発言した内容が責任を伴う行動の基本となります。

日本企業は、組織メンバーの**homogeneity**(同質性)が高く、コンテンツではなく、ハイ・コンテクストなコミュニケーションで、その効率性を磨いてきたのです。同時にこの同質性は、**analogue**(アナログ)なモノづくり、いわゆる**integral architecture**(インテグラルアーキテクチャ：すり合わせ型)のモノづくりやビジネスで効果を発揮してきました。

ところが、グローバルに展開している企業組織においては、**diversity**(多様性)あふれる組織で、コンテクストよりもコンテンツがコミュニケーションにおいては重要です。ハイ・コンテクストな日本企業でのコミュニケーションの中で評価されてきた日本人のマネージャーは、**high contents/low context**(ハイ・コンテンツ／ロー・コンテクスト、文脈を重視せず、空気を読まない、何でも分かりやすく、懇切丁寧に説明する)のコミュニケーションで、グローバル・ビジネスに対応する必要があるのです。

ビジネススキルの不足

グローバル・マネージャーとして必要な最低限のスキルは次の**3**点です。

1） **context-independent communication skill**（コンテクストに依存しない）コミュニケーション能力を身につける。**low-context**（ロー・コンテクスト）、**high-content**（ハイ・コンテンツ）でのコミュニケーションが可能であること。

2） **minimum business framework as a manager**（マネージャーとして最低限のビジネス・フレームワーク）を身につける。経営環境を分析するための**PEST**、**SWOT**分析や**Five force**、**generic strategy**（ジェネリック・ストラテジー）、ファイナンス・アカウンティング・マーケティングの基礎知識。

3） **understanding of diversity**（多様性への理解）と、**cross-cultural communication**（異文化コミュニケーション）能力を身につける。様々なメンバー間の差異を認めた上でマネジメントに取組み、自分の**successful experience**（成功体験）を押しつけない。

Chapter 8 | Ethics and Corporate Governance
エシックス・コーポレートガバナンス

　株式会社の最大の目的は、株主のための利益の追求です。これは**ROE：Return on Equity**（株主資本利益率）の極大化によって表現されます。現代の企業社会では、その前提として、**corporate governance**（コーポレートガバナンス、企業統治）に基づいた、**good corporate citizenship**（良き企業市民）としての法令の遵守、環境経営に代表される持続可能な経営戦略、そして企業の社会的責任を全うする行動倫理が挙げられます。世界規模で事業を展開する企業が増えている現在、企業は利益を追求するだけではなく、社会に貢献できるよう、**corporate ethics/business ethics**（企業倫理、ビジネス・エシックス）を育んでいく必要があります。

バーリ＝ミーンズ〜所有と経営の分離

　企業経営における**separation of ownership and management**（所有と経営の分離）を分析すると、会計・法律・経営学それぞれの観点から以下のようになります。

① 　**accounting**（アカウンティング、会計）の側面から、**accurate**（精緻）な**corporate accounting**（企業会計）の重要性（株主の経営情報開示のための適切な**managerial accounting**管理会計）

② 　**law**（法学的）的の側面から**committee system**（委員会制度）による**corporate governance**（コーポレートガバナンス）

③ 　**business administration**（経営管理、経営学）の側面から、「所有と経営の分離」（経営資源としての資本の所有と経営責任を負った形での経営戦略）

　いずれにしても、米国**new deal**（ニューディール）時代の**Berle＝Means**（バーリ＝ミーンズ）による『株式会社規制の理論（*The Modern Corporation and Private Property*）』（1932年）が基本になっています。経営者は特定の資本家に管理される

のではなく、多くの**stakeholder**（ステークホルダー）のために**management based on expertise**（専門性を生かした経営）を行うべきであるとされたのです。

グッド・コーポレートシチズンシップ

　企業は地域社会における**good corporate citizenship**（良き企業市民）であるという考え方です。自らのビジネスには直接関係のないところで、社会活動に積極的に貢献しようとするものです。**corporate citizenship**（企業市民）とも呼ばれます。メーカーの従業員、**producer**（生産者）であっても、家庭に帰れば**consumer**（消費者）となり、生活するうえでの**community**（地域社会）とのかかわりあいは大切なものです。

企業の社会的責任

　CSR：**Corporate Social Responsibility**（企業の社会的責任）とは、企業は社会に対して**legal compliance responsibility**（法令遵守の責任）を果たし、市民生活への参加や社会ニーズに応え、**ensuring social contribution and transparency**（社会貢献・透明性の確保）や地域社会との調和を図るべきであるという考え方です。

　多様化する価値観の下、**exemplary behavior**（善い行動）が求められています。**social evaluation**（社会的評価）や**credibility**（信頼性）の向上を通じて自社の**corporate value**（企業価値）を高めることが目的です。CSR：**Corporate Social Responsibility**（企業の社会的責任）には、下記の様々な活動が含まれています。

① **compliance with relevant laws and regulations**（関連法規の遵守）
② **emphasis on compliance**（コンプライアンス重視）
③ **payment of taxes**（税金の納付）
④ **job creation**（雇用創出）
⑤ **human resources development**（人財育成）
⑥ **provision of products and services that contribute to society**（社会に貢献する製品・サービスの提供）

⑦　**information disclosure**（情報開示）

⑧　**improvement of the global environment**（地球環境改善）

⑨　**ensuring transparency**（透明性の確保）

⑩　**corporate philanthropy**（企業メセナ）

⑪　**consumer trust**（消費者からの信頼）

⑫　**personal information protection**（個人情報保護）

⑬　**employee support for child-rearing generation**（子育て世代の従業員支援）

⑭　**volunteer activity support**（ボランティア活動支援）

環境経営

地球環境無くして**sustainability/sustainable growth**（持続的成長）なし、という考え方に基づく経営手法を**Environmental management**（環境経営）と言います。日本の環境関連法には次のようなものがあります。

(1)　公害対策基本法（**1967**）**Pollution Control Basic Law**（**1967**）

(2)　環境基本法（**1993**）**Environmental Basic Law**（**1993**）

(3)　循環型社会形成推進基本法（**2000**）**Basic Law for Establishing a Sound Material-Cycle Society**（**2000**）

●循環型社会とは

　循環型社会形成推進基本法によって、日本でも具体的に**disposable**（使い捨て）文化から脱却を図るための仕組みがスタートしました。この基本法が整備されたことにより、廃棄物・リサイクル政策の基盤が確立されました。循環型社会（**3R**）とは、以下の**3**要素です。

①　ごみを減らす（**REDUCE**）

②　再使用する（**REUSE**）

③　原材料として再利用する（**RECYCLE**）

環境管理システム

●ISO14000

組織（企業、各種団体など）の活動が与える**environmental load**（環境負荷）を改善するための**certification**（認証）です。**ISO**とは、スイスに本部を置く**NGO：Non-government Organization**（非政府機関）である**International Organization for Standardization**（国際標準化機構）の略称で、**14000**とはその認証基準の一つです。世界基準を会社の経営に取り入れることが、**ISO**規格を導入するということになります。**ISO**は会社に決まりごとをつくるところから始まり**Plan**（計画）をつくって文書化し、**Do**（実行）されているか、第三者に**Check**（証明）してもらい、**Action**（改善）をすることで成立します。**PDCA**サイクルで、環境への負荷の低減、組織の経営改善、環境経営を実行するのです。

●主なISO及びマネジメントシステムの種類と目的Main types and purposes of ISO and management systems

ISO 9001 Quality Management System（品質マネジメントシステム）**Aiming for "customer satisfaction"**『顧客満足』を目的とする。

ISO 14001 Environmental management system（環境マネジメントシステム）**The purpose is "environmental conservation".**『環境保全』を目的とする。

ISO 22000/FSSC 22000 Food Safety Management System（食品安全マネジメントシステム）**Aiming for "food safety"**『食品安全』を目的とする。

ISO 45001 Occupational Safety Management System（労働安全マネジメントシステム）**The purpose is to "preserve the working environment".**

『労働環境保全』を目的とする。

ISO 27001 Information Security Management System (情報セキュリティマネジメントシステム) **The purpose is to prevent information leakage.**『情報漏洩防止』を目的とする。

ISO 39001 Road traffic safety management system (道路交通安全マネジメントシステム) **The purpose is to "eliminate traffic accidents".**『交通事故撲滅』を目的とする。

ISO 22301 Business Continuity Management System (事業継続マネジメントシステム) **The purpose is "business continuity in the event of a disaster".**『災害時事業継続』を目的とする。

環境コミュニケーション

environmental communication (環境コミュニケーション) とは、企業の **environmental load reduction activities** (環境負荷低減活動) や **environmental conservation measures** (環境保全対策) などについて、企業が市民や行政との**dialogue** (対話) を行っていくことです。**environmental pollution** (環境汚染) などのリスクを防止するための対話のことを**risk communication** (リスクコミュニケーション) と呼んでいます。

global warming countermeasures (地球温暖化対策) や**approach to recycling** (リサイクルへの取組み) など、環境問題全般について取り上げられることが多くなりました。

環境ビジネスと環境経営

環境ビジネスや環境経営を成り立たせ、**sustainable** (持続的な) **recycling-based social structure** (循環型社会構造) は、環境ビジネスの**hardware** (ハードウェア) としての性格が強いです。**eco-design** (エコ・デザイン) (**life cycle assessment**ライフ

サイクル・アセスメント)がこれに当たります。

対して、その仕組みをさらに強固に持続可能にするためには**monetization**(金銭的可視化)が不可欠です。そこで**software**(ソフトウェア)として機能するのものが、**eco fund, CO2 emission trading**(エコ・ファンド、CO2排出権取引)の仕組みです。**cap-and-trade**(キャップ・アンド・トレード、CO2排出権取引)とも呼ばれます。

CO2排出権取引制度キャップ・アンド・トレード

cap-and-trade(キャップ・アンド・トレード、CO2排出権取引)は**CO2**を排出する**cap/allowance**(排出枠)を設定し、その排出枠を取引する制度です。

CO2排出権取引とは、**carbon pricing**(カーボンプライシング)という**CO2**排出にコストをかける施策です。**CO2**にコストをかける政策には、**cap-and-trade**(キャップ・アンド・トレード、CO2排出権取引)と、**CO2**(温室効果ガス)排出量に応じて課税する**carbon** (greenhouse) **tax**(炭素税)があります。炭素税は国や地方が企業に対して**CO2**排出量に応じて課税する仕組みです。

cap-and-trade(キャップ・アンド・トレード、CO2排出権取引)は、企業組織が排出する**CO2**を**greenhouse gas**(温室効果ガス)と定義し、**cap/allowance**(排出枠、排出を許される量)を割り当てます。割当排出量を超過する企業は、別の企業から排出枠の購入ができます。排出権取引制度は、企業の**self-help**(自助努力、二酸化炭素排出量の削減)か、排出枠購入かという選択を迫られます。

ここでは、**cap-and-trade**(キャップ・アンド・トレード、排出権取引制度)の仕組みについて、詳しく見ていきましょう。

(1) **CO2 reduction**(CO2削減量)の決定と**emission**(cap)**allowances**(排出枠)の発行
(2) 各企業への排出枠の割り当て
国の排出枠が設定された後、以下の方式のいずれかによって企業ごとに排出権の分配を行います。

    A **grandfathering method**(グランドファザリング方式)
    B **benchmark method**(ベンチマーク方式)

C　auction method（オークション方式）

●grandfathering methodグランドファザリング方式

過去のCO_2排出量を基準として、**free of charge**（無償）で排出枠を決定する方法です。

●benchmark methodベンチマーク方式

生産品に応じて**optimal**（理想的な）排出量を決定し排出枠を決定する方法です。

●auction methodオークション方式

排出枠を**auction**（オークション、入札）で購入する方法です。

⑶　**trading allowances**（排出枠）の取引

　　企業は、排出枠内に収まるように努めますが、排出枠を超えてしまう企業も出てきます。そこで、**cap and trade**（キャップ・アンド・トレード、排出権取引制度）を使い、**greenhouse gas**（温室効果ガス）の排出枠を排出枠に余裕がある企業から購入します。

⑷　**matching**（マッチング、排出枠・排出量の確認）

　　企業の排出枠と排出量が合致しているかどうかの**matching**（マッチング、確認）が行われます。排出枠を超過してしまった企業については、**penalty**（罰則）があります。

●cap and trade（キャップ・アンド・トレード、排出権取引制度）のメリット

①　**clear goal to be achieved**（達成される目標が明確）

②　**minimize greenhouse gas abatement costs**（温室効果ガスの削減費用を最小化）

③　**increase in CO2 reduction measures on the corporate side**（企

●cap and trade（キャップ・アンド・トレード、排出権取引制度）の問題点

① carbon leakage problem/CO2 leakage problem（カーボン・リーケージの問題、**CO2**漏出問題）

カーボン・リーケージとは、企業が、温室効果ガス排出規制が緩い国へ移転してしまうことを指します。

② 多くの企業が**intensity targets**（原単位目標）を希望

intensity targets（原単位目標）とは、企業活動による総生産量ではなく、個別の生産品に対する**CO2**削減目標のことです。**intensity targets**（原単位目標）を**CO2**削減目標とすると、総量としての**CO2**排出量は多くなってしまうことと、そもそも排出枠の設定が困難であると言われています。

企業倫理

corporate ethics（コーポレートエシックス、企業倫理）とは、企業活動上で収益追求の一方、守るべき**ethics**（倫理）のことです。**compliance**（コンプライアンス、法令遵守）を基本として、**moral perspectives**（道徳的観点）、**humanitarian/educational perspectives**（人道的／教育的見地）から企業活動を規定することでもあります。日本では**corporate ethics**（コーポレートエシックス、企業倫理）、**compliance**（コンプライアンス、法令遵守）とされることもありますが、むしろ法令だけではカバーできない領域を規定することが重要なのです。

21世紀に入ってからは、アメリカの**Enron Corporation**（エンロン社）や**Worldcom**（ワールドコム社）などの大企業の不祥事が社会問題となって、企業倫理に対する批判が高まりました。企業倫理は**business ethics**（ビジネス・エシックス）とも表現されます。

企業倫理の変遷

(1) 道徳的価値や賃金の平等（**1960**年以前） Equality of moral values and

wages（before 1960）

（2） 反公害運動、消費者運動、エコロジー運動　Anti-pollution movement, consumer movement, ecology movement

（3） 社会における企業の役割（ロッキード事件がきっかけ）　The role of companies in society（inspired by the Lockheed scandal）

（4） 企業倫理の理論的確立（1980年頃）　Theoretical establishment of "corporate ethics"（around 1980）

（5） 企業倫理の体系化、および実践　Systematization and practice of corporate ethics

　企業倫理は、単に**ethics**（エシックス）と表現されることも多くなってきました。ビジネスでは倫理にもとるかどうか、常にチェックしていかなければなりません。収益あるビジネスをしても、**ethics**（エシックス）で問題を起こすと、その何倍もの損失を被ることがあります。食品会社による健康被害や石油掘削会社による環境汚染問題などは、企業の存亡をも左右しかねません。重要なことは、そのリスクのコントロールとその**scandal**（不祥事）の解決姿勢たる**corporate culture**（企業文化、企業体質）の確立なのです。

意思決定の基礎となるビジネス・エシックス

　MBAで学ぶ**corporate ethics/business ethics**（ビジネス・エシックス、企業倫理）は**global leader**（グローバル・リーダー）の**decision making**（意思決定）と、その**responsibility**（責任）がテーマです。ビジネスの正解がない問題を解く際には、まず**legal**（法的）、**economic**（経済的）な観点から検討し、さらに、**ethical**（倫理的）な決断も求められるのです。

　MBAのビジネス・エシックスの授業では、**How would you feel if you were there?**（自分がその場にいたら、どう感じ考え行動するか？）という議論をします。不祥事を自身の出来事として議論を進めるのです。このような議論を繰り返すことで、実際のトラブルへの対処法が身につきます。厳しい意思決定を避けて通らず、そして、倫理の問題について語り合うことを厭わないことこそが、ビジネスマンには**essential skills**（必須の素養）と言えるのではないでしょうか。

行動倫理とビジネス人権

近年、ビジネス・エシックスについて**2**つの流れがあります。

(1) **behavioral ethics**（行動倫理）
   human behavior（人の行動）に組織や環境が及ぼす影響のことを示します。

(2) **responsibility for human rights**（人権を守るためのビジネスの責任）
   グローバル企業の多くが注目している事案です。

いずれの流れでも必要なものは、企業利潤の追求と両立できる**CSR**：**Corporate Social Responsibility**（企業の社会的責任）を果たすための**capability**（組織的能力）が挙げられるでしょう。

おわりに

この本を手に取り、最後まで読んでくださった皆様に感謝申し上げます。

この本の特徴は、
　「実務家出身の現役大学教員による執筆」
　「実学とアカデミアとの融合」
　「リーダーの武器になるツール」
の3点です。

　1冊の本の中でそれらをどのように表現するのか、ビジネスを体系的に学べるようにするためにどのような方策があるのか、試行錯誤してまいりました。これらの解決方法として一つのアイデアが、私自身の北米のMBA留学体験を実践的な知恵としてまとめていくことでした。MBAではまさに上記の3点にこだわったカリキュラムが展開されており、このコンセプトを日本の高等教育でも体現することはできないものかと思案しながら、まずはこの本でその思いの一部だけでも読者の皆様に伝えることができれば、と思案しながら執筆しました。

ビジネスは学問となるのか、という議論もあります。しかし、北米のMBAスクールでは数万点もの実際の企業やビジネスの現場をレポート調にまとめて、教材として学ぶケーススタディーが一般化しています。そこでは学生と教員が白熱した議論を展開しており、社会人も年齢性別関係なく学べるものとなっています。大学には卒業という概念がありますが、MBAにはそのような学びとしての区切りはありません。学位を武器にキャリアをスタートさせ、学びは一生が続くものであり、そしてその学びは学問というよりも、それを包摂しながら実践的なツールとなりえるというもので、私はそれを実体験いたしました。その目的は、どのような組織であってもそのリーダーとしてマネジメントができるようになることに尽きるかと思います。

　その意味で、この本を手に取っていただきました皆さまご自身の知識やスキルの拡充、キャリアのステップアップに少しでもお役に立つことができましたら幸せです。

　最後となりましたが、細かなところまでご配慮くださり、私の思いをこの本という形にしてくださったベレ出版の皆様と、様々な協力をしてくださった大学の石井ゼミの学生の皆さんに感謝を申し上げたいと思います。

2023年12月　石井 竜馬

参考文献（順不同）

【参考にさせていただいたサイト】（最終検査日はすべて2023年11月21日）

Ahrefs blog
ttps://ahrefs.com/blog/marketing-101/

Aperza News
https://news.aperza.jp/%E3%83%88%E3%83%A8%E3%82%BF%E3%81%AE%E7%8F%BE%E5%9C%B0%E7%8F%BE%E7%89%A9%E4%B8%BB%E7%BE%A9%EF%BD%9C%E5%85%85%83%E3%83%88%E3%83%A8%E3%82%BF%E3%83%9E%E3%83%B3%E3%81%AE%E7%9B%AE/

AXIS
https://www.axc.ne.jp/consul/map/strategy/mckinsey/history.html

BCG
https://www.bcg.com/ja-jp/about/our-history/default

CME Group
http://www.cmegroup.com/

Exbuzzwords
https://www.exbuzzwords.com/

Ferret
https://ferret-plus.com/9701

Geeklymedia
https://www.geekly.co.jp/column/cat-preparation/1910_017/

HRpro
https://www.hrpro.co.jp/glossary_detail.php?id=46

Geektonight
https://www.geektonight.com/value-chain-analysis/

GMO Research
https://gmo-research.jp/research-column/pest-analytics?utm_source=yahoo&utm_medium=cpc&utm_campaign=a9101_y&yclid=YSS.1001081670.EAIaIQobChMI28-Qw8j--AIVKpNmAh0pGQuGEAAYASAAEgK17PD_BwE

Harvard Business School Online
https://online.hbs.edu/blog/post/what-is-value-chain-analysis

Harvard Business Review
https://dhbr.diamond.jp/articles/-/4674?page=5

ITmedia
http://www.atmarkit.co.jp/im/terminology/

ISO認証取得支援コンサルティング（アイムス）
https://www.aims.co.jp/kiso/rule.htm

JIJI Financial Solutions
https://financial.jiji.com/main_news/article.html?number=468

Jinjer Blog
https://hcm-jinjer.com/blog/keihiseisan/financial-statements/

JMR生活総合研究所
https://www.jmrlsi.co.jp/knowledge/yougo/my02/my0219.html

J.P.Morgan Asset Management
https://am.jpmorgan.com/jp/ja/asset-management/per/insights/market-insights/guide-to-the-markets/guide-to-the-markets-slides-apac/fixed-income-currency/gtm-jp-usjaintratedif/

Management&Analytics and Strategy
https://keieikanrikaikei.com/history-of-strategy-013/

Note
https://note.com/shinsuke_t/ n /n3baa6dc8ae73

NRI
http://www.nri.co.jp/opinion/r_report/m_word/index.html

PARADOX創研
https://prdx.co.jp/visions-prdx/brand_equity/

Prenuerpreneur
https://preneur-preneur.com/likerts-system-of-management/

PRESIDENT Online
https://president.jp/articles/-/1836

Prosharing
https://circu.co.jp/pro-sharing/mag/article/1304/

RELO総務人事タイムズ
https://www.reloclub.jp/relotimes/

Riaison International
https://www.riaison.com/RI-Studies/DrCr.html

Invenio Leadership Insight
https://leadershipinsight.jp/explandict/sl%E7%90%86%E8%AB%96%E3%80%80situational-leadership-theory

The Marketing Leadership Masterclass
https://marketing-study.com/leadership-24/

Ucozi.com
https://ucozi.com/what-is-marketing-strategy/

Web Analytics Consultants Association
https://www.waca.associates/en/

WEBFX
https://www.webfx.com/blog/marketing/marketing-101/

Workship　Magazine
https://goworkship.com/magazine/business-framework/

Monoist
https://monoist.atmarkit.co.jp/mn/articles/1509/07/news006.html

牛島会計事務所
https://ushijima-accounting.com/bmknowledge/mgaccting/

欧州MBA　留学ナビ
https://spain-mba.com/mba-operation/

カール経営塾
https://www.carlbusinessschool.com/glossary/kotler-competitive-position/

グロービス経営大学院
https://mba.globis.ac.jp/about_mba/glossary/detail-12111.html

グロービス知見録
https://globis.jp/article/4713

経営を学ぶ
https://keiei-manabu.com/humanresources/organization%EF%BD%B0human%EF%BD%B0resources.html

専門用語翻訳辞典
https://senmon.biz/japanese-english/cs/

ダイヤモンド・オンライン
https://diamond.jp/articles/-/46167?page=3

Hacks
https://ten-navi.com/hacks/article-202-23147

投信資料館
https://www.toushin.com/

トヨタ自動車
https://global.toyota/jp/company/vision-and-philosophy/philosophy/

パーソナリティの経営学
https://www.books-sosei.com/images/sp_images/meigen/kiji.pdf

野村證券
http://www.nomura.co.jp/terms/

三井住友銀行
https://www.smbc.co.jp/hojin/magazine/planning/about-value-chain.html

リベラルアーツガイド
https://liberal-arts-guide.com/situational-leadership-theory/

【参考にさせていただいた新聞社・出版社】

ウォールストリートジャーナル　https://jp.wsj.com/

格付投資情報センター　https://www.r-i.co.jp/index.html

ゴールドマン・サックス　https://www.goldmansachs.com/

エコノミストhttps://econormist.wordpress.com/

株式新聞　https://kabushiki.jp/

シティグループ　https://www.citi.com/

日本格付研究所　https://www.jcr.co.jp/

日本金融通信社　https://www.nikkin.co.jp/

日本経済新聞　https://www.nikkei.com/

野村證券　https://www.nomura.co.jp/terms/

大和総研　https://www.dir.co.jp/

大和證券　https://www.daiwa.jp/
バンクオブアメリカ　https://www.bankofamerica.com/
みずほフィナンシャルグループ　https://www.mizuho-fg.co.jp/index.html
三井住友フィナンシャルグループ　https://www.smfg.co.jp/
三菱UFJフィナンシャルグループ　https://www.mufg.jp/
フィッチ・レーティングス　https://www.fitchratings.com/ja/region/japan
ブルームバーグ　https://www.bloomberg.co.jp/
ムーディーズ・インベスターズ・サービス(日本)　https://www.moodys.com/Pages/default_ja.aspx
ネットIR　http://www.net-ir.ne.jp/
モーニングスター　https://www.morningstar.com/company/japan
ラジオ日経　https://www.radionikkei.jp/
レコフ　https://www.recof.co.jp/column/
ロイター・ジャパン　https://jp.reuters.com/

【金融証券サイト・ブログ】
FAA金融大学　https://www.findai.com/
オールアバウト外貨預金　https://allabout.co.jp/gm/gt/641/
為替王　http://blog.livedoor.jp/kawase_oh/
知るぽると　https://www.shiruporuto.jp/public/
情報システム用語辞典　https://www.itmedia.co.jp/enterprise/subtop/dictionary/
ダイヤモンド・ザイ　https://zai.diamond.jp/
ニチ探　https://nsspirit-cashf.com/

【証券取引所】
CME group　https://www.cmegroup.com/
NYSE(ニューヨーク証券取引所)　https://www.nyse.com/index
ナスダック証券取引所　https://www.nasdaq.com/
日本証券業協会　https://www.jsda.or.jp/index.html
ロンドン証券取引所　https://www.londonstockexchange.com/

【その他公的機関】
金融庁　https://www.fsa.go.jp/
財務省　https://www.mof.go.jp/
日本銀行　https://www.boj.or.jp/

【主な参考文献・論文】
A. H. マズロー(原著)，小口忠彦(翻訳)，(1987)，「人間性の心理学─モチベーションとパーソナリティ」 産能大出版部.

Amartya Sen(原著)，若松良樹，須賀晃一，後藤玲子(翻訳)，(2014)，「合理性と自由(上)，(下)，"Rationality and freedom."」勁草書房.

Amartya Rights and Capabilities."*Journal of Human Development, Volume 6, Issue 2*, 2005.

Arthur Thompson and Margaret Peteraf. (2011)，"Crafting&Executing Strategy：The Quest for Competitive Advantage-Concepts and Cases, 18th Edition."McGraw-Hill Education.

Anzoff, H. Igore. (1988)，"New Corporate Strategy."Wiley.

Carl W. Stern. (Editor)，Michael S. Deimler. (Editor)，(2006)，"The Boston Consulting Group on Strategy：Classic Concepts and New Perspectives."Wiley.

Chandler, Alfred D. , Jr. (原著)，有賀裕子(翻訳)，(2004)，「組織は戦略に従う"Strategy and structure."」ダイヤモンド社.

Charles W. L. Hill and Gareth R. Jones. (2012)，"Strategic Management：An Integrated Approach."South-Western College Publishing.

Chester I. Barnard. (原著)，山本安次郎・田杉競・飯野春樹(翻訳)，(1968)，「経営者の役割"The Functions of the Executive."」ダイヤモンド社.

Christensen, C. M. (原著)，玉田俊平太，櫻井祐子(翻訳)，(2004)，.「イノベーションの最終解"Seeing What's next."」翔泳社.

Christensen, C. M. (原著)，伊豆原弓，玉田俊平太(翻訳)，(2001)，「イノベーションのジレンマ─技術革新が巨大企業を滅ぼすとき"The inovator's dilemma."」翔泳社.

Christopher A Bartlett, Sumantra Ghoshal. (原著)，梅津祐良(翻訳)，(1998)，「MBAのグローバル経営"Transnational management."」日本能率協会マネジメントセンター .

Christopher A Bartlett, Sumantra Ghoshal. (原著)，グロービス・マネジメント・インスティテュート(翻訳)，(1999)，「個

を生かす企業自己変革を続ける組織の条件"The Individualized Corporation."」日本能率協会マネジメントセンター .

Collis, D. J., Montgomery, C. A. (原著), 根来龍之, 蛭田啓, 久保亮一 (翻訳), (2004), 「資源ベースの経営戦略論 "Corporate Strategy : A Resource-Based Approach."」東洋経済新報社.

Cusumano, M. A. (原著), グロービスマネジメントインスティテュート (翻訳), (2003), 「戦略論"Strategic Thinking."」グロービス.

Constance H. Helfat(原著), Sydney Finkelstein(原著), Will Mitchell(原著), Margret A. Peteraf(原著), Harbir Singh (原著), David J. Teece(原著), Sidney G. Winter(原著), 谷口和弘(翻訳), 蜂巣旭(翻訳), 川西章弘(翻訳), (2010), 「ダイナミック・ケイパビリティー "Dynamic Capabilities"」勁草書房.

David A. Aaker. (原著), 「ブランド・エクイティ戦略―競争優位をつくりだす名前, シンボル, スローガン"Managing Brand Equity"」ダイヤモンド社.

David A. Nadler. (原著), Michael L. Tushman(原著), 斎藤彰悟(翻訳), 平野和子(翻訳), (1999), 「競争優位の組織設計 "Competing by design."」春秋社.

David Besanko, David Dranove&Mark Shaley. (原著), 奥村昭博, 大林厚臣 (監訳), (2002), 「戦略の経済学"Economics of Strategy, 2nd Edition."」東洋経済新報社.

David Dranove and Sonia Marciano. (2005), "Kellog on Strategy"Kellogg School of Management.

David Ford&IMP Group. (2001), 「リレーションシップ・マネジメント―ビジネス・マーケットにおける関係性管理と戦略 "Managing Business

Relationships"」白桃書房.

David Held. (原著), Anthony McGrew. (原著), 中谷義和, 柳原克行 (翻訳), (2003), 「グローバル化と反グローバル化 "Globalization/Anti-globalization."」日本経済評論社.

David J. Collis and Cynthia A. Montgomery(原著), 根来龍之(翻訳), 蛭田啓(翻訳), 久保亮一(翻訳), 「資源ベースの経営戦略論"Corporate Strategy : A Resorce based Approach"」東洋経済新報社.

David J. Teece. (原著), 渡部直樹(著), (2010), 「ケイパビリティーの組織論・戦略論」中央経済社.

David J. Teece. (原著), 谷口和弘(翻訳), 蜂巣旭(翻訳), 川西章弘(翻訳), ステラ・S・チェン(翻訳), (2009), 「ダイナミック・ケイパビリティー戦略"Dynamic Capabilities and Strategic Management : Organizing for Innovation and Growth."」ダイヤモンド社.

Derek S. Pugh and David J. Hickson. (原著), 北野利信 (翻訳), (2003), 「現代組織学説の偉人たち"Great writers on organizations."」有斐閣.

Dess, Gregory G. (2013),. "Strategic Management."Mc Graw Hill.

Don Peppers and Martha Rogers (原著), 井関利明 (監訳), (1995), 「ONE to Oneマーケティング―顧客リレーションシップ戦略―"The One to One Future."」ダイヤモンド社.

Dranove, D. (2005), "Kellogg on strategy."Willey.

Edgar H. Schein. (原著), 梅津裕良・横山哲夫(翻訳), (2012), 「組織文化とリーダーシップ"Organizational Culture and Leadership."」白桃書房.

Eisenhardt and Martin (2000), "Dynamic capabilities : what are they?"*Strategic Management Journal*, Special Issue : The Evolution of Firm Capabilities, Volume 21, Issue 10-11, pp. 1105-1121, (2000).

Elton Mayo. (原著), 勝木新次, 村本栄一 (校閲), (1951), 「産業文明における人間問題"The Human Problems of an Industrial Civilization."」日本能率協会.

Ethan Rasiel. (1999), "The McKinsey Way."McGraw-Hill Education.

F. J. Roethlisberger, 野田一夫・川村欣也(翻訳), (1954), 「経営と勤労意欲"Management and Morale."」ダイヤモンド社.

F. J. Roethlisberger, W. J. Dickson. (2003), "Management and the Worker."Harvard

University Press Routledge(reprinted).

Frank Rotharemel. (2012), "Strategic Management : Concepts."McGraw-Hill/Irwin.

Fred R. David. (2012), "Strategic management:A Competitive Advantage Approach, Concepts and Cases(14th Edition),."Prentice Hall.

Frederic W. Taylor, 有賀裕子(翻訳), (2009), 「科学的管理法"The Principles of Scientific Management."」ダイヤモンド社.

Garth Saloner, Andrea Shepard, &Joel Podolny. (原著), 石倉洋子 (訳), (2002), 「戦略経営論"Strategic Management."」東洋経済新報社.

Gary Hamel&C. K. Prahalad. (原著), 一條和生(訳), (1995), 「コア・コンピタンス経営"Competing for the Future."」日本経済新聞社.

Gary Hamel. (原著), 藤井清美 (訳), (2008), 「経営の未来―マネジメントをイノベーションせよ"The Future of Management."」日本経済新聞社.

Gary Hamel. (原著), 鈴木主税, 福嶋俊造 (訳), (2001), 「リーディング・ザ・レボリューション"Leading the Revolution."」日本経済新聞社.

Gordon Walker and Tammy Madsen. (2015), "Modern competitive strategy."McGraw-Hill Education.

Harvard Business Review and Michael E. Porter. (2011), "HBR's 10 Must Reads on Strategy (including featured article"What Is Strategy?"by Michael E. Porter), "Harvard Business Review Press.

Helfat, C. E. (原著), 谷口和弘, 蜂巣旭, 川西章弘 (翻訳), (2007), 「ダイナミック・ケイパビリティー "Dynamic

Capability."」勁草書房.

Henry Mintzberg, Bruice Ahlstrand and Joseph Lanpel. (原著), 斎藤嘉則 (監訳), (2013), 「戦略サファリ"Strategy Safari"」東洋経済新報社.

Henry J. Lindborg, 今井義男 (翻訳), (2003), 「クロス・ファンクショナル・チームの基礎―勝ち残りをかけて変革を目指す組織」日本規格協会.

Herbert A. Simon. (原著), 二村敏子・桑田耕太郎・高尾義明・西脇暢子・高柳美香 (翻訳), (2009), 「経営行動"Administrative Behavior."」ダイヤモンド社. Talcott Parsons. (原著), 稲上毅・厚東洋輔・溝部明男 (翻訳), (1976/1986), 「社会的行為の構造"The Structure of Social Action."」木鐸社(第1分冊「総論」, 第2分冊「マーシャル／パレート論」).

James C. Abegglen. (原著), 山岡洋一(翻訳), (2004), 「新・日本の経営"21st Century Japanese Management New Systems, Lasting Values."」日本経済新聞社.

James C. Collins. &Jerry I Porras. (原著), 山岡洋一 (翻訳), (1995), 「ビジョナリー・カンパニー 時代を超える生存の原則"Built to Last."」日経BP出版センター .

James C. Collins. (原著), 山岡洋一 (翻訳), (2010), 「ビジョナリーカンパニー 3-衰退の五段階"How the mighty falls."」日経BP社.

James C. Collins. (原著), 山岡洋一 (翻訳), (2001), 「ビジョナリー・カンパニー 2-飛躍の法則"Good to great."」日経BP社.

James C. Collins and Morten T. Hansen. (原著), 牧野洋 (翻訳), (2012), 「ビジョナリーカンパニー 4 "Great by Choice：Uncertainty, Chaos, and Luck--Why Some Thrive Despite Them All."」日経BP社.

James C. Collins. (原著), 山岡洋一 (翻訳), (2006), 「ビジョナリーカンパニー特別編"Good to great and social sectors"」日経BP社.

James P. Womack and Daniel T. Jones. (原著), 稲垣公夫 (翻訳), (2008), 「リーン・シンキング"Lean Thinking."」日経BP社.

Jay B. Barney. (原著), 岡田正大 (翻訳), (2003), 「企業戦略論上・中・下"Gaining and Sustaining Competitive Advantage, Second Edition."」ダイヤモンド社.

Jay B. Barney, William Hesterly. (2014), "Strategic Management and Competitive Advantage：Concepts (5th Edition)."Prentice Hall of India.

Jeffrey K. Liker and Timothy N. Ogden(2011), "Toyota under fire."McGraw-Hill Education.

Jeffrey K. Liker. (原著), 稲垣公夫(翻訳), (2004), 「ザ・トヨタウェイ(上), (下), "The Toyota Way：14 Management Principles from the World's Greatest Manufacturer."」日経BP社.

John E. Gamble and Arthur A. Thompson, Jr, (2009), "Essentials of Strategic Management"McGraw-Hill.

John P. Kotter. (原著), 梅津祐良(翻訳), (2002), 「企業変革力"Leading Change."」日経BP社.

John Pearce and Richard Robinson. (2014), "Strategic Management.", McGraw-Hill Education.

Joseph E. Stiglitz. (原著), 楡井浩一 (翻訳), (2006), 「世界に格差をばら撒いたグローバリズムを正す"Making globalization work."」徳間書店.

Joseph E. Stiglitz. (原著), 鈴木主税 (翻訳), (2002), 「世界を不幸にしたグローバリズムの正体"Globalization and its discontents."」徳間書店.

Joseph L. Bower；Michael Partington. (1996), "New Product Development at Canon：The Contact Sensor Project."Harvard Business Publishing.

Joseph S. Jr. Nye and Joseph S. Nye. (原著), 嶋本恵美 (翻訳), (2004), 「グローバル化で世界はどう変わるか"Governance in a Globalizing World."」英知出版.

Kenneth Blanchard. (原著), 小林薫 (翻訳), (1985), 「1分間リーダーシップ―能力とヤル気に即した4つの実践指導法"Leadership and the One Minute Manager：Increasing Effectiveness Through Situational Leadership"」ダイヤモンド社.

Kaplan. R. S. (原著), 櫻井通晴(翻訳), (2000), 「戦略バランスト・スコアカード"The Strategy-Focused Organization：How Balanced Scorecard Companies Thrive in the New Business Environment."」東洋経済新報社.

Kevin Keller (原著), Vanitha Swaminathan (原著), 「エッセンシャル戦略的ブランド・マネジメント"Strategic Brand Management：Building, Measuring, and Managing Brand Equity"」東急エージェンシー .

Kevin Freiberg, Jackie Freiberg. (原著), 小幡照雄(翻訳), (1997), 「破天荒！サウスウエスト航空・驚愕の経営"Nuts！"」日経BP社.

Kim, W. Chan, Mauborgne, Rence(原著), 有賀裕子 (翻訳), (2005), 「ブルー・オーシャン戦略――競争のない世界を創造する"Blue Ocean Strategy：How To Create Uncontested Market Space And Make The Competition Irrelevant."」ランダムハウス講談社.

Kim, W. Chan, Mauborgne, Rence. (原著), (2015), 「レッド・オーシャンの罠」ハーバード・ビジネス・レビュー, ダイヤモンド社.

Kotter, J. P. &Cohen, D. S. (2002), "The heart of change."Harvard Business Press.

Leonard-Barton, D. (1992), "Core capability and core rigidities：A paradox in managing new product development."*Strategic Management Journal, 13*, pp. 111-125.

L. Zingales. (2014), "A Capitalism for the people."Basic Books.

M. E. Porter. (1998), "Competitive Advantage：Creating and Sustaining Superior Performance."Free Press.

M. E. Porter. (1998), "Competitive Strategy：Techniques for Analyzing Industries and Competitors."Free Press.

M. E. Porter. (2008), "On Competition, Updated and Expanded Edition."Harvard Business Review Press.

M. E. Porter. (原著), 竹内弘高(翻訳), (1999), 「競争戦略論Ｉ"On Competition."」ダイヤモンド社Porter, M. E. (原著), 竹内弘高(著), 榊原麿理子(協力), (2000), 「日本の競争戦略」ダイヤモンド社.

Michael A. Hitt and R. Duane Ireland. (2014), "Strategic Management：Competitiveness and Globalization-Concepts and Cases, 11th Edition."Cengage Learning.

Michael A. Cusumano and Constantinos C. Markides(2001), "Strategic Thinking for the Next Ecobony, "Wiley.

Michael Hammer and James Champy. (原著), 野中郁次郎(監訳), (1993), 「リエンジニアリング革命"Reengineering the Corporation A manifesto for Business Revolution."」日本経済新聞社.

Mike W. Peng. (2013), "Global Strategy."South-Western College Publishing.

Mintzberg, Henry. Lampel, J., Ahlstrand, B., (2005), (原著), 斎藤嘉則, (監訳), 「戦略サファリ"Strategy Safari：A Guided Tour through the Wilds of Strategic Management."Free Press. 」東洋経済新報社.

Nadler. D. A. (1997), "Competing by Design."Oxford University Press.

Nonaka, I., Takeuchi, H. 梅本勝博(翻訳), (1996), 「知識創造企業"The Knowledge-Creating Company：How Japanese Companies Create the Dynamics of Innovation."」東洋経済新報社.

NTTデータ. (2004), 「ITケイパビリティー」日経BP企画.

O'Reilly. C. A. (原著), 広田里子, 有賀裕子, 長谷川喜一郎(翻訳), (2002), 「隠れた人材価値"Hidden Value."」翔泳社.

P. F. ドラッカー(著), 上田惇生(著), (2005), 「ドラッカー 365の金言」ダイヤモンド社.

Robert M. Grant. 加瀬公夫(翻訳), (2008), 「グラント現代戦略分析"Contemporary Strategy Analysis and Cases."」中央経済社.

P. M. Senge. (原著), 守部信之(翻訳), (1995), 「最強組織の法則―新時代のチームワークとは何か"The Fifth Discipline."」徳間書店.

Paul Hersey (原著), Dewey E. Johnson (原著), Kenneth H. Blanchard (原著), 山本成二 (翻訳), 山本あづさ (翻訳) (2000), 「入門から応用へ行動科学の展開【新版】―人的資源の活用」生産性出版.

Paul Milgrom&John obbers. (原著), 奥野正寛, 伊藤秀史, 今井晴雄, 西村理, 八木甫 (訳), (1997), 「組織の経済学"Ecoonomics, Organization&Management"」NTT出版.

Paul N. Friga. (2008), "The McKinsey Engagement：A Powerful Toolkit For More Efficient and Effective Team Problem Solving."McGraw-Hill Education.

Philip Kotler. (原著), 恩蔵直人 (監修), 月谷真紀 (訳), (2002), 「コトラーのマーケティング・マネジメント基本編"A Framework for Marketing Management, First Edition."」ピアソン・エデュケーション.

Prahalad, C. K. (2009), "The Fortune at the Bottom of the Pyramid, Revised and Updated 5th Anniversary Edition：Eradicating Poverty Through Profits."FT Press.

Prahalad, C. K. (2009), "The Network Challenge：Creating Experience：Competitive Advantage in the Age of Networks."FT Press.

Prahalad, C. K., M. S. Krishnan (2008), "The New Age of Innovation：Driving Cocreated Value Through Global Networks"McGraw-Hill Education.

Prahalad, C. K. (原著), Venkat, Ramaswamy. 有賀裕子 (翻訳), (2004),. 「価値共創の未来へ―顧客と企業のCo-Creation. "The Future of Competition：Co-Creating Unique Value With Customers."」武田ランダムハウスジャパン.

R. Gunther., 鬼澤忍 (翻訳), (2013), 「競争優位の終焉市場の変化に合わせて, 戦略を動かし続ける"The end of competitive Advantage：How to Keep Your Strategy Moving As Fast As Your Business."」日本経済新聞社.

Rebecca Henderson, Ranjay Gulati. (2015), "Leading Sustainable Change：An Organizational Perspective."Oxford University Press.

Richard L. Brandt. (原著), 滑川海彦, 井口耕二(翻訳), (2012), 「ワンクリック"One Click"」日経BP社.

Richard L. Daft. (原著), 高木春夫(訳), (2002), 「組織の経営学―戦略と意思決定を支える―"Essentials of Organization Theory&Design, 2nd Edition."」ダイヤモンド社.

Rita Gunther McGrath and Alex Gourlay. (原著), (2013), 「一時的競争優位こそ新たな常識"The End of Competitive Advantage：How to Keep Your Strategy Moving as Fast as Your Business."」ハーバード・ビジネス・レビューダイヤモンド社.

Robert S. Kaplan, David P. Norton. (2006), "Alignment：Using the Balanced Scorecard to Create Corporate Synergies."Harvard Business School Press.

Ruth Gunther McGrath&Ian MacMillan(原著), 大江健(監訳), 社内起業研究会(訳), (2002), 「アントレプレナーの戦略思考技術―不確実性をビジネスチャンスに変える"The Entrepreneurial Mindset."」ダイヤモンド社.

Schein, Edgar H. (原著), 金井壽宏(監訳), 尾川丈一, 片山佳代子 (訳), (2004), 「企業文化―生き残りの指針"The Corporate Culture Survival Guide."」白桃書房.

Spence. M. (2012), "The next convergence：The Future of Economic Growth in a Multispeed World."Picador.

Stephen P. Robbins, Timothy A. Judge. (原著), (2012), 「組織行動のマネジメント」"Essentials of Organizational Behavior(12th Edition),"」ダイヤモンド社.

Stern, C. W. (2006), "On Strategy：Classic Concepts and New Perspectives."Willey.

Suzanne Berger. (原著), MIT産業生産性センター (原著), 楡井浩一 (翻訳), (2006), 「グローバル企業の成功戦略"How we compete"」草思社.

Thomas L. Friedman. (原著), 伏見威蕃 (翻訳), (2008), 「フラット化する世界 (上), (下), "The world is flat"」日本経済新聞社.

Tom Peters, (1994), "The Pursuit of Wow!Every Person's Guide to Topsy-Turvy Times"Vintage Books.

Vilfredo Pareto. (原著), 姫岡勤 (翻訳), (1941), 「一般社会学提要"Compendio di Sociologia Generale."」刀江書院.

W. Ross Ashby. (原著), 山田坂仁, 宮本敏雄, 銀林浩, 橋本和美 (翻訳), (1967), 「頭脳への設計"Design for a Brain."」宇野書店.

Weil. D. (2013), "Economic Growth (3rd Edition), ,"Pearson.

William Baumol, John Panzar, Robert Willig. (1982), "Contestable Markets and the Theory of Industry Structure"Harcourt College Publishing.

Zook, C. (原著), 須藤実和 (翻訳), ベインアンドカンパニー (翻訳), (2001), 「本業再強化の戦略"Profit from the core."」日経BP社.

相葉宏二, グロービス・マネジメント・インスティテュート (1999), 「MBA経営戦略」ダイヤモンド社.

青木一能 (2006), 「グローバリゼーションの危機管理論」芦書房.

赤坂真人, (2009), 「社会システム理論生成史」関西学院大学出版会.

浅川和弘 (2003), 「グローバル経営入門」日本経済新聞社.

阿部智和・近藤隆史. (2012), 「キヤノン : デジタルカメラ事業における国内生産拠点の強化と維持」Discussion Paper, Series B105, 1-20, 2012-08.
　　　北海道大学大学院経済学研究科.

安部義彦 (2011), 「ブルー・オーシャン戦略を読む」日経文庫.

安部義彦・池上重輔 (2008), 「日本のブルー・オーシャン戦略」ファーストブック.

大友立也 (1969), 「アージリス研究 ―行動科学による組織原論―」ダイアモンド社.

小野伸 (2013), 「組織経営の古典的著作を読む (I) ～チェスター・I・バーナード『経営者の役割』～」財政金融委員会調査室・経済のプリズム.

小野伸一, (2010), 「企業と経済発展」立法と調査. 12№3

石井淳蔵 (1999), 「ブランド価値の創造」岩波書店.

石井淳蔵, 奥村昭博, 加護野忠男, 野中郁次郎 (1996), 「経営戦略論」有斐閣.

石井竜馬 (2012), 「民間の経営戦略を政治に生かせ」政策工房.

石井竜馬 (2013), 「経営学入門2013」東京プレスクラブ.

石井竜馬 (2013), 「民間の経営戦略を政治に生かせ」政策工房メールマガジン.

石井竜馬 (2013), 「競争優位性構築によるプレミアム産業政策について」日仏経営学会　第61回全国大会研究報告会.

石井竜馬 (2014), 「競争戦略におけるケイパビリティー・マネジメント－日本企業の競争優位性における持続可能性・模倣困難性の確立」日本大学大学院総合社会情報研究科紀要No. 15, 083-093 (2014), .

石井竜馬 (2014), 「日本企業のグローバル化とトランスナショナル戦略」NUCB journal of economics and information science 58 (2), 1-11, 2014-03.

石井竜馬 (2015), 「事業戦略レベルにおけるケイパビリティー・マネジメント－プロダクトミックスと範囲の経済を中心として」日本大学大学院総合社会情報研究科紀要. No. 15, 215-222 (2014), .

石井竜馬 (2015), 「戦略的経営論におけるケイパビリティー・マネジメント」NUCB journal of economics and information science 59 (2), 21-31, 2015-03.

石井竜馬 (2015), 「経営戦略論におけるケイパビリティー・ベースト・マネジメントについて～キヤノン株式会社によるアクシス社TOBの事例研究」NUCB journal of economics and information science 60 (1), 2015-09.

石井竜馬 (2013), 「円安局面こそ日本は新たな「強み」の構築を～「成長」には規制緩和が不可欠http://jbpress. ismedia. jp/articles/-/37891.

石井竜馬 (2013), 「経営努力なき電力会社の「赤字」開き直りを許してはならない」http：//jbpress. ismedia. jp/articles/-/37981.

石井竜馬 (2008), 「MBAイングリッシュ　ファイナンスの知識を身につける」ベレ出版.

石井竜馬 (2013), 「経営学入門2013」政策工房出版.

石村貞夫, 石村園子 (2008), 『ブラックショールズ微分方程式』東京図書.

板木雅彦 (1985), 「多国籍企業と内部化理論- S . ハイマーから折衷理論にいたる理論的系譜とその検討 (上)」, 京都大学経濟論叢 136 (2), .

伊丹敬之 (2000), 「日本型コーポレート・ガバナンス―従業員主権企業の論理と改革」日本経済新聞社.

伊丹敬之 (2003), 「経営戦略の論理」日本経済新聞社.

伊丹敬之 (2007), 「経営を見る眼日々の仕事の意味を知るための経営入門」東洋経済新報社.

伊丹敬之 (2013), 「孫子に経営を読む」日本経済新聞出版社.

伊丹敬之 (1999), 「場のマネジメント―経営の新パラダイム―」NTT出版.

伊丹敬之 (2000), 「日本型コーポレート・ガバナンス」日本経済新聞社.

伊丹敬之 (2007), 「よき経営者の姿」日本経済新聞社.

伊丹敬之(2013),「経営戦略の論理(第4版)」日本経済新聞社.

伊丹敬之(2015),「高度成長を引きずり出した男」PHP研究所.

伊丹敬之(2015),「先生,イノベーションって何ですか?」PHP研究所.

伊丹敬之・伊藤邦雄(2000),「コーポレート・ブランド経営」日本経済新聞社.

稲上毅・連合総合生活開発研究所編著「現代日本のコーポレート・ガバナンス」東洋経済新報社.

今沢真(2018),「日産　神戸製鋼は何を間違えたのか」毎日新聞出版.

入山章栄(2019),「世界標準の経営理論」.ダイヤモンド社

植竹晃久・仲田正機(編著),(1999),「現代企業の所有・支配・管理:コーポレートガバナンスと企業管理システム」ミネルヴァ書房.

占部郁美(1984),「日本的経営は進化する」中央経済社.

漆原次郎(2012),「日産　驚異の会議」東洋経済.

海老原嗣生(2011),「もっと本気でグローバル経営」東洋経済新報社.

大野耐一(1978),「トヨタ生産方式──脱規模の経営をめざして」ダイヤモンド社.

大滝精一,金井一頼,山田英夫,岩田智(2006),「経営戦略:論理性・創造性・社会性の追求」有斐閣.

大津広一,我妻ゆみ(2013),「会計プロフェッショナルの英単語100」ダイヤモンド社.

岡田正大(2001),「ポーター vs. バーニー論争の構図」DIAMOND ハーバード・ビジネス・レビュー,第26巻,第5号,88-92頁,2001年.小田切宏之「企業経済学」東洋経済新報社

小笠原春菜(2008),「ケイパビリティー・アプローチの再検討─自由と必要」千葉大学人文社会科学研究 (17), 165-181, 2008-09千葉大学大学院人文社会科学研究科.

加護野忠男(2003),「ゼミナール経営学入門第3版」日本経済新聞社.

加護野忠男(2013),「経営の精神〜我々が捨ててしまったものは何か」生産性出版.

加護野忠男(2014),「経営はだれのものか協働する株主による企業統治再生」日本経済新聞社.

加藤勝康,(1996),「バーナードとヘンダーソン」文眞堂.

河合忠彦(2012),「ダイナミック競争戦略論・入門」有斐閣.

開本浩矢(2007),「組織行動論」中央経済社.

亀井利明(2001),「危機管理とリスク・マネジメント(改訂増補版),」同文館.

川上哲郎,長尾龍一,伊丹敬之,加護野忠男,岡崎哲二(1994),「日本型経営の叡知」PHP研究所.

岸眞理子(2004),「情報技術を生かす組織能力」中央経済社.

橘川武郎,島田昌和(編著),(2008),「進化の経営史─人と組織のフレキシビリティ」有斐閣.

菊澤研宗(2008),「戦略学」ダイヤモンド社.

菊澤研宗(2018),「ダイナミック・ケイパビリティの戦略経営論」中央経済社.

木下晃伸(2013),「ビジネス理論大全」宝島社.

木村卓郎(2012),「国際機関からみたFDIの動向と展望」海外投融資情報財団.

経営学史学会(2011),「経営学史叢書」(全14巻),文真堂

経営戦略研究会(2008),「経営戦略の基本」日本実業出版社.

琴坂将広(2019),「経営戦略原論」東洋経済新報社.

三枝匡,伊丹敬之(2008),「日本の経営を創る」日本経済新聞出版社.

齊藤毅憲(編集),(2011),「新　経営学の構図」学文社.

佐藤正明(2012),「日産　その栄光と屈辱」文芸春秋.

柴田真一(2011),『金融英語入門』東洋経済.

周佐喜和,辻井洋行,仲本大輔,竹川宏子(2009),「経営学2」実教出版.

島田毅(グロービス)(2017),「MBA100の基本」東洋経済出版社.

島田毅(グロービス)(2017),「MBA生産性を上げる100の基本」東洋経済出版社.

鈴木貴博(2018),「ビジネスフレームワーク使えるキーワード図鑑」宝島社新書.

鈴村興太郎,後藤玲子(2001),「アマルティア・セン─経済学と倫理学」実教出版.

関本浩矢(2007),「入門組織行動論」中央経済社.

高橋正泰・山口善昭・磯山優・文智彦(1998),「経営組織論の基礎」中央経済社.

ダイヤモンドハーバード・ビジネス・レビュー編集部(2001),「コーポレート・ガバナンス─ハーバード・ビジネス・レビュー・ブックス」ダイヤモンド社.

田中道昭(2020),「経営戦略4.0図鑑」SBクリエイティブ.

永野学(2006),『ファイナンス理論入門』東洋経済新報社.

名和高司(2010),「学習優位の経営」ダイヤモンド社.

西村信勝(1999),「外資系投資銀行の現場」日経BP社.

西山茂(1998),「戦略管理会計」ダイヤモンド社.

日産自動車株式会社(2013),「日産V-UPの挑戦」中央経済社.

日産財団(2017),「カルロス・ゴーンの経営論」日本経済新聞出版社.

西岡慎一, 馬場直彦(2004),「わが国企業の負債圧縮行動について」日本銀行.

沼上幹(2004),「組織デザイン」日本経済新聞社.

沼上幹(2009),「経営戦略の思考法」日本経済新聞社.

沼上幹(2013),「組織戦略の考え方―起業戦略の健全性のために」ちくま新書.

野口悠紀夫(2008),「戦後日本経済史」新潮社.

野口悠紀夫, 藤井眞理子(2000),「金融工学」ダイヤモンド社.

野田稔(2005),「組織論再入門」ダイヤモンド社.

野中郁次郎(2012),「失敗の本質戦場のリーダーシップ篇」ダイヤモンド社.

野中郁次郎(1996),「知識資本主義」日本経済新聞社.

野中郁次郎(2004),「イノベーションの本質」日経BP社.

野中郁次郎, 遠山亮子, 平田透(著),(2010),「流れを経営する―持続的イノベーション企業の動態理論」東洋経済新報社.

野中郁次郎, 紺野登(2012),「知識創造経営のプリンシプル―賢慮資本主義の実践論」東洋経済新報社.

野中郁次郎, リクルートマネジメントソリューションズ組織行動研究所(著),(2010),「日本の持続的成長企業」東洋経済新報社.

野中郁次郎, 紺野登(1999),「知識経営のすすめ-ナレッジマネジメントとその時代」筑摩書房.

野中郁次郎, 紺野登(2007),「美徳の経営」NTT出版.

野中郁次郎, 嶋口充輝, 価値創造フォーラム21(2007),「経営の美学」日本経済新聞社.

野中郁次郎(2010),「全図解!世界の「経営戦略論」30年のトレンド」プレジデント社.

波頭亮(1999),「組織設計概論」産能大学出版部.

波頭亮(2013),「経営戦略論入門」PHPビジネス選書.

廣岡久生, 松山一紀(2007),「ケースで学ぶ経営管理」中央経済社.

廣田俊郎(2012),「企業の本質と経営戦略諸側面の基本的次元」関西大学商学論集. 第56巻第4号.

黄雅雯(2011),「ダイナミック・ケイパビリティ論の課題と可能性」商学研究科紀要73, pp. 29-42, 早稲田大学大学院商学研究科.

福澤英弘(2010),「ビジネス理論, 戦略編」日本能率協会マネジメントセンター.

生方正也(2010),「ビジネス理論, ヒトと組織編」日本能率協会マネジメントセンター.

堀紘一(1991),「ケイパビリティー・マネジメント」プレジデント社.

宮崎智彦(2008),「ガラパゴス化する日本の製造業」東洋経済新報社.

宮田矢八郎(2001),「経営学100年の思想マネジメントの本質を読む」ダイヤモンド社.

三木佳光(2008),「"その企業らしさ"の経営とは ―企業DNA(遺伝子),」文教大学国際学部紀要. 文教大学国際学部紀要. 18(2), 1-22, 2008-01.

三品和広(2004),「戦略不全の論理」東洋経済新報社.

三品和広(2005),「経営は十年にして成らず」東洋経済新報社.

三品和広(2006),「経営戦略を問いなおす」筑摩書房.

三品和広(2007),「戦略不全の因果―1013社の明暗はどこで分かれたのか」東洋経済新報社.

三品和広(2011),「どうする? 日本企業」東洋経済新報社.

三品和広(2013),「リ・インベンション―概念(コンセプト), のブレークスルーをどう生み出すか」東洋経済新報社.

三品和広(2015),「高収益事業の創り方」東洋経済新報社.

西剛広(2008),「行動科学における変革型リーダーシップとコーポレート・ガバナンス環境適応志向型の組織変革を目指して」明大商学論叢. 第90巻第3号.

松浦龍雄(1991),「新時代の商品先物取引のすべて」東洋経済新報社.

三谷宏治(2013),「経営戦略全史」ディスカヴァー・レボリューションズ.

諸上茂登他(2007),「戦略的SCMケイパビリティー」同文館出版.

矢部洋三(2012),「デジタルカメラ産業の生産体制と海外生産(グローバル産業の海外展開と国内回帰:デジタルカメラ産業を事例にして),」日本大学経済学部経済科学研究所紀要-(42), 21-66, 2012-03日本大学経済学部経済科学研究所.

山岸俊男(2008),「日本の「安心」はなぜ, 消えたのか―社会心理学から見た現代日本の問題点」集英社インターナショナル.

山田英夫(2015),「競争しない競争戦略―消耗戦から脱する3つの選択」日本経済新聞出版社.

吉森賢(2001),「日米欧の企業経営:企業統治と経営者」放送大学教育振興会.

吉森賢(2006),「グローバル経営戦略」放送大学教育振興会.

著者紹介

石井 竜馬（いしい・りょうま）

▶京都府生まれ。早稲田大学政治経済学部卒業。伊藤忠商事（株）を経て、ミシガン大学ロス・スクール・オブ・ビジネスにて経営学修士号（MBA）取得。現在、ウッドワードパートナーズジャパン（株）代表パートナー。名古屋商科大学大学院、関西学院大学専門職大学院などを経て、追手門学院大学教授。著書：『CD BOOK MBA ENGLISH ボキャブラリー』『MBA ENGLISH ファイナンスの知識と英語を身につける』（ベレ出版）など。

- ── カバー・本文デザイン 松本 聖典
- ── DTP 三松堂株式会社
- ── 本文図版・イラスト 松本 聖典 いげた めぐみ

MBA ENGLISH 経営学の基礎知識と英語を身につける
〈マネジメント・会計・マーケティング〉

2023 年 12 月 25 日 　　初版発行

著者	石井 竜馬
発行者	内田 真介
発行・発売	ベレ出版 〒162-0832　東京都新宿区岩戸町12 レベッカビル TEL.03-5225-4790 FAX.03-5225-4795 ホームページ https://www.beret.co.jp/
印刷	三松堂株式会社
製本	根本製本株式会社

ISBN 978-4-86064-746-9 C2082 　　　　　編集担当　大石裕子